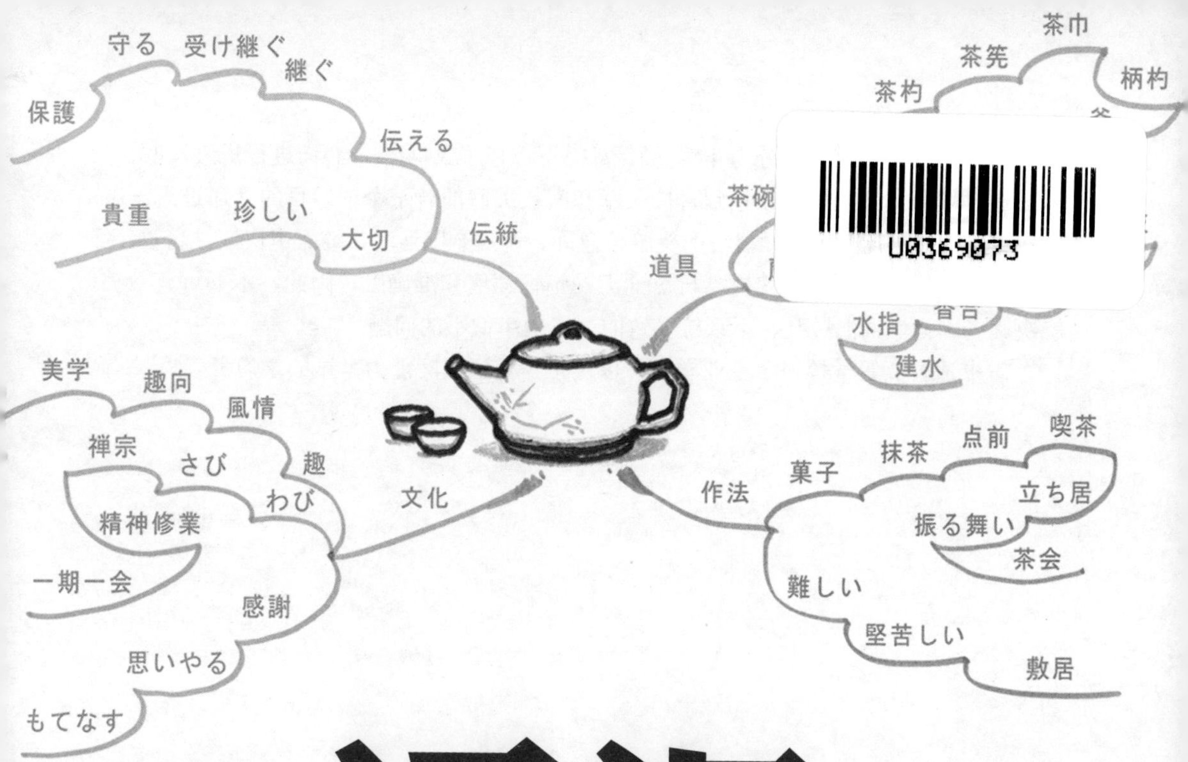

保護 守る 受け継ぐ 継ぐ 伝える 貴重 珍しい 大切 伝統

茶杓 茶筅 茶巾 柄杓 茶碗 道具 水指 建水

美学 趣向 風情 禅宗 さび 趣 わび 精神修業 一期一会 感謝 思いやる もてなす 文化

作法 菓子 抹茶 点前 喫茶 立ち居 振る舞い 茶会 難しい 堅苦しい 敷居

词汇

新日语能力考试思维导图训练法

管　静　吴帝德◎编著

高校专业教师+世界记忆大师

本书将常用日语单词分为47大类，每类下选择了3~4个中心词进行思维发散，通过思维导图的分层发散联想到直接关联和间接关联的若干个词。目的是通过思维导图的分析和运用，调动学习者的头脑信息库，开启全脑运动，继而更快速、高效、准确地掌握词汇内容，切实提高日语词汇的记忆速度和准确度。因此，本书可有效解决读者因记忆词汇散乱、不系统导致的记忆效率低下的问题。

本书适合高等学校日语专业学生，以及报考日语国际能力考试的学习者。

图书在版编目（CIP）数据

词汇：新日语能力考试思维导图训练法 / 管静，吴帝德编著.
—北京：机械工业出版社，2017.11

ISBN 978-7-111-58076-8

Ⅰ. ①词… Ⅱ. ①管… ②吴… Ⅲ. ①日语—词汇—自学参考资料
Ⅳ. ① H363

中国版本图书馆CIP数据核字（2017）第302278号

机械工业出版社（北京市百万庄大街22号 邮政编码100037）

策划编辑：孙铁军 责任编辑：孙铁军

责任印制：常天培

北京联兴盛业印刷股份有限公司印刷

2018年1月第1版第1次印刷

169mm×239mm · 14.25印张 · 364千字

0 001—5 000册

标准书号：978-7-111-58076-8

定价：49.80元

凡购本书，如有缺页、倒页、脱页，由本社发行部调换

电话服务

服务咨询热线：010-88361066

读者购书热线：010-68326294

010-88379203

网络服务

机 工 官 网：www.cmpbook.com

机 工 官 博：weibo.com/cmp1952

金 书 网：www.golden-book.com

教育服务网：www.cmpedu.com

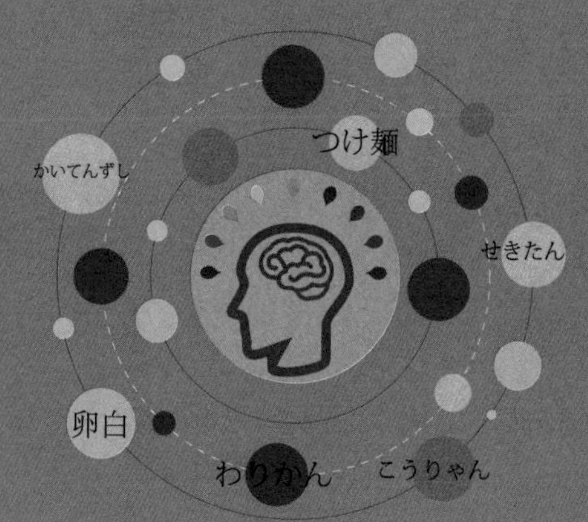

前言

单词不仅是语言学习的基础，其本身还是文化最好的载体。通过单词的学习我们不仅可以提高外语水平，更能深入地了解一个国家的文化、历史、社会等多个方面。日语常用单词有 8110 个（注：『実践日本語教育スタンダード』，山内博之，2013 年），怎么能记得住这么多单词？有的单词书按照五十音图顺序排列，有的分类汇总，有的采用图解的方式，但是这些单词书都不能让我们有效地记住单词。为什么？因为没有调动起我们的全脑思维。所谓全脑思维，简而言之就是要发挥我们的逻辑思维、发散思维和想象力，充分调动我们的五感去记单词。

思维导图正是集逻辑思维、发散思维和想象力之大成者，再加上图形绘制的创意和美感，使之成为思维和美学的艺术结晶。在这本书中，我们将常用的单词分为 47 个大类，每类下选择了三至四个中心词进行思维发散，通过思维导图的分层发散联想到从直接关联到间接关联的若干个词，这些单词全部和中心词息息相关，其中包括关联名词、修饰词、常见搭配动词等。运用思维导图不仅能轻松记住与该主题相关的一系列单词，还能同时提高自己的语言组织能力，为口语和写作提供极好的语言素材。

全书一共有 80 多幅思维导图，共约 5000 个单词。让我们充分利用思维导图的脑力风暴一起轻松记单词吧！

编　者

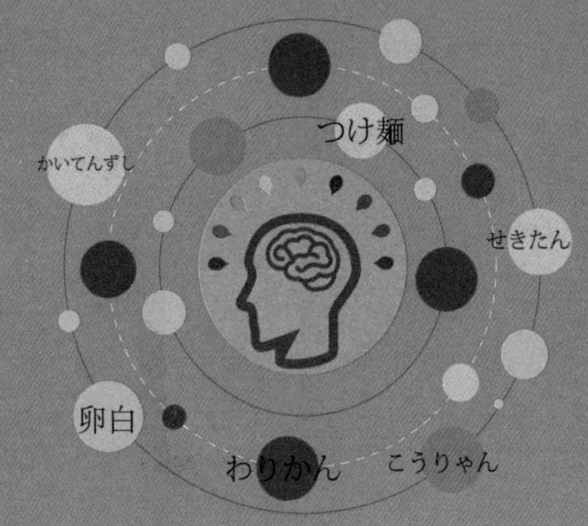
つけ麺
かいてんずし
せきたん
卵白
わりかん
こうりゃん

目录

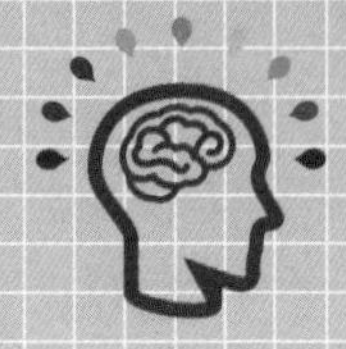

1. 饮食

1.1 寿司

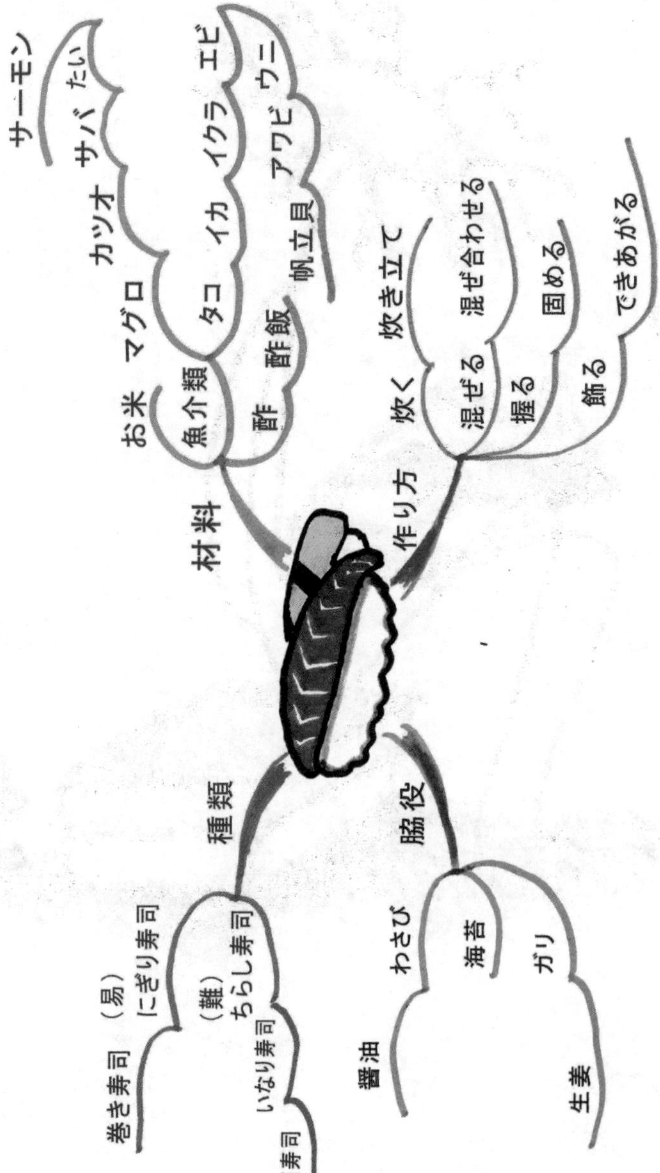

- 材料
  - お米
  - 魚介類
    - マグロ
    - カツオ
    - サバ
    - サーモン
    - たい
    - タコ
    - イカ
    - イクラ
    - エビ
    - アワビ
    - ウニ
    - 帆立貝
  - 酢
  - 酢飯
- 作り方
  - 炊く
    - 炊き立て
  - 混ぜる
    - 混ぜ合わせる
  - 握る
    - 固める
  - 飾る
    - できあがる
- 種類
  - （易）にぎり寿司
    - 巻き寿司
  - （難）ちらし寿司
    - いなり寿司
    - 箱寿司
- 脇役
  - わさび
    - 醤油
  - 海苔
  - ガリ
    - 生姜

单词

寿司 音 すし 释 寿司

材料 音 ざいりょう 释 材料

作り方 音 つくりかた 释 做法

例 これは寿司の作り方を紹介するレシピです。
这是介绍寿司做法的菜谱。

種類 音 しゅるい 释 种类

脇役 音 わきやく 释 配角

例 脇役は作品を陰で支え、主役とは違った重要な役割を持つ。
配角在不显眼的地方支撑着作品，有着和主角不一样的重要作用。

お米 音 おこめ 释 米

魚介類 音 ぎょかいるい 释 海鲜类

例 水揚げされた近海の魚介類を定期的にお届けします。
我们会定期把捕获的近海生鲜送到您家。

マグロ 释 金枪鱼

カツオ 释 鲣鱼

鯖 音 さば 释 青花鱼

鯛 音 たい 释 鲷鱼

サーモン 释 鲑鱼

蛸 音 たこ 释 章鱼

烏賊 音 いか 释 乌贼

イクラ 释 鲑鱼子

海老 音 えび 释 虾

海胆 音 うに 释 海胆

鮑 音 あわび 释 鲍鱼

帆立 音 ほたて 释 扇贝

炊く 音 たく 释 煮

例 かゆを炊きます。
煮粥。

炊き立て 音 たきたて 释 刚煮好

例 炊き立てのご飯がおいしい。
刚煮好的饭很好吃。

混ぜる 音 まぜる 释 混合

例 ウイスキーに水を混ぜる。
在威士忌里加水。

混ぜ合わせる 音 まぜあわせる 释 混合在一起

例 小麦粉を加えて混ぜ合わせる。
加入面粉后搅拌在一起。

握る 音 にぎる 释 捏

例 力強く握ると痛い。
用力捏会痛。

固める 音 かためる 释 加固

例 雪を踏んで固める。
把雪踩结实。

飾る 音 かざる 释 装饰

例 部屋を花で飾る。
用花装饰房间。

出来上がる 音 できあがる 释 完成

例 作業が終わって、完成品が出来上がった。
操作结束，作品完成。

握り寿司 音 にぎりずし 释 饭团寿司

ちらし寿司 音 ちらしずし 释 散寿司

巻き寿司 音 まきずし 释 卷寿司

稲荷寿司 音 いなりずし 释 油炸豆腐寿司

箱寿司 音 はこずし 释 箱寿司

山葵 音 わさび 释 山葵

醤油 音 しょうゆ 释 酱油

海苔 音 のり 释 海苔

ガリ 释 甜醋姜片

生姜 音 しょうが 释 生姜

补充单词

回転寿司 かいてんずし	旋转寿司	**わさび**	芥末	**付ける つける**	沾
定食 ていしょく	套餐	**酸っぱい すっぱい**	酸的	**甘味 あまみ**	甜味
塩っぱい しょっぱい	咸的	**新鮮 しんせん**	新鲜	**凍る こおる**	冷冻
こおり	冰块				

1.2 すきやき

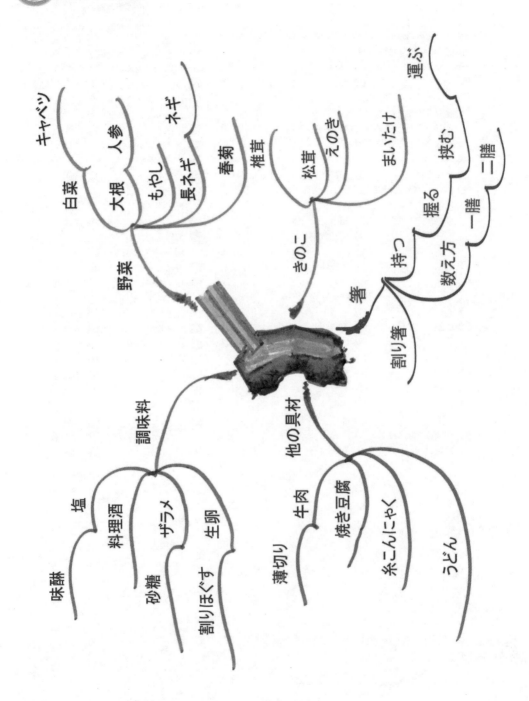

- 野菜
  - 白菜
    - キャベツ
  - 大根
    - 人参
  - もやし
  - 長ネギ
    - ネギ
  - 春菊
  - 椎茸
- きのこ
  - 松茸
  - えのき
  - まいたけ
- 箸
  - 割り箸
  - 持つ
    - 握る
    - 挟む
    - 運ぶ
  - 数え方
    - 一膳
    - 二膳
- 調味料
  - 塩
    - 味醂
  - 料理酒
  - ザラメ
    - 砂糖
  - 生卵
    - 割りほぐす
- 他の具材
  - 牛肉
    - 薄切り
  - 焼き豆腐
  - 糸こんにゃく
  - うどん

单词

すきやき 释 牛肉锅
野菜 音 やさい 释 蔬菜
きのこ 释 蘑菇
調味料 音 ちょうみりょう 释 调味品
他 音 ほか 释 其他
例 他に問題がない。
没有其他问题。
具材 音 ぐざい 释 食材
例 具材を小さく刻んで鍋に入れる。
把食材切小放入锅里。
白菜 音 はくさい 释 白菜
キャベツ 释 卷心菜
大根 音 だいこん 释 萝卜
人参 音 にんじん 释 胡萝卜
もやし 释 豆芽
長ネギ 音 ながねぎ 释 大葱
ネギ 释 葱
春菊 音 しゅんぎく 释 茼蒿
椎茸 音 しいたけ 释 香菇
松茸 音 まつたけ 释 松茸
えのき 释 金针菇
まいたけ 释 平菇
塩 音 しお 释 盐
味醂 音 みりん 释 料酒
料理酒 音 りょうりしゅ 释 料酒
ザラメ 释 粗糖
砂糖 音 さとう 释 砂糖
生卵 音 なまたまご 释 生鸡蛋
割りほぐす 音 わりほぐす 释 搅打
例 生卵を箸でよく割りほぐす。
用筷子把鸡蛋打匀。
牛肉 音 ぎゅうにく 释 牛肉
薄切り 音 うすぎり 释 切细
例 繊維にそって薄切りにする。
顺着纤维切细。
焼き豆腐 音 やきどうふ 释 烤豆腐
糸こんにゃく 音 いとこんにゃく 释 魔芋丝
うどん 释 乌冬
箸 音 はし 释 筷子
持つ 音 もつ 释 拿
例 食事中に話していて、つい興奮して箸を持ったまま「そうそう！」と上下に振る「振り上げ箸」や、「あなたはどう思う？」と相手に箸先を向ける「指し箸」もやめよう。
吃饭时，不要一兴奋起来就拿着筷子上下挥舞说着“是啊是啊”，或者用筷子指着对方问“你怎么想呢”。
握る 音 にぎる 释 握
挟む 音 はさむ 释 夹
例 合掌したまま箸を指に挟んで「いただきます」をいう。
双手合十将筷子夹在手指中间，说“我开动了”。
運ぶ 音 はこぶ 释 送
例 食事をするとき箸を口に運ぶスピードが早い人が凄く卑しく見えます。
吃饭时用筷子将食物送进口的速度太快的人样子非常难看。
数え方 音 かぞえかた 释 数法
一膳 音 ひとぜん 释 一双
二膳 音 にぜん 释 两双
割り箸 音 わりばし 释 方便筷

补充单词

石炭 せきたん	木炭	**煙 けむり**	烟	**鉄板 てっぱん**	铁板
唐辛子 とうがらし	辣椒	**巻く まく**	卷	**卵白 らんぱく**	蛋白
黄身 きみ	蛋黄	**バイキング**	自助餐	**垂れる たれる**	下垂
油 あぶら	油	**脂身 あぶらみ**	肥肉	**赤身 あかみ**	瘦肉
ステーキ	牛排	**牛タン ぎゅうたん**	牛舌	**熟する じゅくする**	熟
熟れる うれる	熟	**レア**	三分熟	**ミディアム**	半熟
ウエルダン	熟透				

1.3 ビール

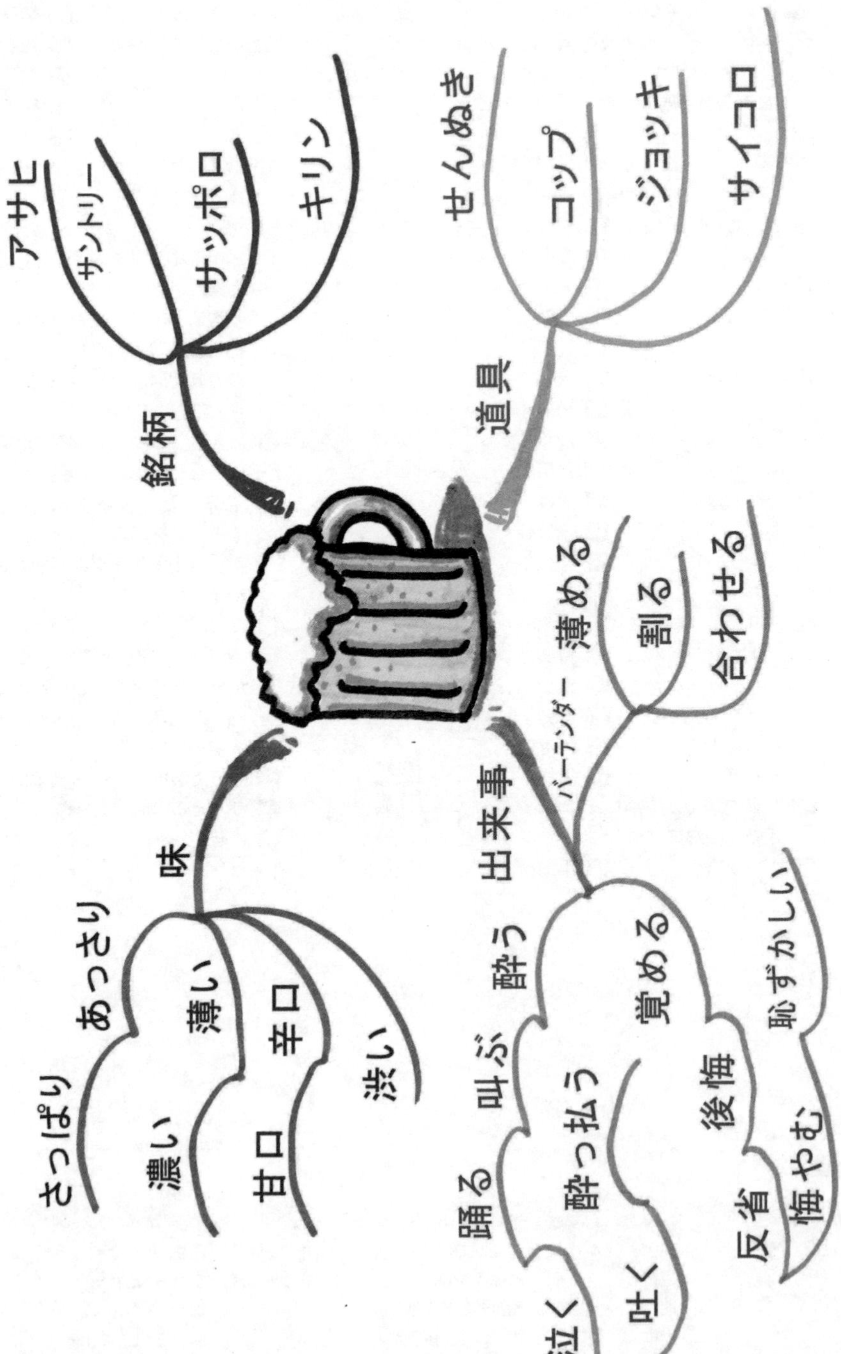

- 銘柄
  - アサヒ
  - サントリー
  - サッポロ
  - キリン
- 道具
  - せんぬき
  - コップ
  - ジョッキ
  - サイコロ
- 味
  - さっぱり
  - あっさり
  - 濃い
  - 薄い
  - 甘口
  - 辛口
  - 渋い
- 出来事
  - バーテンダー
    - 薄める
    - 割る
    - 合わせる
  - 酔う
  - 叫ぶ
  - 踊る
  - 酔っ払う
  - 泣く
  - 吐く
  - 覚める
  - 後悔
  - 反省
  - 悔やむ
  - 恥ずかしい

单词

ビール　　释 啤酒

銘柄　　音 めいがら　　释 品牌

例 銘柄豚はおいしいうえに高品質で安全安心なものです。

品牌猪肉味美质优，安全放心。

道具　　音 どうぐ　　释 道具

味　　音 あじ　　释 味道

例 料理の味はお口に合いますか。

菜的味道合您胃口吗？

出来事　　音 できごと　　释 事情

例 昨夜おかしい出来事が起こった。

昨夜发生了一件奇怪的事情。

朝日　　音 あさひ　　释 朝日

サントリー　　释 三得利

札幌　　音 さっぽろ　　释 札幌

麒麟　　音 きりん　　释 麒麟

栓抜き　　音 せんぬき　　释 开瓶器

コップ　　释 杯子

ジョッキ　　释 带把的啤酒杯

骰子　　音 さいころ　　释 骰子

あっさり　　释 清淡；简易

例 キャベツと肉をあっさり炒めました。

简单做了一个白菜炒肉。

さっぱり　　释 清淡；清洁；清爽

例 このスープは薄味でさっぱりしている。

这个汤味道清淡爽口。

薄い　　音 うすい　　释 淡

例 紅茶の味が薄くなった。

红茶的味道变淡了。

濃い　　音 こい　　释 浓

例 バラの香りが濃いです。

玫瑰的香味很浓。

辛口　　音 からくち　　释 辣；烈

甘口　　音 あまくち　　释 甜

渋い　　音 しぶい　　释 涩

例 この柿は渋くて、舌がしびれるように感じます。

这个柿子很涩口，感觉舌头都要麻了。

酔う　　音 よう　　释 喝醉

叫ぶ　　音 さけぶ　　释 叫，嚷

踊る　　音 おどる　　释 跳舞

例 バンドの音楽で踊る。

随着乐队的音乐跳起舞来。

泣く　　音 なく　　释 哭

例 先生に叱られて、泣き出しました。

被老师骂哭了。

吐く　　音 はく　　释 吐

例 つばを吐く。

吐口水。

酔っ払う　　音 よっぱらう　　释 烂醉

例 酔っぱらって、人前で失態しました。

喝得烂醉，在人前失态。

覚める　　音 さめる　　释 醒

例 夜中の四時に目が覚めた。海棠の花は眠っていなかった。

凌晨四点海棠花未眠。

後悔する　　音 こうかいする　　释 后悔

例 後悔するなら反省をしろ！

后悔的话就好好反省吧！

反省する　　音 はんせいする　　释 反省

悩む　　音 なやむ　　释 烦恼

例 恋に悩む。

因爱苦恼。

恥ずかしい　　音 はずかしい　　释 羞耻，丢脸；难为情

例 自撮りはちょっと恥ずかしい。

自拍有点难为情啦。

バーテンダー　　释 调酒师

薄める　　音 うすめる　　释 冲淡

割る　　音 わる　　释 兑

例 お酒をジュースで割るとカクテルになる。

用果汁兑酒调制鸡尾酒。

合わせる　　音 あわせる　　释 合在一起

例 飲み物は合わせて 4 種類あります。

饮料一共有 4 种。

补充单词

ジャン拳　じゃんけん	划拳	**しゃっくり**	打嗝	**割り勘　わりかん**	AA 制
バー	酒吧	**冷える　ひえる**	冷冻	**常温　じょうおん**	常温
結露　けつろ	结露	**アルコール**	酒精	**小麦　こむぎ**	小麦
高粱　こうりゃん	高粱	**乾杯　かんぱい**	干杯	**発酵　はっこう**	发酵
保存　ほぞん	保存				

1.4 食べ物

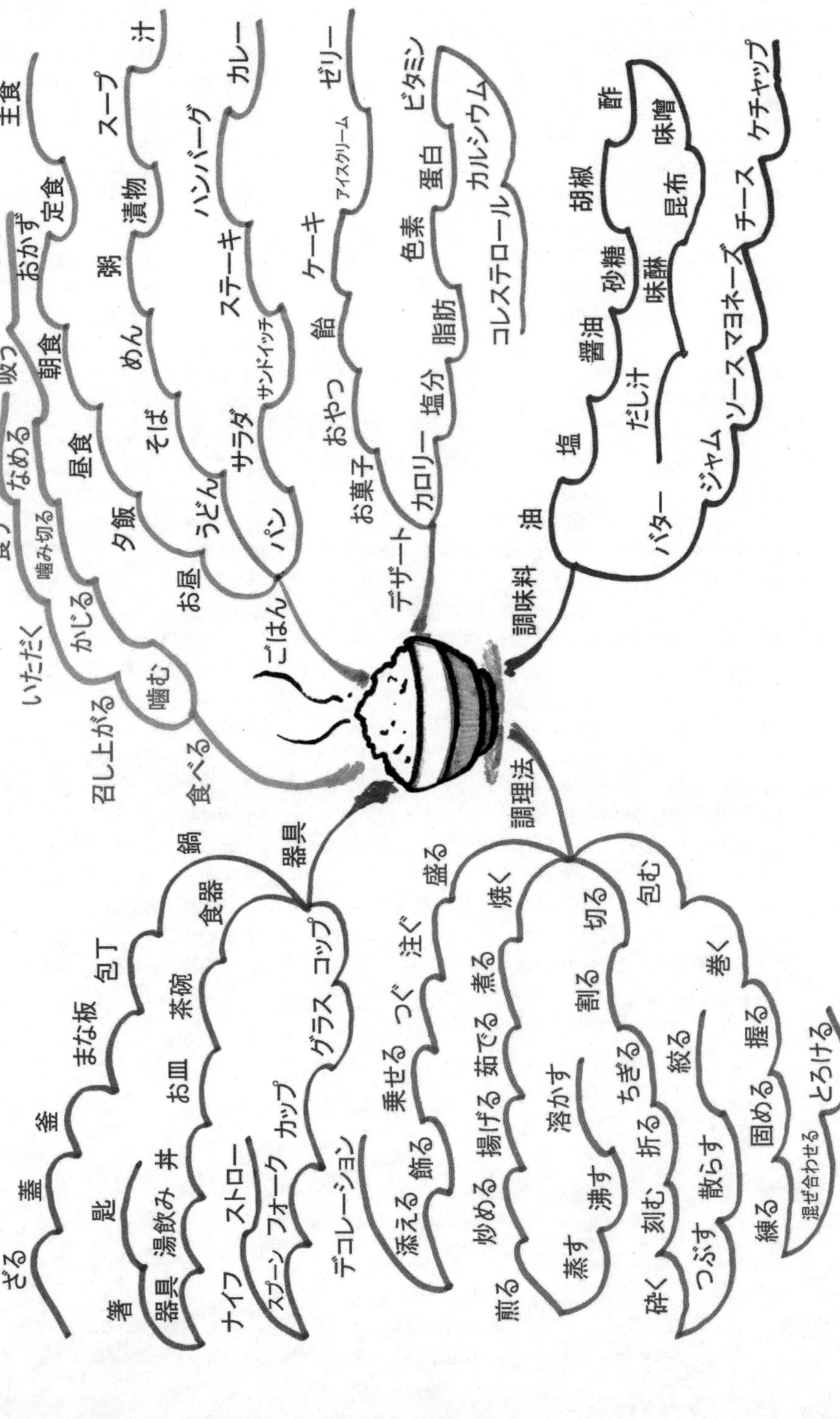

食べる：召し上がる　いただく　食う　味わう　吸う　しゃぶる　噛む　かじる　噛み切る　なめる

ごはん：お昼　夕飯　昼食　朝食　おかず　定食　主食　うどん　そば　めん　粥　漬物　スープ　汁　パン　サラダ　サンドイッチ　ステーキ　ハンバーグ　カレー

デザート：お菓子　おやつ　飴　ケーキ　アイスクリーム　ゼリー　カロリー　塩分　脂肪　色素　蛋白　ビタミン　カルシウム　コレステロール

調味料：油　塩　醤油　胡椒　砂糖　酢　味噌　昆布　味醂　だし汁　バター　ジャム　ソース　マヨネーズ　チーズ　ケチャップ

器具：鍋　食器　包丁　まな板　釜　蓋　匙　ざる　箸　茶碗　お皿　丼　湯飲み　器具　コップ　グラス　カップ　フォーク　スプーン　ストロー　ナイフ

調理法：盛る　注ぐ　つぐ　乗せる　飾る　添える　デコレーション　焼く　煮る　茹でる　揚げる　炒める　煎る　切る　割る　溶かす　沸す　蒸す　包む　ちぎる　折る　刻む　砕く　巻く　絞る　散らす　つぶす　握る　固める　練る　混ぜ合わせる　とろける

单词

食べ物 音 たべもの 释 食物
ごはん 释 米饭
デザート 释 点心
調味料 音 ちょうみりょう 释 调味品
調理法 音 ちょうりほう 释 烹饪法
器具 音 きぐ 释 器材
食べる 音 たべる 释 吃
例 食べて、祈って、恋をして。
美食、祈祷和恋爱。
お昼 音 おひる 释 午饭
夕飯 音 ゆうはん 释 晚餐
昼食 音 ちゅうしょく 释 午餐
朝食 音 ちょうしょく 释 早餐
おかず 释 菜肴
定食 音 ていしょく 释 套餐
主食 音 しゅしょく 释 主食
うどん 释 乌冬面
そば 释 荞麦面
めん 释 面
粥 音 かゆ 释 粥
漬物 音 つけもの 释 泡菜，腌菜
スープ 释 汤
汁 音 しる 释 汤
パン 释 面包
サラダ 释 沙拉
サンドイッチ 释 三明治
ステーキ 释 牛排
ハンバーグ 释 汉堡牛肉饼
カレー 释 咖喱
お菓子 音 おかし 释 糕点
おやつ 释 小吃，配菜
飴 音 あめ 释 糖
ケーキ 释 蛋糕
アイスクリーム 释 冰激凌
ゼリー 释 果冻
カロリー 释 卡路里
塩分 音 しおぶん 释 盐分
例 塩分の取りすぎは身体に良くありません。
盐分摄取过多对身体不好。
脂肪 音 しぼう 释 脂肪
色素 音 しきそ 释 色素
蛋白 音 たんぱく 释 蛋白质
ビタミン 释 维生素
カルシウム 释 钙
コレステロール 释 胆固醇
油 音 あぶら 释 油
塩 音 しお 释 盐
醤油 音 しょうゆ 释 酱油
砂糖 音 さとう 释 砂糖
胡椒 音 こしょう 释 胡椒
酢 音 す 释 醋
味噌 音 みそ 释 豆酱
昆布 音 こんぶ 释 海带
味醂 音 みりん 释 料酒

だし汁 音 だしじる 释 高汤
バター 释 黄油
ジャム 释 果酱
ソース 释 酱汁
マヨネーズ 释 蛋黄酱
チーズ 释 芝士
ケチャップ 释 番茄酱
焼く 音 やく 释 烤
例 魚を焼いて食べる。
烤鱼吃。
煮る 音 にる 释 煮
例 煮ても焼いても食えない。
软硬不吃。
茹でる 音 ゆでる 释 白水煮
例 枝豆をゆでる。
煮毛豆。
揚げる 音 あげる 释 炸
例 唐揚げを揚げます。
炸鸡块。
炒める 音 いためる 释 炒
例 最後にしょうゆ、ごま油、コショウをくわえて強火で炒めます。
最后加入酱油、芝麻油和胡椒，用强火炒。
煎る 音 いる 释 煎
例 生豆を火で煎る。
烘焙咖啡豆。
蒸す 音 むす 释 蒸
例 冷めた御飯を蒸す。
蒸冷饭。
沸す 音 わかす 释 煮沸
例 お湯を沸かしてお茶を飲みます。
烧开水喝茶。
溶かす 音 とかす 释 融化
例 カプセル剤をそのままお湯に入れ、溶かして飲む。
把胶囊放入热水里溶化后喝。
切る 音 きる 释 切
例 野菜を切って保存容器に入れて冷蔵します。
把菜切好后放入保鲜盒里冷藏。
割る 音 わる 释 劈
例 竹を割ったような性格。
心直口快的性格。
ちぎる 音 ちぎる 释 撕碎；揪掉
例 花びらをちぎる。
撕花瓣。
折る 音 おる 释 折
例 紙を二つに折る。
对折纸。
刻む 音 きざむ 释 切碎
例 ねぎを細かく刻む。
切葱花。
砕く 音 くだく 释 打碎
例 錠剤を砕いて飲んだらだめ。
不能把药片压碎了吃。

つぶす　释 压碎
例 にきびをつぶして、中の膿をだす。
把青春痘挤破，挤出里面的脓。

散らす　音 ちらす　释 弄散
例 「ちらし寿司」の語源は、寿司飯の中、あるいは上に様々な具を「散らす」という意味です。
“散寿司”的词义源自在寿司饭里或上面“撒入”各种食材。

絞る　音 しぼる　释 拧
例 タオルを絞る。
拧毛巾。

包む　音 つつむ　释 包
例 豚ひき肉をワンタンの皮で包んで揚げた。
用馄饨皮包肉馅后炸。

巻く　音 まく　释 卷
例 クルクルと野菜とお肉を巻くだけで出来上がる。
只需要把肉和蔬菜卷起来就做好了。

握る　音 にぎる　释 捏

固める　音 かためる　释 凝固；固定

練る　音 ねる　释 拌和，揉和
例 小麦粉を手につかなくなるまで練る。
面粉要和到不沾手为止。

混ぜ合わせる　音 まぜあわせる　释 混合在一起

とろける　释 溶化变软
例 バターがとろける。
黄油化了。

盛る　音 もる　释 盛东西
例 ご飯を茶碗に盛る。
把饭盛到碗里。

注ぐ　音 そそぐ　释 注入
例 川の水が海にそそぐ。
河水注入海里。

つぐ　释 斟，倒
例 グラスが空になっていることに気がついたら、「お注ぎします」などと声をかけましょう。
一旦注意到杯子空了，就得说：“我给您斟上吧。”

乗せる　音 のせる　释 放在上面
例 その上に、昆布を乗せて、ねぎを散らしたら完成。
在上面放上海带，再撒上葱，就完成了。

飾る　音 かざる　释 装饰

添える　音 そえる　释 添加

デコレーションする　释 装饰

鍋　音 なべ　释 锅

包丁　音 ほうちょう　释 菜刀

まな板　音 まないた　释 菜板

釜　音 かま　释 饭锅

蓋　音 ふた　释 盖子

ざる　释 竹篓，小笼屉

食器　音 しょっき　释 餐具

茶碗　音 ちゃわん　释 茶碗

お皿　音 おさら　释 碟子

丼　音 どん　释 海碗

湯飲み　音 ゆのみ　释 茶杯

器具　音 きぐ　释 器具

箸　音 はし　释 筷子

匙　音 さじ　释 汤匙

コップ　释 杯子

グラス　释 杯子

カップ　释 杯子

フォーク　释 叉子

スプーン　释 西式汤匙

ナイフ　释 刀

ストロー　释 吸管

召し上がる　音 めしあがる　释 吃
例 召し上がってください。
请吃吧。

いただく　释 吃
例 いただきます。
我开动了。

食う　音 くう　释 吃
例 こんな給料では食っていけない。
这点工资是活不下去的。

味わう　音 あじわう　释 品尝
例 よく噛んで味わって食べてください。
吃的时候请充分咀嚼品尝。

噛む　音 かむ　释 嚼，咬

かじる　释 啃
例 りんごをかじる。
啃苹果。

噛み切る　音 かみきる　释 咬断，咬掉
例 舌を噛み切って自殺しようとした。
试图咬断舌头自尽。

なめる　释 舔
例 切手をなめて貼る。
舔了舔邮票贴上去。

吸う　音 すう　释 吸
例 深く息を吸う。
深呼吸。

しゃぶる　释 吮，含，咂
例 指をしゃぶる。
吮手指。

补充单词

おかわり	再来一碗	**個室　こしつ**	包间	**完食　かんしょく**	吃得干干净净
ご馳走　ごちそう	丰盛的饭菜	**粗末　そまつ**	粗茶淡饭	**しゃぶしゃぶ**	涮肉火锅
鍋物　なべもの	火锅	**棚田　たなだ**	梯田	**漬物　つけもの**	泡菜
ラーメン	拉面	**つけ麺　つけめん**	凉面	**饂飩　うどん**	乌冬面
ベーコン	培根	**ソーセージ**	香肠	**取り皿　とりざら**	布菜碟

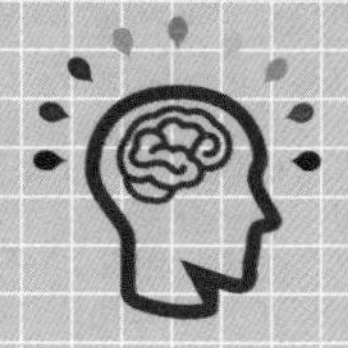

2. 住居

2.1 ベッド

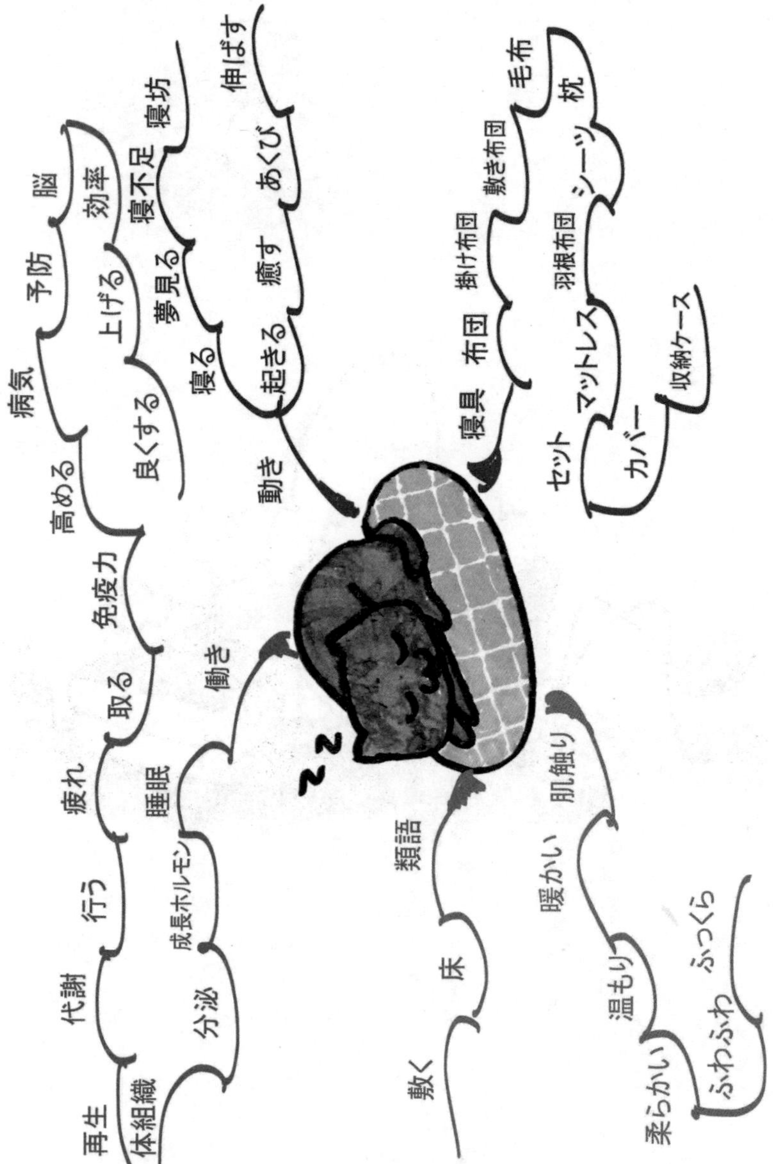

動き
睡眠
取る
疲れ
行う
代謝
再生
体組織
免疫力
高める
病気
予防
脳
良くする
上げる
効率
成長ホルモン
分泌
動き
寝る
夢見る
寝不足
寝坊
起きる
癒す
あくび
伸ばす
寝具
布団
掛け布団
敷き布団
毛布
マットレス
羽根布団
シーツ
枕
セット
カバー
収納ケース
類語
床
敷く
肌触り
暖かい
温もり
柔らかい
ふわふわ
ふっくら

单词

ベッド 释 床
寝具 音 しんぐ 释 床上用品
働き 音 はたらき 释 用途
肌触り 音 はだざわり 释 肌肤触感
例 なめらかな肌触り。
光滑的触感。
類語 音 るいご 释 近义词
布団 音 ふとん 释 被子
掛け布団 音 かけぶとん 释 盖的被子
敷き布団 音 しきぶとん 释 垫的被子
毛布 音 もうふ 释 毛毯
枕 音 まくら 释 枕头
シーツ 释 被单
カバー 释 被套
寝る 音 ねる 释 睡觉
例 寝る前にシャワーを浴びなさい。
睡觉前先洗澡。
夢見る 音 ゆめみる 释 做梦，梦想
例 科学者を夢見る。
梦想当科学家。
寝不足 音 ねぶそく 释 没睡够
寝坊 音 ねぼう 释 睡懒觉
例 寝坊して母に怒られた。
睡懒觉被母亲骂了。
起きる 音 おきる 释 起床
例 毎朝7時に起きる。
每天7点起床。
癒す 音 いやす 释 治愈
例 失恋で傷ついた心を癒してくれた。
治愈了我因失恋而受伤的心。
暖かい 音 あたたかい 释 暖和
例 暖かい日差し。
暖和的阳光。
温もり 音 ぬくもり 释 温暖
例 彼氏の温もりを感じたい。
想念男友的温暖。
柔らかい 音 やわらかい 释 柔软
例 柔らかい毛布。
柔软的毛毯。
ふわふわ 释 松软
例 ふわふわした布団。
松软的被子。
床 音 とこ 释 床
例 床に就く。
就寝。

敷く 音 しく 释 铺，垫
例 尻に座布団を敷く。
在屁股下面垫坐垫。
あくびする 释 打哈欠
伸ばす 音 のばす 释 伸长
羽根布団 音 はねぶとん 释 羽绒被
マットレス 释 褥垫
セット 释 套装
収納ケース 音 しゅうのう～ 释 收纳盒
ふっくら 释 胖胖的，软软的
例 ふっくらとした女房。
胖老婆。
睡眠 音 すいみん 释 睡眠
成長ホルモン 音 せいちょう～ 释 成长荷尔蒙
分泌する 音 ぶんぴつする 释 分泌
例 成長ホルモンを分泌する。
分泌成长荷尔蒙。
体組織 音 からだそしき 释 身体组织
再生 音 さいせい 释 更新
代謝 音 たいしゃ 释 代谢
行う 音 おこなう 释 进行
例 ダイエットを行う。
减肥。
疲れ 音 つかれ 释 疲劳
取る 音 とる 释 消除
例 疲れを取る。
消除疲劳。
免疫力 音 めんえきりょく 释 免疫力
高める 音 たかめる 释 提高
例 免疫力を高める。
提高免疫力。
病気 音 びょうき 释 病
予防する 音 よぼうする 释 预防
例 病気を予防する。
预防生病。
脳 音 のう 释 大脑
効率 音 こうりつ 释 效率
上げる 音 あげる 释 提高
例 効率を上げる。
提高效率。
良くする 音 よくする 释 增强
例 脳の働きを良くする。
增强大脑机能。

补充单词

畳む たたむ	叠	**箪笥 たんす**	衣柜	**フローリング**	木地板
平米 へいべい	平米	**居眠り いねむり**	打盹儿	**クッション**	软垫

2.2 部屋

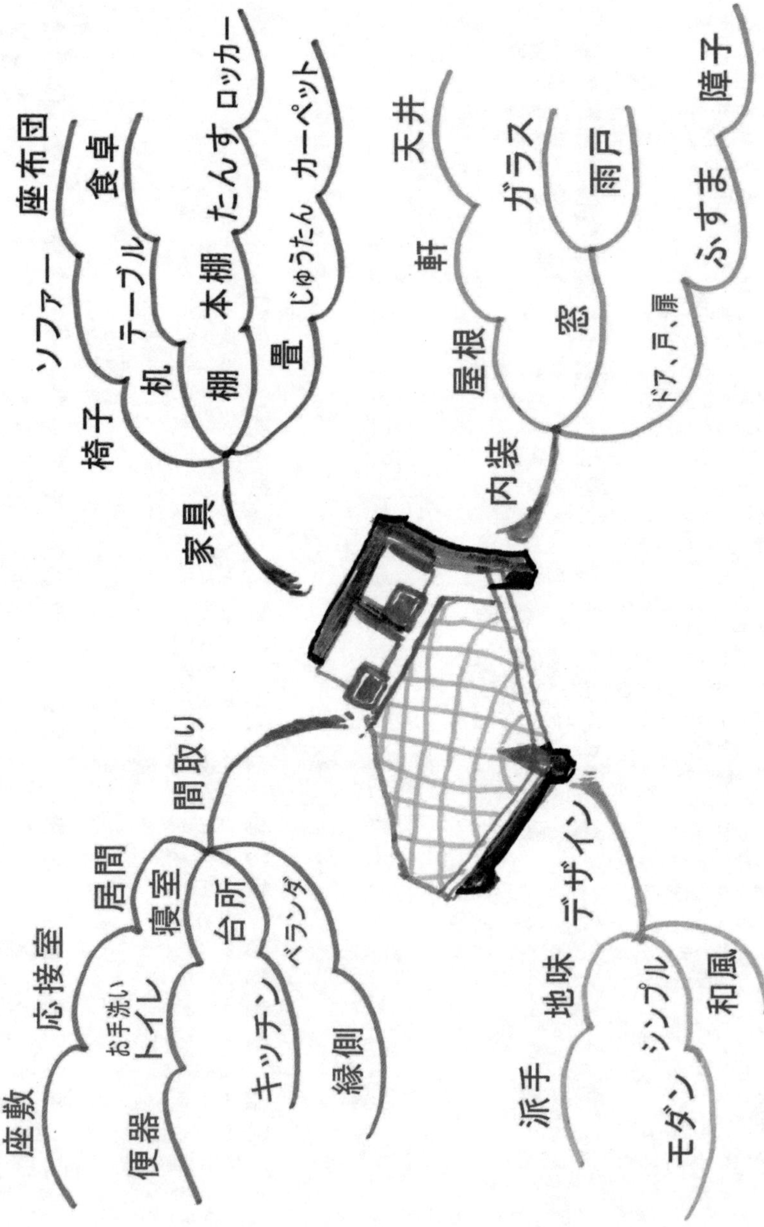

- 家具
  - 椅子
  - 机
  - 棚
  - 畳
  - ソファー
  - テーブル
  - 本棚
  - じゅうたん
  - 座布団
  - 食卓
  - たんす
  - ロッカー
  - カーペット
- 内装
  - 屋根
  - 窓
  - ドア、戸、扉
  - 軒
  - ガラス
  - 雨戸
  - ふすま
  - 天井
  - 障子
- 間取り
  - 居間
  - 寝室
  - 台所
  - ベランダ
  - 応接室
  - お手洗い トイレ
  - キッチン
  - 縁側
  - 座敷
  - 便器
- デザイン
  - 地味
  - シンプル
  - 和風
  - 派手
  - モダン
  - 洋式、洋風

单词

部屋 音 へや 释 房间
家具 音 かぐ 释 家具
内装 音 ないそう 释 内装
デザイン 释 设计
間取り 音 まどり 释 布局
例 住宅の間取りはまず自分で考えてみましょう。
首先自己考虑一下房间布局。
椅子 音 いす 释 椅子
ソファー 释 沙发
座布団 音 ざぶとん 释 坐垫
机 音 つくえ 释 桌子
テーブル 释 桌子
食卓 音 しょくたく 释 餐桌
棚 音 たな 释 架子
本棚 音 ほんだな 释 书架
箪笥 音 たんす 释 柜橱
ロッカー 释 储物柜
畳 音 たたみ 释 榻榻米
絨毯 音 じゅうたん 释 绒毯
カーペット 释 地毯
屋根 音 やね 释 屋檐
軒 音 のき 释 房檐
天井 音 てんじょう 释 天花板
窓 音 まど 释 窗户
ガラス 释 玻璃
雨戸 音 あまど 释 防雨门，板窗扇
ドア 释 门
戸 音 と 释 门
扉 音 とびら 释 门
襖 音 ふすま 释 隔扇
障子 音 しょうじ 释 拉门，拉窗
地味 音 じみ 释 不起眼，简朴
例 地味な色。
质朴的颜色。
派手 音 はで 释 豪华，华丽
例 派手な服装。
华丽的服装。
シンプル 释 简洁
例 シンプルなデザイン。
简洁的设计。
モダン 释 现代
例 モダン・ガール。
摩登女郎。
和風 音 わふう 释 日式风格
洋風 音 ようふう 释 西洋风格
洋式 音 ようしき 释 西式风格
居間 音 いま 释 起居室
応接間 音 おうせつま 释 会客厅
座敷 音 ざしき 释 铺榻榻米的客厅
寝室 音 しんしつ 释 寝室
お手洗い 音 おてあらい 释 卫生间
トイレ 释 厕所
便器 音 べんき 释 马桶
台所 音 だいどころ 释 厨房
キッチン 释 厨房
ベランダ 释 阳台
縁側 音 えんがわ 释 外廊

补充单词

照明 しょうめい	照明	**タイル**	瓷砖	**セメント**	水泥
豪華 ごうか	豪华	**デラックス**	豪华	**バスタブ**	浴缸
ゴミ箱 ばこ	垃圾桶				

2.3 家電

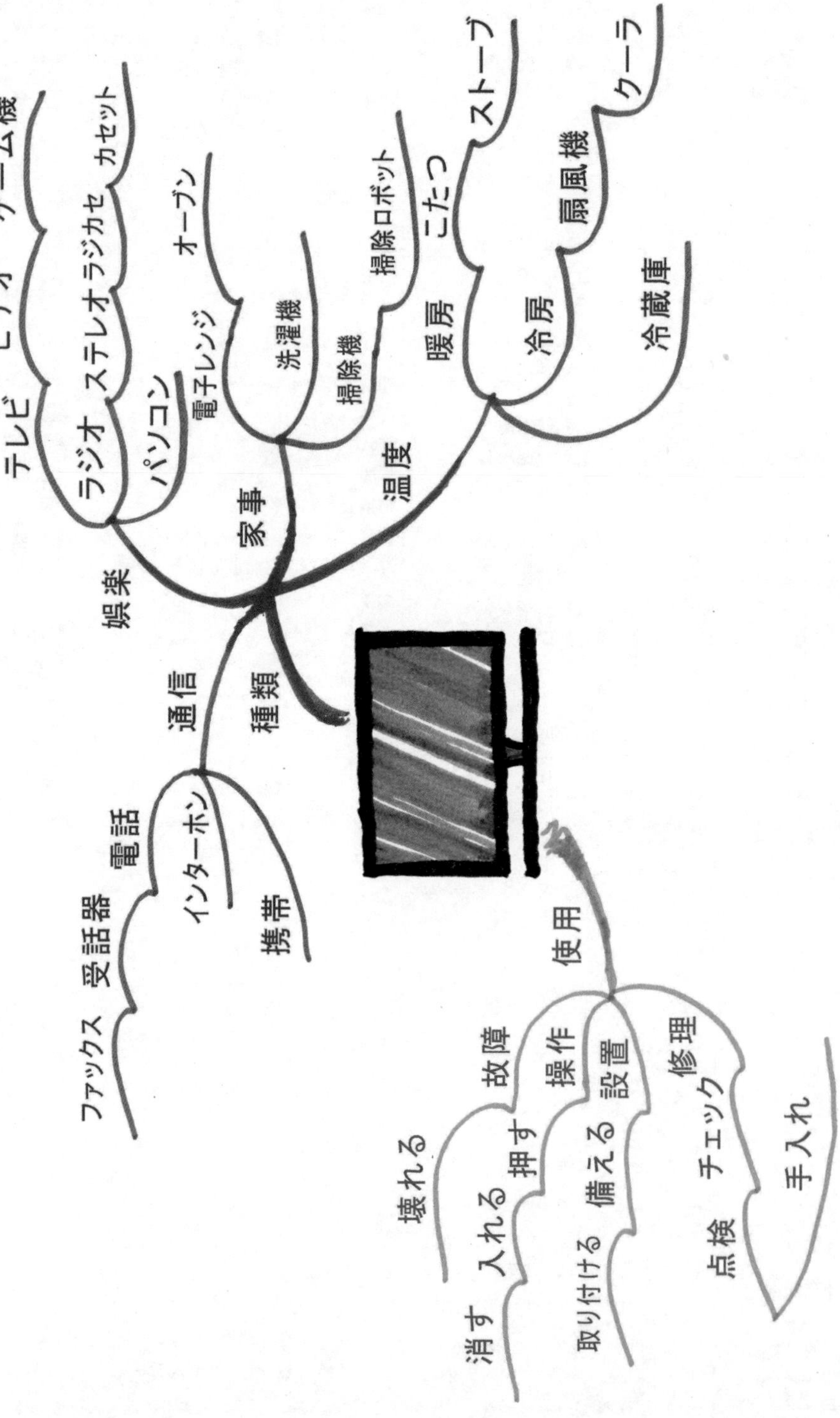

- 種類
  - 娯楽
    - テレビ
    - ビデオ
    - ゲーム機
    - ラジオ
    - ステレオ
    - ラジカセ
    - カセット
    - パソコン
  - 家事
    - 電子レンジ
    - オーブン
    - 洗濯機
    - 掃除機
    - 掃除ロボット
  - 温度
    - 暖房
      - こたつ
      - ストーブ
    - 冷房
      - 扇風機
      - クーラ
    - 冷蔵庫
  - 通信
    - 電話
      - 受話器
      - ファックス
    - インターホン
    - 携帯
- 使用
  - 故障
    - 壊れる
    - 消す
  - 操作
    - 押す
    - 入れる
  - 設置
    - 備える
    - 取り付ける
  - 修理
    - チェック
    - 点検
    - 手入れ

单词

家電 音 かでん 释 家电
種類 音 しゅるい 释 种类
使用 音 しよう 释 使用
娯楽 音 ごらく 释 娱乐
家事 音 かじ 释 家务
温度 音 おんど 释 温度
通信 音 つうしん 释 通讯
テレビ 释 电视机
ビデオ 释 录像
ラジオ 释 收音机
ステレオ 释 音响
ラジカセ 释 收录机
カセット 释 磁带
電子レンジ 音 でんし 释 微波炉
オーブン 释 烤箱
洗濯機 音 せんたくき 释 洗衣机
掃除機 音 そうじき 释 吸尘器
掃除ロボット 音 そうじ 释 扫地机器人
暖房 音 だんぼう 释 暖气
こたつ 释 被炉
ストーブ 释 火炉
冷房 音 れいぼう 释 冷气
扇風機 音 せんぷうき 释 电风扇
クーラー 释 空调
冷蔵庫 音 れいぞうこ 释 冰箱
電話 音 でんわ 释 电话
受話器 音 じゅわき 释 听筒
ファックス 释 传真
インターホン 释 内线电话
携帯 音 けいたい 释 手机
故障する 音 こしょうする 释 故障
例 クーラーが故障してしまった。
空调出故障了。
壊れる 音 こわれる 释 坏
例 テレビが壊れた。
电视机坏了。

操作する 音 そうさする 释 操作
例 機械を操作する。
操作机器。
押す 音 おす 释 按
例 後ろから押さないでください。
不要从后面推挤。
入れる 音 いれる 释 放入
例 引き出しに入れる。
放进抽屉里。
消す 音 けす 释 关掉
例 スイッチを消す。
关掉开关。
設置する 音 せっちする 释 设置
例 火災報知器を設置する。
设置火灾报警器。
備える 音 そなえる 释 装备
例 センサーを備える。
装备了感应装置。
取り付ける 音 とりつける 释 安装
例 アンテナを取り付ける。
安装天线。
修理する 音 しゅうりする 释 修理
例 自転車を修理する。
修理自行车。
チェックする 释 检验
例 所持品をチェックする。
检验携带物品。
点検する 音 てんけんする 释 检点
例 エンジンを点検する。
检查引擎。
手入れする 音 ていれする 释 保养
例 ガーデンを手入れする。
修葺花园。

补充单词

液晶テレビ えきしょう	液晶电视	**デジタルカメラ**	数码相机	**コンピューター**	电脑
モニター	显示器	**ウォシュレット**	马桶盖	**リモコン**	遥控器
充電器 じゅうでんき	充电器	**アイロン**	熨斗	**複写機 ふくしゃき**	复印机
湯沸かし器 ゆわかしき	热水器	**スキャナー**	扫描仪	**コンセント**	插座
プラグ	插头				

3. 衣饰

3.1 上着

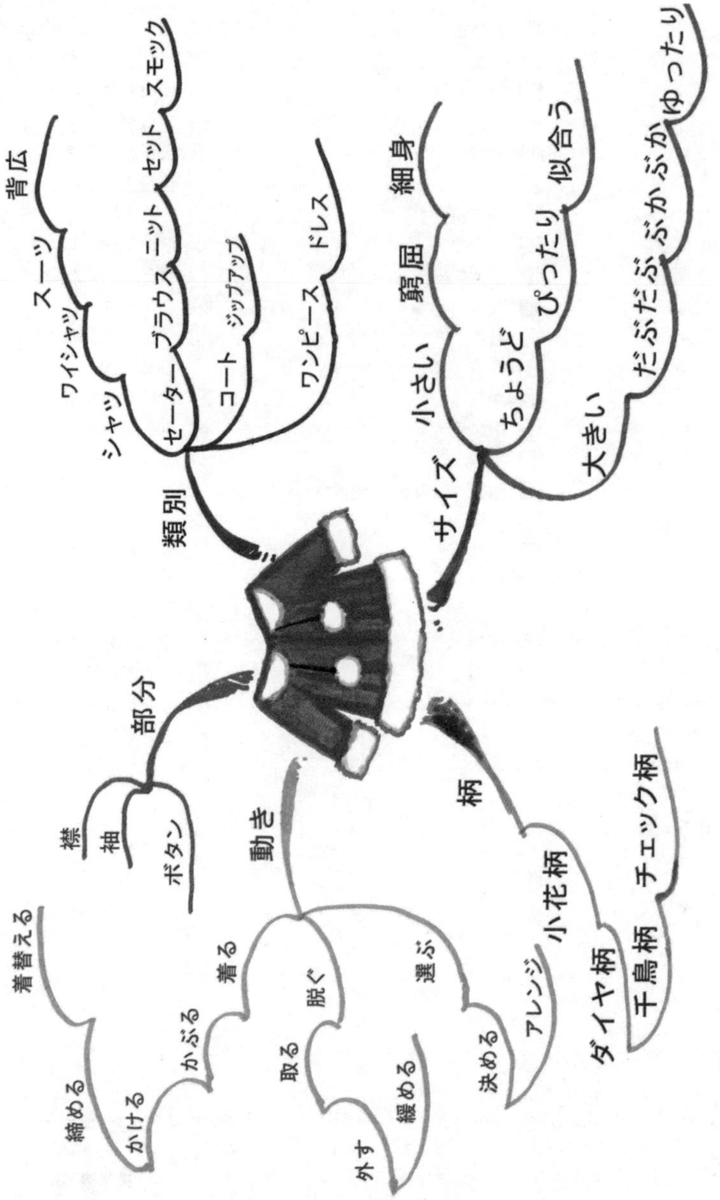

類別
シャツ
ワイシャツ
スーツ
背広
セーター
ブラウス
ニット
セット
スモック
コート
ジップアップ
ワンピース
ドレス

サイズ
小さい
窮屈
細身
ちょうど
ぴったり
似合う
大きい
だぶだぶ
ぶかぶか
ゆったり

部分
襟
袖
ボタン

動き
着る
かぶる
着替える
締める
かける
脱ぐ
取る
緩める
外す
選ぶ
決める

柄
小花柄
アレンジ
ダイヤ柄
千鳥柄
チェック柄

单词

上着 音 うわぎ 释 上衣，外套
部分 音 ぶぶん 释 部分
類別 音 るいべつ 释 类别
サイズ 释 尺码
動詞 音 どうし 释 动词
柄 音 がら 释 花样
襟 音 えり 释 衣领
袖 音 そで 释 衣袖
ボタン 释 扣子
シャツ 释 衬衣
ワイシャツ 释 衬衫
スーツ 释 套装
背広 音 せびろ 释 西服
セーター 释 毛衣
ブラウス 释 女式衬衫
ニット 释 针织衫
セット 释 成套
スモック 释 罩衣
コート 释 外套
ジップアップ 释 拉链夹克
ワンピース 释 连衣裙
ドレス 释 礼服
小さい 释 小
窮屈 音 きゅうくつ 释 窄，小，紧
例 ワンピースが窮屈になる。
连衣裙穿起来变紧了。
細身 音 ほそみ 释 细长，修身
例 細身のスーツ。
修身的套装。
ちょうど 释 正好
ぴったり 释 恰好，合适
例 体にぴったりしたドレス。
正好合身的礼服。
似合う 音 にあう 释 合适，相衬
例 その靴は服にちょうど似合っています。
这鞋和衣服非常相配。
大きい 音 おおきい 释 大
だぶだぶ 释 肥大，晃荡
例 ズボンがだぶだぶになる。
裤子很肥大。
ぶかぶか 释 肥大不合身
例 この靴はぶかぶかして歩きにくい。
鞋太大了，不好走路。

ゆったり 释 宽松舒适
例 ゆったりとしたコード。
宽松舒适的外套。
小花柄 音 こばながら 释 碎花图案
ダイヤ柄 释 菱形图案
千鳥柄 音 ちどりがら 释 千鸟格图案
チェック柄 释 格子图案
着る 音 きる 释 穿
例 背広を着る。
穿西装。
かぶる 释 戴
例 帽子をかぶる。
戴帽子。
かける 释 戴
例 メガネをかける。
戴眼镜。
締める 音 しめる 释 收紧
例 ネクタイを締める。
系紧领带。
着替える 音 きがえる 释 换衣服
例 セーターを脱いで、パジャマに着替える。
脱掉毛衣，换上睡衣。
脱ぐ 音 ぬぐ 释 脱
取る 音 とる 释 脱
例 帽子を取る。
脱掉帽子。
外す 音 はずす 释 脱
例 腕時計を外す。
取下手表。
緩める 音 ゆるめる 释 放松
例 ひもをゆるめる。
松带子。
選ぶ 音 えらぶ 释 选择
例 好きなカードを選びなさい。
请选一张喜欢的卡。
決める 音 きめる 释 决定
例 寝る前に、次の日の服装を決める。
睡觉前决定第二天要穿的衣服。
アレンジする 释 安排，布置，整顿
例 ヘアをうまくアレンジする。
把头发打理好。

3.2 ズボン

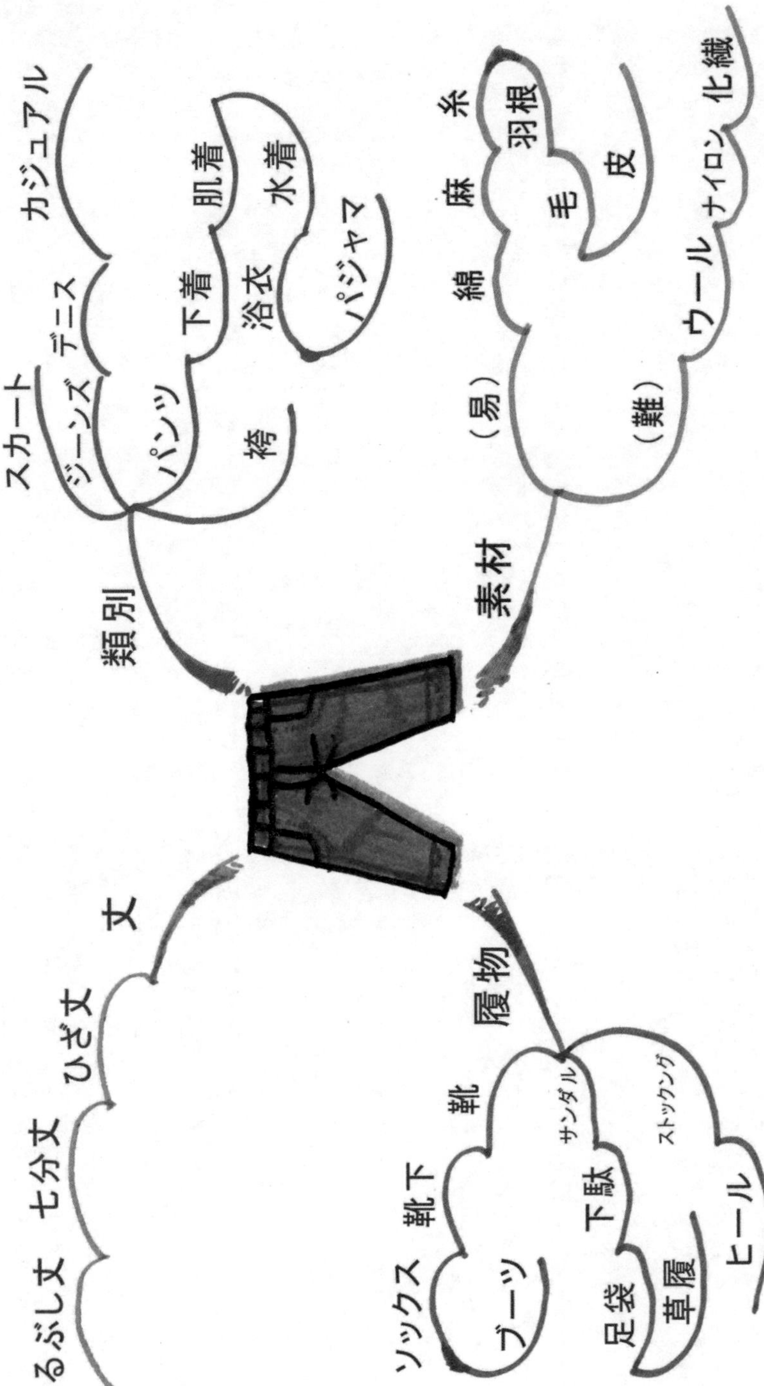

類別
- スカート
- ジーンズ
- デニス
- カジュアル
- パンツ
- 下着
- 肌着
- 浴衣
- 水着
- パジャマ
- 袴

素材
- （易）
  - 綿
  - 麻
  - 糸
  - 羽根
  - 毛
  - 皮
- （難）
  - ウール
  - ナイロン
  - 化繊

丈
- くるぶし丈
- 七分丈
- ひざ丈

履物
- 靴
  - 靴下
  - ソックス
  - ブーツ
- サンダル
  - 下駄
  - 足袋
  - 草履
- ストッキング
  - ヒール

单词

单词	音	释
ズボン		裤子
類別	るいべつ	类别
素材	そざい	素材
履物	はきもの	鞋
丈	たけ	长度
スカート		裙子
ジーンズ		牛仔裤
デニスカ		牛仔裙
カジュアル		休闲舒适
パンツ		内裤
下着	したぎ	内衣
肌着	はだぎ	贴身衣服
水着	みずぎ	泳衣
浴衣	ゆたか	浴衣
綿	わた	棉
麻	ま	麻
糸	いと	线
羽根	はね	羽绒

单词	音	释
毛	け	毛
皮	かわ	皮
ウール		羊毛
ナイロン		尼龙
化繊	かせん	化纤
靴	くつ	鞋
靴下	くつした	袜子
ソックス		袜子
ブーツ		鞋
サンダル		拖鞋
下駄	げた	木屐
足袋	たび	日式短布袜
草履	ぞうり	草鞋
ストッキング		连裤袜
ヒール		高跟
ひざ丈		长度到膝盖
七分丈	しちぶたけ	七分长
くるぶし丈		九分长

3.3 アクセサリー

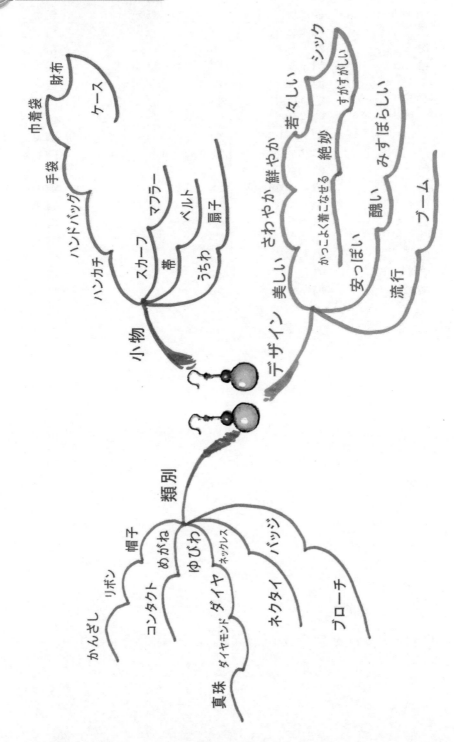

小物
ハンカチ
ハンドバッグ
手袋
巾着袋
財布
ケース
スカーフ
マフラー
帯
ベルト
うちわ
扇子

デザイン
美しい
さわやか
鮮やか
若々しい
シック
かっこよく着こなせる
絶妙
すがすがしい
安っぽい
醜い
みすぼらしい
流行
ブーム

類別
帽子
リボン
かんざし
めがね
コンタクト
ゆびわ
ダイヤ
ダイヤモンド
真珠
ネックレス
ネクタイ
バッジ
ブローチ

单词

アクセサリ　释 饰品

デザイン　释 设计

小物　音 こもの　释 小东西
例 小物の細工をする。
做小东西的手工。

帽子　音 ぼうし　释 帽子

リボン　释 丝带，缎带

かんざし　释 簪子

眼鏡　音 めがね　释 眼镜

コンタクト　释 隐形眼镜

指輪　音 ゆびわ　释 戒指

ダイヤモンド　释 钻石

真珠　音 しんじゅ　释 珍珠

ネックレス　释 项链

ピアス　释 耳环

イヤリング　释 耳夹

ネクタイ　释 领带

バッジ　释 徽章

ブローチ　释 胸针

美しい　音 うつくしい　释 美丽的
例 美しく着飾る。
打扮得很漂亮。

さわやか　释 清爽的，爽朗的
例 さわやかな風。
让人神清气爽的风。

鮮やか　音 あざやか　释 鲜艳的
例 色彩が鮮やかだ。
色彩很鲜艳。

若々しい　音 わかわかしい　释 年轻，朝气蓬勃的
例 若々しい歌声。
充满朝气的歌声。

シック　释 潇洒，雅致
例 シックな髪形。
雅致的发型。

清々しい　音 すがすがしい　释 清爽的
例 清々しい朝。
清爽的早晨。

絶妙　音 ぜつみょう　释 绝妙
例 絶妙な演技。
绝妙的演技。

かっこよい　释 酷
例 その姿は世間から見てもあまりかっこよいものではないでしょう。
这个样子被人看见了可不太体面吧。

着こなせる　音 きこなせる　释 穿得合适
例 達人はどんなアイテムも着こなせる。
达人无论什么单品都可以穿得很好看。

安っぽい　音 やすっぽい　释 便宜
例 安っぽい品物。
便宜货。

醜い　音 みにくい　释 丑
例 醜い顔。
丑脸。

みすぼらしい　释 寒碜，破旧
例 みすぼらしい家。
穷酸的家。

流行　音 りゅうこう　释 流行

ブーム　释 热潮
例 女子の間で今、静かなブームを呼んでいる。
在女生当中现在正悄悄地引发热潮。

ハンカチ　释 手帕

ハンドバッグ　释 手袋

手袋　音 てぶくろ　释 手套

巾着袋　音 きんちゃくぶくろ　释 荷包

スカーフ　释 丝巾，头巾，围巾

マフラー　释 围巾

帯　音 おび　释 带子

ベルト　释 皮带

うちわ　释 团扇

扇子　音 せんす　释 扇子

財布　音 さいふ　释 钱包

ケース　释 盒子

3.4 カラー

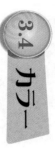

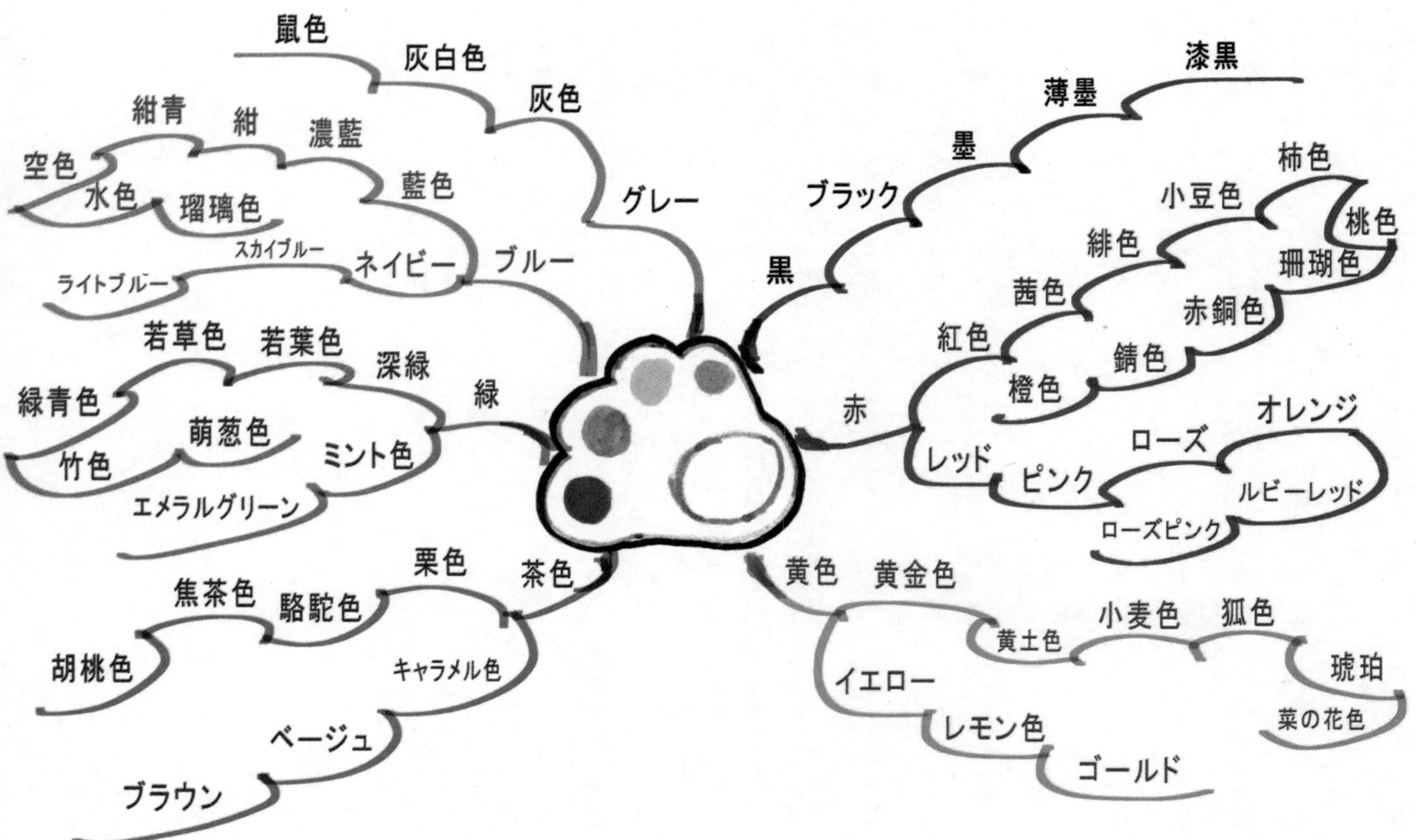
黒
ブラック
墨
薄墨
漆黒
赤
紅色
茜色
緋色
小豆色
柿色
桃色
珊瑚色
赤銅色
錆色
橙色
レッド
ピンク
ローズ
オレンジ
ルビーレッド
ローズピンク
黄色
黄金色
黄土色
小麦色
狐色
琥珀
菜の花色
イエロー
レモン色
ゴールド
茶色
栗色
駱駝色
焦茶色
胡桃色
キャラメル色
ベージュ
ブラウン
緑
深緑
若葉色
若草色
緑青色
ミント色
萌葱色
竹色
エメラルドグリーン
ブルー
ネイビー
藍色
濃藍
紺
紺青
空色
水色
瑠璃色
スカイブルー
ライトブルー
グレー
灰色
灰白色
鼠色

单词

カラー		释 彩色
黒	音 くろ	释 黑
赤	音 あか	释 红
黄色	音 きいろ	释 黄色
茶色	音 ちゃいろ	释 茶色
緑	音 みどり	释 绿色
ブルー		释 蓝色
グレー		释 灰色
ブラック		释 黑
墨	音 すみ	释 墨
薄墨	音 うすずみ	释 淡墨色
漆黒	音 しっこく	释 漆黑
紅色	音 べにいろ	释 红色
茜色	音 あかねいろ	释 暗红色
緋色	音 ひいろ	释 绯红色
小豆色	音 あずきいろ	释 豆沙红
柿色	音 かきいろ	释 黄褐色
桃色	音 ももいろ	释 桃红色
珊瑚色	音 さんごいろ	释 珊瑚红
赤銅色	音 しゃくどういろ	释 红铜色
錆色	音 さびいろ	释 锈色
レッド		释 红色
ピンク		释 粉红色
ローズ		释 蔷薇色
オレンジ		释 橙色
ルビーレッド		释 宝石红
ローズピンク		释 淡粉色
黄金色	音 こがねいろ；おうごんしょく	释 金黄色
黄土色	音 おうどいろ	释 土黄色
小麦色	音 こむぎいろ	释 小麦色
狐色	音 きつねいろ	释 黄褐色
琥珀	音 こはく	释 琥珀
菜の花色	音 なのはないろ	释 菜花黄
イエロー		释 黄色
レモン色		释 柠檬黄
ゴールド		释 金色
栗色	音 くりいろ	释 栗色
駱駝色	音 らくだいろ	释 驼色
焦茶色	音 こげちゃいろ	释 焦茶色
胡桃色	音 くるみいろ	释 胡桃色
キャラメル色		释 焦糖色
ベージュ		释 米色
ブラウン		释 棕色
深緑	音 しんりょく	释 深绿
若葉色	音 わかばいろ	释 新绿色
若草色	音 わかくさいろ	释 黄绿色
緑青色	音 ろくしょういろ	释 青铜色
萌葱色	音 もえぎいろ	释 黄绿色
竹色	音 たけいろ	释 竹色
ミント色		释 薄荷绿
エメラルドグリーン		释 翠绿色
藍色	音 あいいろ	释 蓝色
濃藍	音 こいあい	释 深蓝
紺	音 こん	释 藏蓝
紺青	音 こんじょう	释 普鲁士蓝
空色	音 そらいろ	释 天蓝色
水色	音 みずいろ	释 淡蓝色
瑠璃色	音 るりいろ	释 深蓝色
ネイビー		释 海军蓝
スカイブルー		释 天蓝色
ライトブルー		释 淡蓝色
灰色	音 はいいろ	释 灰色
灰白色	音 はいはくしょく	释 灰白色
鼠色	音 ねずみいろ	释 深灰色

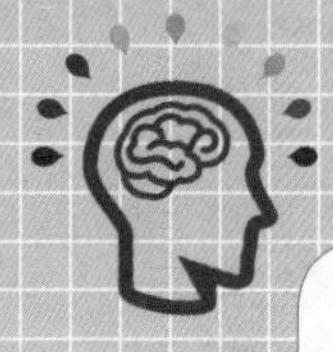

4. 运动

4.1 野球

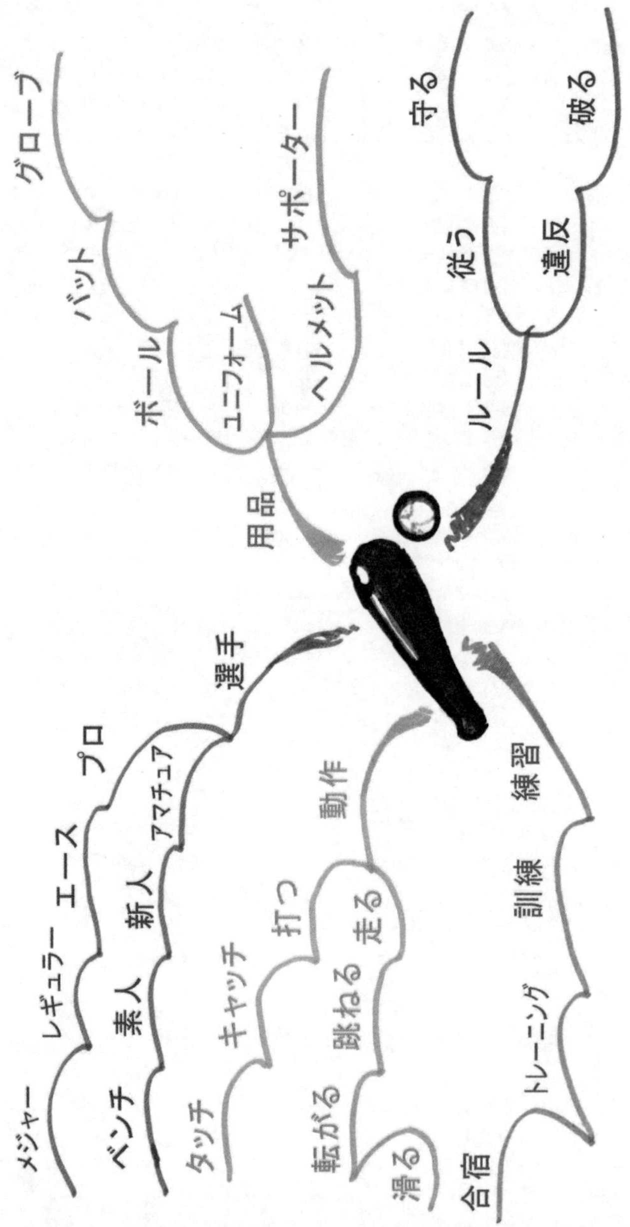

用品
ボール
バット
グローブ
ユニフォーム
ヘルメット
サポーター

ルール
従う
守る
違反
破る

選手
プロ
エース
レギュラー
メジャー
アマチュア
新人
素人
ベンチ

動作
打つ
キャッチ
タッチ
走る
跳ねる
転がる
滑る

練習
訓練
トレーニング
合宿

单词

野球 音 やきゅう 释 棒球
用品 音 ようひん 释 用品
練習 音 れんしゅう 释 练习
ルール 释 规则
動作 音 どうさ 释 动作
選手 音 せんしゅ 释 选手
ボール 释 球
バット 释 球棒
グローブ 释 手套
ユニフォーム 释 制服
ヘルメット 释 头盔
サポーター 释 护具
訓練 音 くんれん 释 训练
トレーニング 释 练习
合宿 音 がっしゅく 释 集训
例 共同練習のために合宿する。
为了共同练习一起集训。
従う 音 したがう 释 服从，听从，跟随
例 コーチの教えに従う。
听从教练的教诲。
守る 音 まもる 释 遵守
例 ルールを守ってください。
请遵守规则。
違反する 音 いはんする 释 违反
例 規則に違反する。
违反规则。
破る 音 やぶる 释 打破
例 約束を破る。
不遵守约定。
打つ 音 うつ 释 打
例 打ったり蹴ったりする。
又打又踢。
キャッチする 释 接球
タッチする 释 触杀
走る 音 はしる 释 跑
例 走って行っても間に合わない。
跑着去也来不及了。
跳ねる 音 はねる 释 跳
例 飛んだり跳ねたりする。
蹦蹦跳跳。
転がる 音 ころがる 释 滚，倒
滑る 音 すべる 释 滑
例 滑って転んでしまった。
滑倒摔了一跤。
プロ 释 专业
エース 释 王牌
レギュラー 释 常规
メジャー 释 主力
アマチュア 释 业余
新人 音 しんじん 释 新人
素人 音 しろうと 释 素人
ベンチ 释 板凳
例 ベンチをあたためる。
坐冷板凳。

4.2 相撲

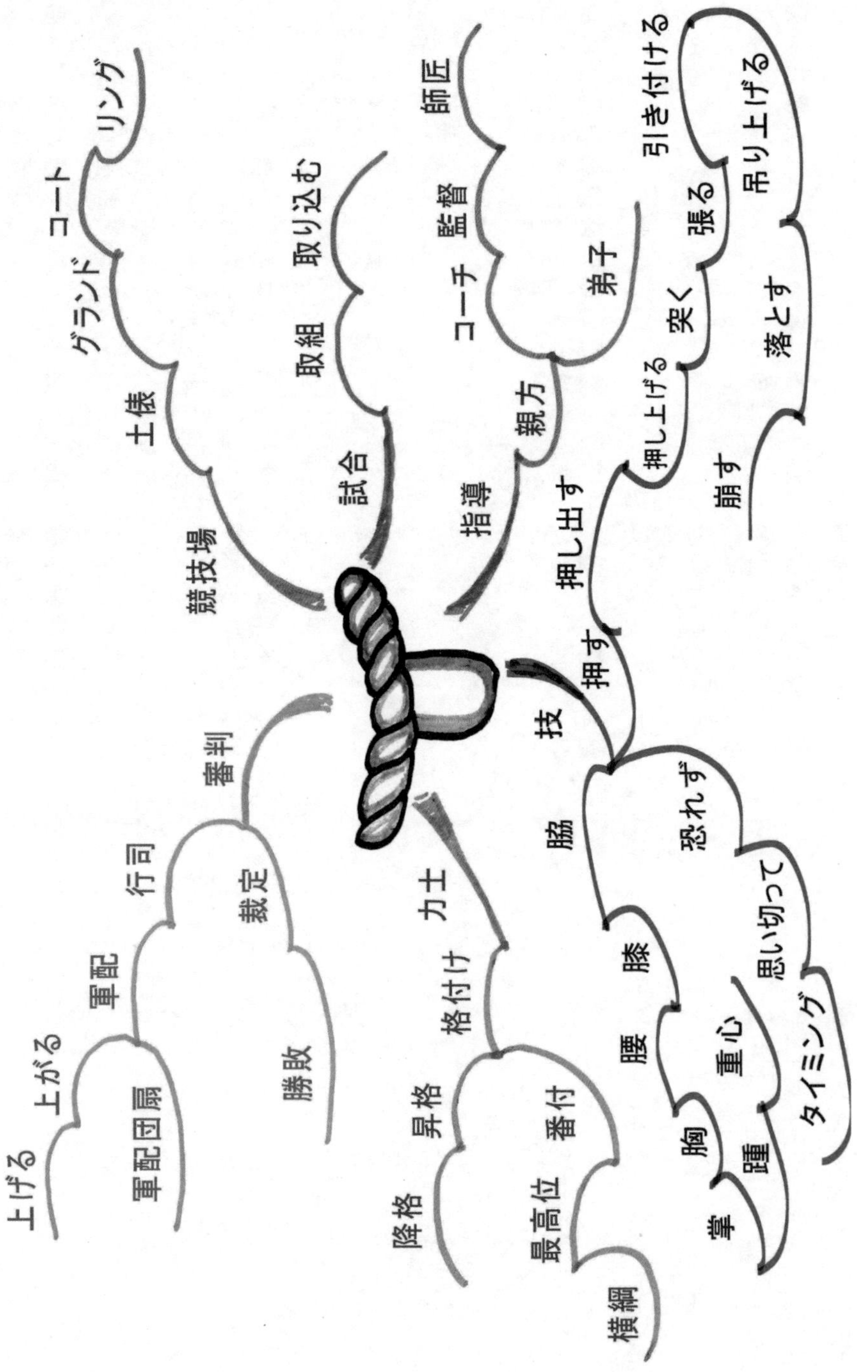

- 競技場
  - 土俵
  - グランド
  - コート
  - リング
- 試合
  - 取組
  - 取り込む
- 指導
  - 親方
  - コーチ
  - 監督
  - 師匠
  - 弟子
- 押す
  - 押し出す
  - 押し上げる
  - 突く
  - 張る
  - 引き付ける
  - 吊り上げる
  - 崩す
  - 落とす
- 技
  - 脇
  - 恐れず
  - 思い切って
  - タイミング
  - 膝
  - 腰
  - 重心
  - 胸
  - 踵
  - 掌
- 力士
  - 格付け
  - 昇格
  - 降格
  - 番付
  - 最高位
  - 横綱
- 審判
  - 行司
  - 裁定
  - 勝敗
  - 軍配
  - 上がる
  - 上げる
  - 軍配団扇

单词

相撲 音 すもう 释 相扑
競技場 音 きょうぎじょう 释 比赛场地
試合 音 しあい 释 比赛
指導 音 しどう 释 指导
力士 音 りきし 释 力士，相扑选手
審判 音 しんぱん 释 审判；裁判
土俵 音 どひょう 释 相扑台
グラウンド 释 运动场
コート 释 球场
リング 释 拳击场
取組 音 とりくみ 释 相扑选手配组
取り組む 音 とりくむ 释〈相撲〉为了摔倒对方互相扭住
親方 音 おやかた 释〈相撲〉教练
コーチ 释 教练
監督 音 かんとく 释 教练
師匠 音 ししょう 释 师父
弟子 音 でし 释 弟子
格付け 音 かくづけ 释 分等级
昇格 音 しょうかく 释 升级
降格 音 こうかく 释 降级
番付 音 ばんづけ 释 名次表，等级表
最高位 音 さいこうい 释 最高等级，首位
横綱 音 よこづな 释 横纲，冠军大力士
行司 音 ぎょうじ 释〈相撲〉裁判员
軍配 音 ぐんばい 释 指挥，命令
軍配団扇 音 ぐんばいうちわ 释〈相撲〉裁判用的指挥扇
上がる 音 あがる 释 举起
例 軍配が上がる。
得胜。
上げる 音 あげる 释 举起
例 軍配を上げる。
〈相撲〉裁判举起指挥扇表示获胜的力士。
裁定 音 さいてい 释 裁定
勝敗 音 しょうはい 释 胜负
技 音 わざ 释 技能；招数
脇 音 わき 释 腋下
腰 音 こし 释 腰
胸 音 むね 释 胸
掌 音 てのひら 释 手掌
踵 音 かかと 释 脚后跟
押す 音 おす 释 按，压，挤，推
例 彼は押しも押されもせぬりっぱな学者だ。
他是公认的优秀学者。
押し出す 音 おしだす 释 推出去
例 相手を土俵の外へ押し出す。
把对方推出相扑台外去。
押し上げる 音 おしあげる 释 推上去，压上去，顶上去
例 祖母を支えて階段を押し上げる。
搀着祖母上楼梯。
突く 音 つく 释 撞，扎，刺
例 背中をどんと突く。
用劲捅了背后一下。
張る 音 はる 释 拉，挺，绷
例 胸を張って歩く。
抬头挺胸地走路。
引き付ける 音 ひきつける 释 拉
例 気に入っていつも自分のそばに引き付けておく。
喜欢（某物），总是带在自己身边。
吊り上げる 音 つりあげる 释 吊起来，抬高
例 目を吊り上げて怒る。
横眉怒目。
落とす 音 おとす 释 放倒；攻陷
例 急襲して要塞を落とす。
偷袭攻落要塞。
崩す 音 くずす 释 拆毁；打乱
例 バランスを崩すと重さは大きな負担になる。
一旦平衡被打破，重量就会成为很大的负担。
恐れず 音 おそれず 释 无所畏惧
例 失敗するのを恐れずに、思い切って自分の想いを伝えてみましょう。
不要害怕失败，勇敢地把自己的心意传达给对方。
思い切って 音 おもいきって 释 斩钉截铁；毅然，果断
タイミング 释 时机
例 恋愛成就に必要と言われる3つの「ing」をご存知でしょうか。フィーリング (feeling)、タイミング (timing) とハプニング (happening) がそれ。
恋爱成功需要三个“ing”，您知道是哪三个吗？是感觉（feeling）、时机 (timing)、事件（happening）。

4.3 サッカー

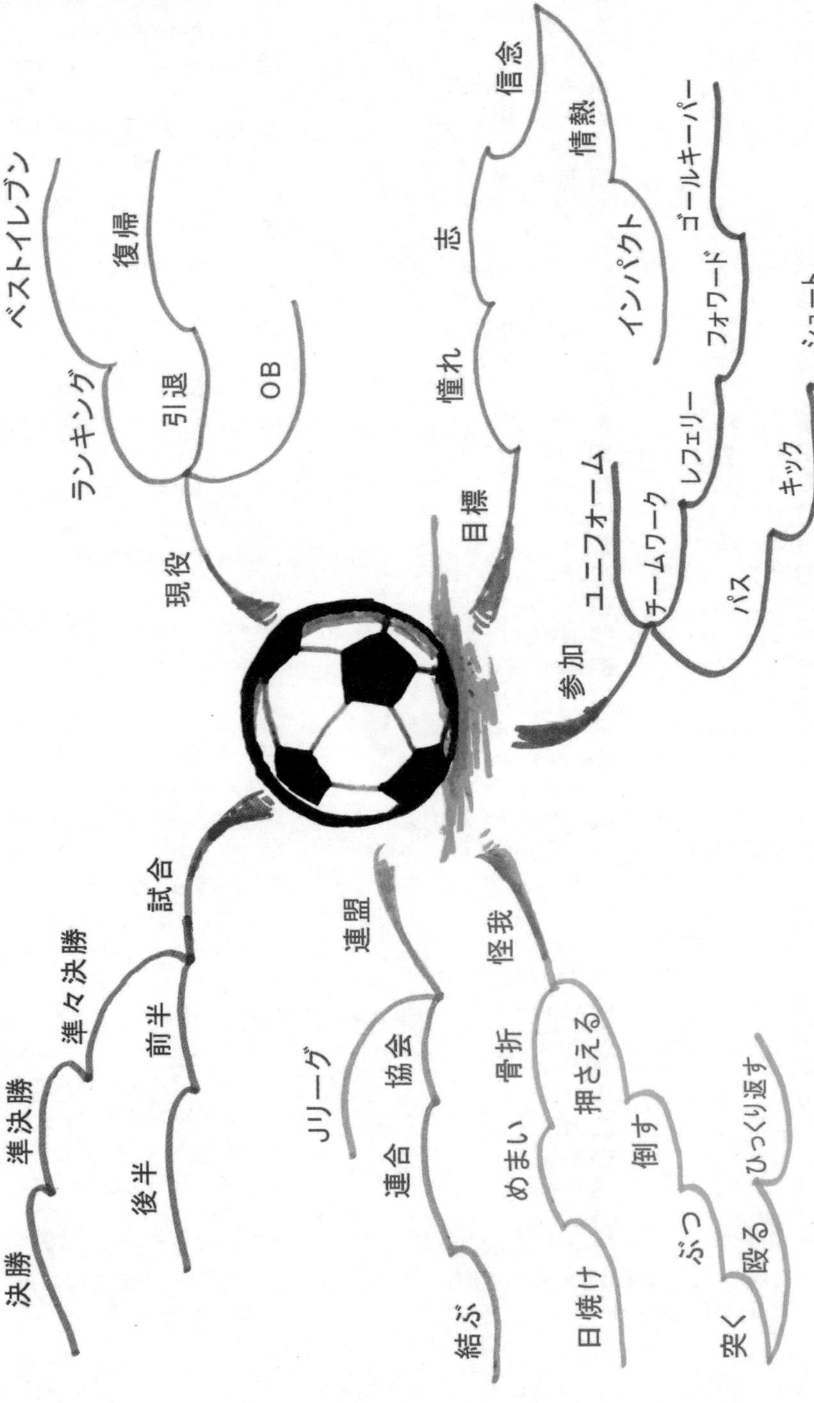

試合
前半
後半
準々決勝
準決勝
決勝

現役
引退
ランキング
ベストイレブン
復帰
OB

連盟
協会
Jリーグ
連合
結ぶ

目標
憧れ
志
信念
情熱
インパクト

怪我
骨折
めまい
押さえる
日焼け
倒す
ぶつ
突く
殴る
ひっくり返す

参加
ユニフォーム
チームワーク
レフェリー
フォワード
ゴールキーパー
パス
キック
シュート

单词

サッカー 释 足球
現役 音 げんえき 释 现役
目標 音 もくひょう 释 目标
怪我 音 けが 释 受伤
連盟 音 れんめい 释 联盟
構成 音 こうせい 释 构成
ランキング 释 排名
ベストイレブン 释 最佳 11 人
引退 音 いんたい 释 退役
復帰 音 ふっき 释 复出
OB 释 OB
憧れ 音 あこがれ 释 憧憬
志 音 こころざし 释 志向
例 志を遂げる。
完成志愿。
信念 音 しんねん 释 信念
情熱 音 じょうねつ 释 热情，激情
インパクト 释 冲击力
骨折 音 こっせつ 释 骨折
めまい 释 晕眩
日焼け 音 ひやけ 释 晒伤
抑える 音 おさえる 释 按倒，压住
例 高橋一生を抑えて「結婚したい相手ランキング」で1位になったのは鈴木亮平です。
铃木亮平超过了高桥一生，成为“最想结婚对象”榜单第一名。
倒す 音 たおす 释 放倒
例 相手を倒してしまった。
放倒对手。

ぶつ 释 打
例 子供のお尻をぶつ。
打小孩屁股。
突く 音 つく 释 戳
例 指先で突く。
用指尖戳。
殴る 音 なぐる 释 殴打
例 さんざん殴られる。
被痛打了一顿。
ひっくり返す 音 ひっくりかえす 释 翻过来
例 猫はコップをひっくり返す。
猫把杯子打翻了。
協会 音 きょうかい 释 协会
連合 音 れんごう 释 联合
結ぶ 音 むすぶ 释 结交
例 同盟を結ぶ。
结成同盟。
Jリーグ 释 日本职业足球联赛
前半 音 ぜんはん 释 前半
後半 音 こうはん 释 后半
準準決勝 音 じゅんじゅんけっしょう 释 四分之一决赛
準決勝 音 じゅんけっしょう 释 半决赛
決勝 音 けっしょう 释 决赛
ゴールキーパー 释 守门员
フォワード 释 前锋
レフェリー 释 总裁判
パス 释 传球
シュート 释 射门
チームワーク 释 团队合作

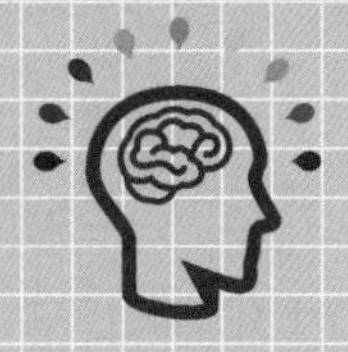

5. 读书

5.1 本

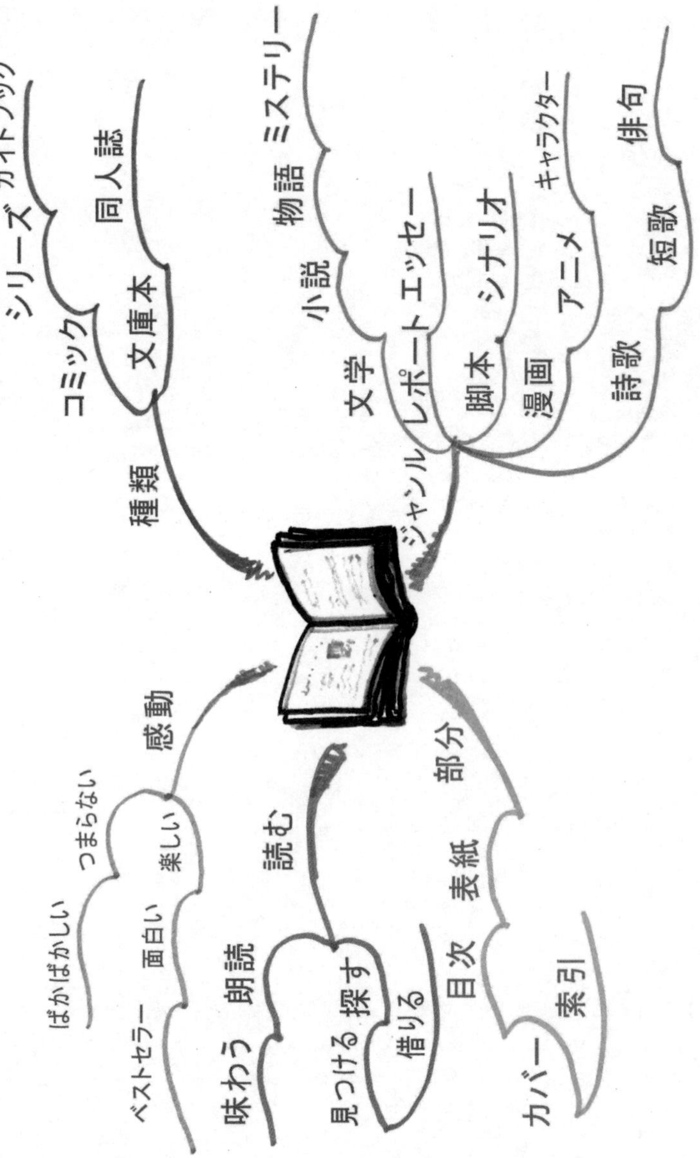

- 種類
  - 文庫本
    - コミック
    - シリーズ
    - ガイドブック
  - 同人誌
- ジャンル
  - 文学
    - 小説
    - 物語
    - ミステリー
  - レポート
    - エッセー
  - 脚本
    - シナリオ
  - 漫画
    - アニメ
    - キャラクター
  - 詩歌
    - 短歌
    - 俳句
- 感動
  - 楽しい
    - つまらない
  - 面白い
    - ばかばかしい
  - ベストセラー
- 読む
  - 朗読
    - 味わう
  - 探す
    - 見つける
  - 借りる
- 部分
  - 表紙
  - 目次
    - 索引
  - カバー

单词

本 音 ほん 释 书
ジャンル 释 体裁，种类
部分 音 ぶぶん 释 部分
読む 音 よむ 释 读
感動 音 かんどう 释 感动
例 名曲に感動される。
被这首名曲打动。
コミック 释 漫画
シリーズ 释 系列
ガイドブック 释 指南
文庫本 音 ぶんこぼん 释 文库本
同人誌 音 どうじんし 释 同人志（共同爱好者的自制出版物）
文学 音 ぶんがく 释 文学
小説 音 しょうせつ 释 小说
物語 音 ものがたり 释 故事
ミステリー 释 悬疑
レポート 释 报告
エッセー 释 随笔
脚本 音 きゃくほん 释 剧本，脚本
シナリオ 释 剧本，脚本
漫画 音 まんが 释 漫画
アニメ 释 动漫
キャラクター 释 人物角色，性格
詩歌 音 しいか 释 诗歌
短歌 音 たんか 释 短歌
俳句 音 はいく 释 俳句
表紙 音 ひょうし 释 封面
目次 音 もくじ 释 目次
カバー 释 封套
索引 音 さくいん 释 索引
朗読する 音 ろうどくする 释 朗读
味わう 音 あじわう 释 品味，鉴赏
例 名作を味わう。
欣赏名作。
探す 音 さがす 释 寻找
例 文章から正解を探してください。
请从文章中找出正确答案。
見つける 音 みつける 释 找到
例 なくしたピアスを見つけた。
找到丢失的耳环。
借りる 音 かりる 释 借
例 この本をお借りできますか。
能借给我这本书吗？
つまらない 释 无聊，无趣
例 この小説はつまらない。
这本小说真无聊。
ばかばかしい 释 愚蠢，荒谬，不像话
例 この作家は本当にばかばかしい。
这个作家真不像话。
楽しい 音 たのしい 释 愉快
例 楽しく毎日を過ごす。
快乐地度过每一天。
面白い 音 おもしろい 释 有趣
例 日本語が面白くなってきた。
开始觉得日语越来越有趣了。
ベストセラー 释 畅销书

补充单词

主人公 しゅじんこう 主人公
脇役 わきやく 配角
主役 しゅやく 主角
連載 れんさい 连载
枠 わく 框
段落 だんらく 段落
線 せん 线
点線 てんせん 虚线
扉 とびら 扉页
文字 もじ 文字
ハングル 韩文

5.2 著者

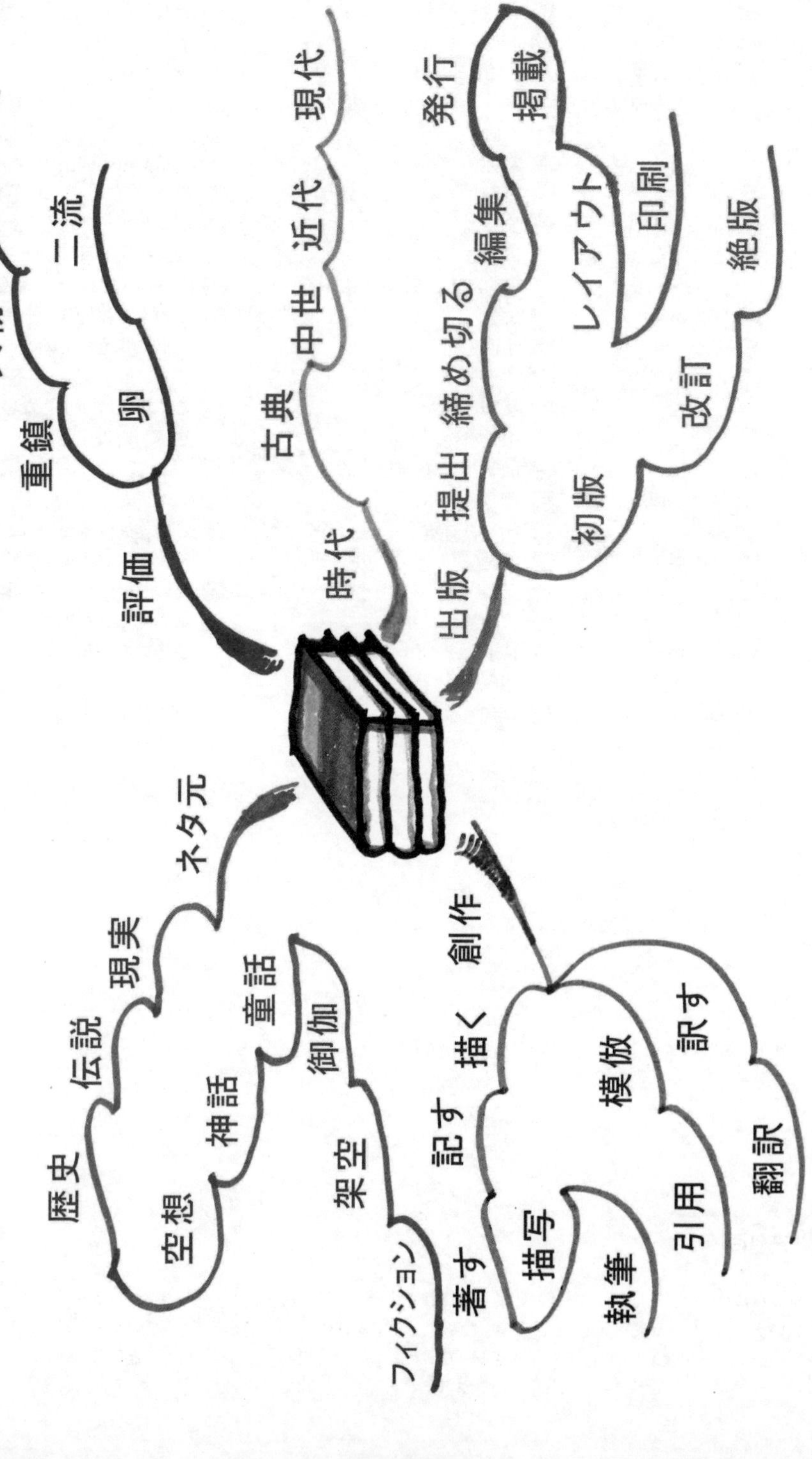

評価
重鎮 大物 大御所
卵 二流

時代
古典 中世 近代 現代

出版
提出 締め切る 編集 掲載 発行
初版 改訂 レイアウト 印刷 絶版

ネタ元
歴史 伝説 現実
空想 神話 童話
架空 御伽
フィクション

創作
著す 記す 描く
描写 執筆 模倣
引用 訳す
翻訳

单词

著者 音 ちょしゃ 释 著者

評価 音 ひょうか 释 评价

時代 音 じだい 释 时代

出版 音 しゅっぱん 释 出版

創作 音 そうさく 释 创作

ネタ元 音 ねたもと 释 素材来源

重鎮 音 じゅうちん 释 权威，泰斗
例 わが国日本文学界の重鎮。
我国日本文学界的泰斗。

大物 音 おおもの 释 大人物
例 大物政治家が逮捕された。
大政治家被逮捕。

大御所 音 おおごしょ 释 隐退的将军；泰斗，权威
例 法曹界の大御所。
法律界的权威。

卵 音 たまご 释 未成熟的
例 弁護士の卵。
未来的律师。

二流 音 にりゅう 释 二流

古典 音 こてん 释 古典

中世 音 ちゅうせい 释 中世纪

近代 音 きんだい 释 近代

現代 音 げんだい 释 现代

提出する 音 ていしゅつする 释 提交，提出
例 議案を提出する。
提交议案。

締めきる 音 しめきる 释 截至
例 受け付けはもう締め切りました。
已经过了受理时间了。

編集する 音 へんしゅうする 释 编辑

発行する 音 はっこうする 释 发行

掲載する 音 けいさいする 释 刊登

印刷する 音 いんさつする 释 印刷

レイアウト 释 排版

初版 音 しょはん 释 初版

改訂 音 かいてい 释 修订

絶版 音 ぜっぱん 释 绝版

描く 音 えがく 释 画，描绘
例 その小説は大学生活を良く描いている。
这部小说较好地描写了大学生活。

記す 音 きす 释 记，记载
例 歴史に記されている。
被载入史册。

著す 音 あらわす 释 著书
例 書物を著す。
著书。

描写する 音 びょうしゃする 释 描写
例 如実に描写する。
如实地描写。

執筆する 音 しっぴつする 释 执笔
例 連載小説を執筆する。
执笔连载小说。

模倣する 音 もほうする 释 模仿
例 西洋を模倣する。
模仿西洋。

引用する 音 いんようする 释 引用
例 他人のデータを引用する。
引用他人的数据。

訳す 音 やくす 释 翻译
例 この詩をもっと優しい言葉に訳しなさい。
请把这首诗翻译得更浅显易懂一些。

翻訳する 音 ほんやくする 释 翻译
例 この小説は日本語の原書から翻訳したものだ。
这本小说是从日本原著翻译过来的。

現実 音 げんじつ 释 现实

伝説 音 でんせつ 释 传说

歴史 音 れきし 释 历史

空想 音 くうそう 释 空想

神話 音 しんわ 释 神话

童話 音 どうわ 释 童话

御伽 音 おとぎ 释 童话
例 子供に御伽話をして聞かせる。
给小孩讲童话故事听。

架空 音 かくう 释 虚构，无凭无据
例 架空の名義で口座を開く。
用虚构的名义开了一个户头。

フィクション 释 虚构，杜撰
例 このドラマはフィクションです。
这部电视剧是虚构的。

补充单词

修正　しゅうせい	修正	**誤植　ごしょく**	印刷错误	**原稿　げんこう**	原稿
著作権　ちょさくけん	著作权	**比喩　ひゆ**	比喻		

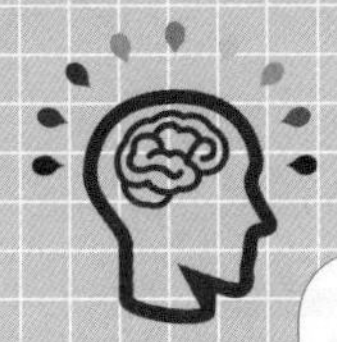

6. 旅行

6.1 温泉

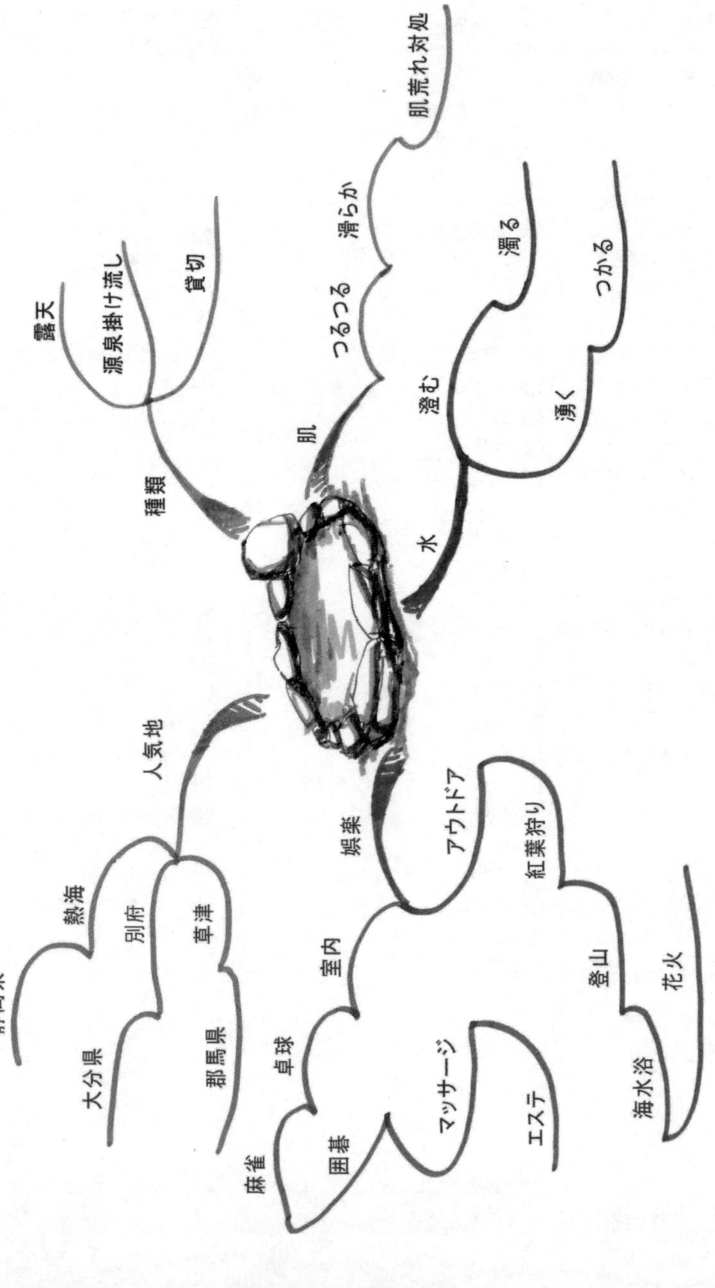

種類
露天
源泉掛け流し
貸切
肌
つるつる
滑らか
肌荒れ対処
水
澄む
濁る
湧く
つかる
人気地
熱海
静岡県
別府
大分県
草津
郡馬県
娯楽
アウトドア
紅葉狩り
登山
海水浴
花火
室内
卓球
麻雀
囲碁
マッサージ
エステ

单词

温泉 音 おんせん 释 温泉
肌 音 はだ 释 肌肤
水 音 みず 释 水
娯楽 音 ごらく 释 娱乐
人気地 音 にんきち 释 人气地
露天 音 ろてん 释 露天
源泉掛け流し 音 げんせんかけながし 释 温泉瀑布
貸切 音 かしきり 释 包场
例 バスを貸切にする。
包车。
つるつる 释 光滑
例 美肌つるつるの温泉に行きたい。
想去有美肤功效且能让肌肤变润滑的温泉。
滑らか 音 すべらか 释 光滑，滑溜
例 磨いて滑らかにする。
磨光滑。
肌荒れ 音 はだあれ 释 皮肤粗糙
例 肌荒れを防ぐ。
防止肌肤粗糙。
対処 音 たいしょ 释 处理方法
例 新たな困難に対処する。
应对新的困难。
湧く 音 わく 释 涌出
例 降って湧いたような幸せが舞い込んでくる。
幸福突然而至。
浸かる 音 つかる 释 浸泡
例 ぬるま湯につかったような生活。
平淡无味的生活。

澄む 音 すむ 释 清澈
例 水が澄んでいてそこまでよく見える。
水很清澈能看到水底。
濁る 音 にごる 释 浑浊
例 ピアノの音が濁る。
钢琴音色浑浊。
室内 音 しつない 释 室内
アウトドア 释 户外
卓球 音 たっきゅう 释 乒乓球
麻雀 音 マージャン 释 麻将
囲碁 音 いご 释 围棋
マッサージ 释 按摩
エステ 释 全身美容
例 エステサロン。
美容沙龙。
紅葉狩り 音 もみじがり 释 赏红叶
登山 音 とざん 释 登山
海水浴 音 かいすいよく 释 海水浴
花火 音 はなび 释 烟花
熱海 音 あたみ 释 地名
静岡県 音 しずおかけん 释 地名
別府 音 べっぷ 释 地名
大分県 音 おおいたけん 释 地名
草津 音 くさつ 释 地名
群馬県 音 ぐんまけん 释 地名

补充单词

間欠泉　かんけつせん	间歇泉	**鉱物　こうぶつ**	矿物质	**硫黄　いおう**	硫磺
カルシウム	钙	**ストロンチウム**	锶	**ぽかぽか**	热乎乎
室外　しつがい	室外	**室内　しつない**	室内	**ゆで卵　たまご**	煮鸡蛋

6.2 交通

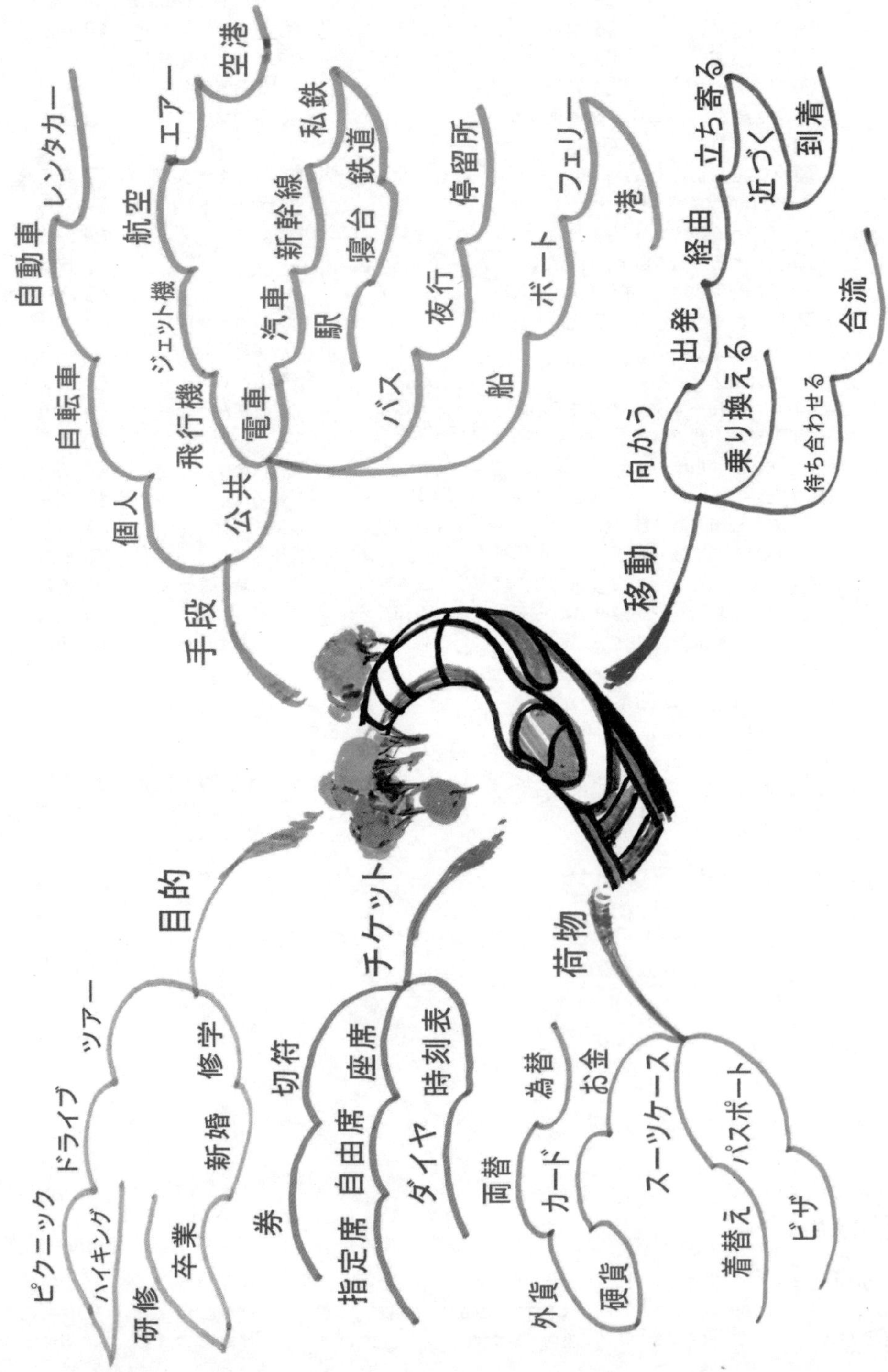

- 手段
  - 個人
    - 自転車
    - 自動車
    - レンタカー
  - 公共
    - 飛行機
      - ジェット機
      - 航空
      - エアー
      - 空港
    - 電車
      - 汽車
      - 新幹線
      - 私鉄
      - 駅
      - 寝台
      - 鉄道
    - バス
      - 夜行
      - 停留所
    - 船
      - ボート
      - フェリー
      - 港
- 移動
  - 向かう
  - 出発
  - 経由
  - 立ち寄る
  - 近づく
  - 到着
  - 乗り換える
  - 待ち合わせる
  - 合流
- 目的
  - ツアー
  - ドライブ
  - ピクニック
  - ハイキング
  - 研修
  - 修学
  - 新婚
  - 卒業
- チケット
  - 切符
  - 券
  - 座席
  - 自由席
  - 指定席
  - 時刻表
  - ダイヤ
- 荷物
  - お金
    - 為替
    - 両替
    - カード
    - 外貨
    - 硬貨
  - スーツケース
    - パスポート
    - 着替え
    - ビザ

单词

交通　音 こうつう　释 交通
手段　音 しゅだん　释 手段
移動　音 いどう　释 移动
荷物　音 にもつ　释 行李
チケット　释 票
目的　音 もくてき　释 目的
個人　音 こじん　释 个人
公共　音 こうきょう　释 公共
自転車　音 じてんしゃ　释 自行车
自動車　音 じどうしゃ　释 汽车
レンタカー　释 租赁汽车
飛行機　音 ひこうき　释 飞机
ジェット機　音 き　释 喷气式飞机
航空　音 こうくう　释 航空
エアー　释 航空
例 エアーライン。
航线。
空港　音 くうこう　释 机场
電車　音 でんしゃ　释 电车
汽車　音 きしゃ　释 火车
新幹線　音 しんかんせん　释 新干线
私鉄　音 してつ　释 民营铁路
鉄道　音 てつどう　释 铁路
寝台　音 しんだい　释 卧铺
例 寝台車の 2 等寝台。
硬卧。
駅　音 えき　释 车站
バス　释 公车
夜行　音 やこう　释 夜行
例 10 時の夜行バスで東京をたつ。
坐 10 点的夜间巴士离开东京。
停留所　音 ていりゅうじょ　释 车站
船　音 ふね　释 船
ボート　释 艇
フェリー　释 渡轮
港　音 みなと　释 港口
向かう　音 むかう　释 朝着，对着
例 出口は進行方向に向かって右側です。
出口在前进方向的右侧。
出発する　音 しゅっぱつする　释 出发
経由する　音 けいゆする　释 经过
例 ロシア経由でスウェーデンに行く。
经俄罗斯前往瑞典。
立ち寄る　音 たちよる　释 顺道去
例 途中大阪に二日立ち寄る。
中途顺道去大阪两天。

近づく　音 ちかづく　释 接近
例 夏が近づいてきた。
夏天近了。
到着する　音 とうちゃくする　释 到达
例 まもなく到着です。
不久即将到达。
乗り換える　音 のりかえる　释 换乘
例 表参道駅で銀座線に乗り換え、新橋に行く。
在表参道车站换乘银座线，前往新桥。
待ち合わせる　音 まちあわせる　释 等候，碰头
例 スターバックスで待ち合わせることにした。
约好在星巴克碰头。
合流する　音 ごうりゅうする　释 汇合
例 先発隊に合流する。
和先遣队伍汇合。
パスポート　释 护照
ビザ　释 签证
お金　音 おかね　释 钱
カード　释 卡
硬貨　音 こうか　释 硬币
外貨　音 ガイか　释 外币
両替　音 りょうがえ　释 兑换，换钱
例 1 万元を日本円に両替する。
把 1 万块人民币换成日元。
為替　音 かわせ　释 汇，兑
例 外国為替市場。
外汇交易市场。
スーツケース　释 行李箱
着替え　音 きがえ　释 替换衣物
切符　音 きっぷ　释 票
券　音 けん　释 票
座席　音 ざせき　释 座位
自由席　音 じゆうせき　释 自由席
指定席　音 していせき　释 指定席
時刻表　音 じこくひょう　释 时刻表
ダイヤ　释 时刻表
ツアー　释 团队
ピクニック　释 郊游
ドライブ　释 兜风
ハイキング　释 徒步
修学　音 しゅうがく　释 修学
新婚　音 しんこん　释 新婚
卒業　音 そつぎょう　释 毕业
研修　音 けんしゅう　释 研修

补充单词

乗合　のりあい	混乘	**たどり着く　たどりつく**	终于到达
スピード制限　せいげん	限速	**ブレーキ**	刹车
貸切　かしきり	包车	**預ける　あずける**	寄存
景色　けしき	景色	**旅行　りょこう**	旅行
旅　たび	旅行	**気分転換　きぶんてんかん**	散心

6.3 宿泊

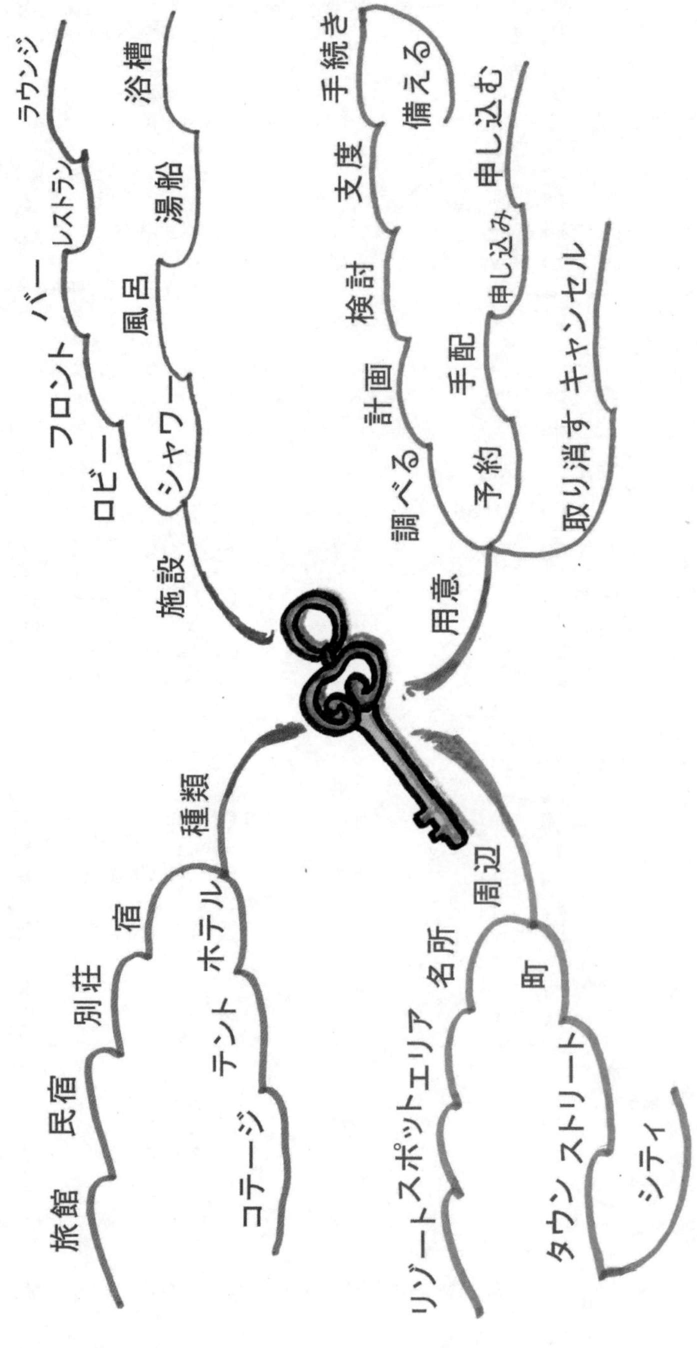

- 施設
  - ロビー　フロント　バー　レストラン　ラウンジ
  - シャワー　風呂　湯船　浴槽
- 用意
  - 調べる　計画　検討　支度　手続き　備える
  - 予約　手配　申し込み　申し込む
  - 取り消す　キャンセル
- 種類
  - 旅館　民宿　別荘　宿
  - コテージ　テント　ホテル
- 周辺
  - リゾートスポットエリア　名所
  - タウン　ストリート　町
  - シティ

单词

宿泊 音 しゅくはく 释 住宿
施設 音 しせつ 释 设施
用意 音 ようい 释 准备
周辺 音 しゅうへん 释 周边
ロビー 释 大厅
フロント 释 前台
バー 释 吧
レストラン 释 餐厅
ラウンジ 释 休息厅
シャワー 释 淋浴
風呂 音 ふろ 释 泡澡
浴槽 音 よくそう 释 浴池
湯船 音 ゆぶね 释 澡盆
調べる 音 しらべる 释 调查
例 海外の観光地情報を調べる。
查询海外观光地信息。
計画する 音 けいかくする 释 计划
例 旅行は計画する段階が一番楽しい。
旅行做计划时是最快乐的。
検討する 音 けんとうする 释 讨论
例 その件については、少し検討させてください。
这件事请让我们再研究一下。
支度する 音 したくする 释 准备
例 外出の支度をする。
准备外出。
手続き 音 てつづき 释 办理手续
例 日本の運転免許からアメリカの運転免許に変更するためには手続きが必要である。
要把日本驾照换为美国驾照，需要办理手续。
備える 音 そなえる 释 以备
例 老後に備えて貯金する。
存钱养老。
予約する 音 よやくする 释 预约
例 ネットで予約すればポイントがたまる。
网上预约有积分。
手配する 音 てはいする 释 布置，安排，准备
例 出張の日程が決まったら、次は飛行機のチケットやホテルを手配する必要があります。
出差日期定下来，接下来就需要准备飞机票和预约宾馆了。
申し込みする 音 もうしこみする 释 提议，申请，预约
例 どこで申し込みするのが一番安いのかを比較してみた。
比较了一下在哪儿预约最便宜。
申し込む 音 もうしこむ 释 提议，申请，预约
例 オンラインで申し込む。
在线申请。
取り消す 音 とりけす 释 取消
例 中国人女性が日本企業から内定を取り消された。
中国女性被日本企业取消了内定。
キャンセルする 释 取消
例 ちょっと用事があってレッスンをキャンセルしたい。
有点事想取消这个课程。
名所 音 めいしょ 释 名胜
エリア 释 区域
スポット 释 点，地点
リゾート 释 休养地
町 音 まち 释 街道，城市
ストリート 释 马路，大街
タウン 释 城镇
シティ 释 城市
宿 音 やど 释 住宿
別荘 音 べっそう 释 别墅
民宿 音 みんしゅく 释 家庭旅馆
旅館 音 りょかん 释 旅馆
ホテル 释 宾馆
テント 释 帐篷
コテージ 释 山庄，小屋

补充单词

ツインルーム	双人床房	**シングルルーム**	单人房	**ダブルルーム**	大床房
スイートルーム	套房	**トイレ付き つき**	带厕所	**泊まる とまる**	住宿
出迎え でむかえ	迎接	**見送り みおくり**	送行	**食堂 しょくどう**	食堂
マッサージ	按摩	**足つぼ あし**	脚底		

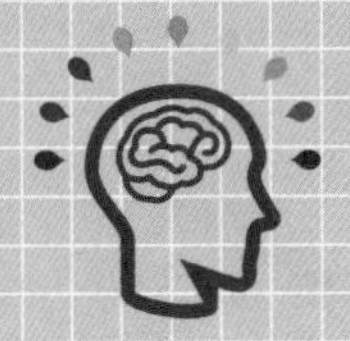

7. 容貌

7.1 顔

- パーツ
  - 目
  - 眉
  - 口
  - 睫毛
  - 鼻
  - 耳
  - 唇
  - 瞼
  - 二重
  - 一重
- スキンケア
  - 洗顔
    - ソープ
    - フォーム
    - ムース
    - メイククリンジング
    - パウダーウオッシュ
  - ベーシック
    - ミルク
    - ローション
    - セラム
    - ジェル
    - エッセンス
    - モイスチャー
    - ホワイトニング
  - フォーカス
    - パック
    - マスク
    - マッサージジェリー
- フェイスメーク
  - 顔
    - チークカラー
    - ファンデーション
    - パウダー
    - モイスト
  - リップ
    - グロス
    - リップスティック
  - 道具
    - ブラッシュ
    - パフ
    - スポンジ
- 評価
  - きれい
    - ハンサム
    - タイプ
    - 好み
  - みっともない
    - 見苦しい
- 喜怒哀楽
  - わざと
    - 芝居がかった
  - 無垢
    - 純粋
    - 色っぽい
    - セクシー
  - 嬉しい
    - 明るい
    - 表情が高ぶる
  - 悲しい
    - 暗い
    - 落ち込む
    - 憂鬱
  - 怒り
    - 顰める
  - 冷めた
    - 白けた

单词

单词	音	释
顔	かお	脸
パーツ		部件，部位
スキン		皮肤
ケア		护理
喜怒哀楽	きどあいらく	喜怒哀乐
フェイスメーク		脸部化妆
目	め	眼
口	くち	口
鼻	はな	鼻
耳	みみ	耳
眉	まゆ	眉毛
睫毛	まつげ	睫毛
唇	くちびる	唇
瞼	まぶた	眼睑
二重	ふたえ	双眼皮
一重	ひとえ	单眼皮
洗顔	せんがん	洗脸
ソープ		肥皂
フォーム		洗面奶
ムース		慕斯
パウターウォッシュ		洗颜粉
メイククリンジッグ		卸妆
ベーシック		基础
ミルク		奶
ローション		化妆水
エッセンス		精华
ジェル		凝胶
セラム		精华液
モイスチャー		保湿
ホワイトニング		美白
フォーカス		聚焦
パック		面膜
マスク		面膜
マッサージジェリー		按摩膏

嬉しい　音 うれしい　释 开心，高兴
例 嬉しくてたまらない。
高兴得不得了。

明るい　音 あかるい　释 明亮，开朗
例 一番明るい部屋。
最明亮的房间。

高ぶる　音 たかぶる　释 兴奋，骄傲
例 感情が高ぶる。
感情兴奋起来。

表情　音 ひょうじょう　释 表情

悲しい　音 かなしい　释 悲伤
例 悲しい顔つきをする。
悲伤的表情。

暗い　音 くらい　释 阴暗，阴郁
例 暗い感じの女。
让人感觉阴郁的女人。

落ち込む　音 おちこむ　释 坠入，下陷，下跌
例 落ち込んでいる人を元気づける。
给意志消沉的人鼓劲。

憂鬱　音 ゆううつ　释 忧郁

怒り　音 いかり　释 愤怒，怒火
例 怒りに燃える。
燃起怒火。

顰める　音 ひそめる　释 皱眉
例 眉を顰める。
皱眉。

冷める　音 さめる　释 变冷，冷静下来
例 百年の恋も一時に冷める。
一旦知道对方坏的一面，长年爱慕的心便一下子凉了。

白ける　音 しらける　释 冷场
例 彼の発言は座を白けさせた。
他的发言让在座的气氛一下就冷了下来。

わざと　释 故意
例 わざと知らないふりをする。
故意装作不知道的样子。

芝居がかる　音 しばいがかる　释 做作，装模作样
例 彼女の泣き方はちょっと芝居がかっている。
她哭得有些做作。

無垢　音 むく　释 纯洁
例 無垢の少女。
纯洁的少女。

純粋　音 じゅんすい　释 纯粹，纯净
例 純粋な好意。
纯粹的好意。

色っぽい　音 いろっぽい　释 妩媚
例 身のこなしが色っぽい。
打扮得很妩媚。

セクシー 释 性感

きれい 释 漂亮，干净

ハンサム 释 英俊

タイプ 释 类型

例 このタイプの人は好きになれない。

无法喜欢这种类型的人。

好み 音 このみ 释 喜欢

例 人によって好みが違う。

人的喜好各不相同。

みっともない 释 不像样，不体面

例 みっともない身なり。

不像样的打扮。

見苦しい 音 みぐるしい 释 难看，寒碜，丢脸

例 見苦しい服装をする。

穿着难看的衣服。

パウダー 释 粉末

ファンデーション 释 粉底液

チークカラー 释 腮红

リップ 释 口红

モイスト 释 保湿唇膏

グロス 释 唇蜜

リップスティック 释 唇膏

ブラッシュ 释 刷子

パフ 释 粉扑

スポンジ 释 海绵

补充单词

ウィンク	媚眼	**えくぼ**	酒窝	**くま**	黑眼圈	**にきび**	粉刺
黒子 ほくろ	痣						

7.2 体格

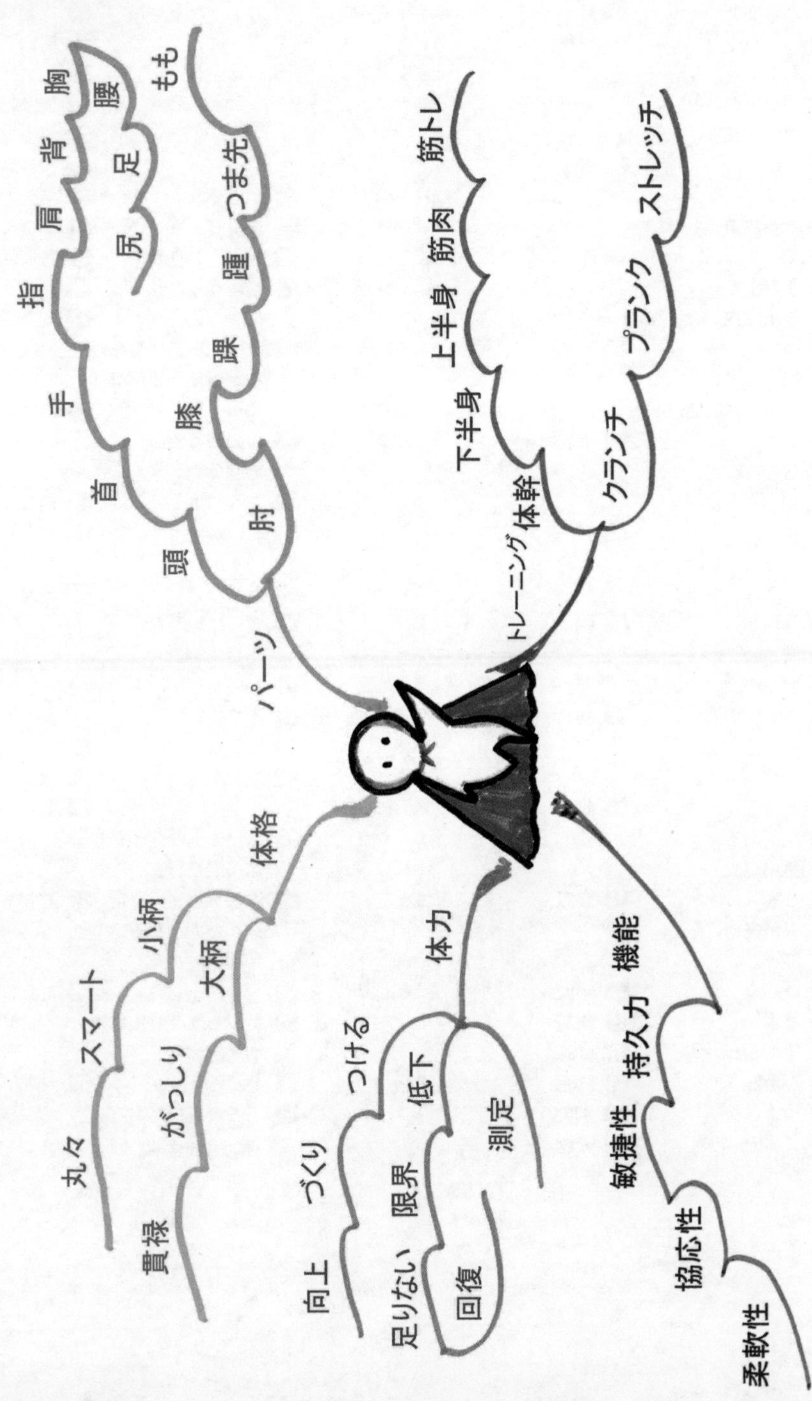
パーツ
頭
首
手
指
肩
背
胸
腰
足
尻
肘
膝
踝
踵
つま先
もも
トレーニング
体幹
下半身
上半身
筋肉
筋トレ
クランチ
プランク
ストレッチ
体格
丸々
スマート
小柄
大柄
がっしり
貫禄
体力
づくり
つける
向上
限界
低下
足りない
回復
測定
機能
敏捷性
持久力
協応性
柔軟性

单词

体 音 からだ 释 身体
機能 音 きのう 释 机能
体力 音 たいりょく 释 体力
体格 音 たいかく 释 体格
頭 音 あたま 释 头
例 頭が上がらない。
抬不起头来。
首 音 くび 释 颈
例 首が回らない。
债台高筑。
手 音 て 释 手
例 手が空く。
手上有空。
指 音 ゆび 释 手指
例 指をさす。
背地里说闲话。
肩 音 かた 释 肩膀
例 肩を持つ。
偏袒。
背 音 せ 释 背
例 背を向ける。
不理睬，背叛。
胸 音 むね 释 胸
例 胸が騒ぐ。
胆战心惊，忐忑不安。
腰 音 こし 释 腰
例 腰が低い。
低调，谦虚。
足 音 あし 释 脚
例 足が出る。
露出马脚。
尻 音 しり 释 屁股
例 尻が軽い。
轻浮。
肘 音 ひじ 释 手肘
膝 音 ひざ 释 膝盖
踝 音 くるぶし 释 脚踝
踵 音 かかと 释 脚跟
つま先 音 つまさき 释 脚尖
もも 释 大腿

体幹 音 たいかん 释 躯体
下半身 音 かはんしん 释 下半身
上半身 音 じょうはんしん 释 上半身
筋肉 音 きんにく 释 肌肉
筋トレ 音 きんとれ 释 肌肉训练
クランチ 释 仰卧起坐
プランク 释 平板支撑
ストレッチ 释 拉伸运动
持久力 音 じきゅうりょく 释 持久力
敏捷性 音 びんしょうせい 释 敏捷性
協応性 音 きょうおうせい 释 协调性
柔軟性 音 じゅうなんせい 释 柔软性
つける 释 安上，装上，配上
例 家で簡単に体力をつける方法。
在家就能轻松增强体力的方法。
づくり 释 制作
例 体力づくり。
增强体力。
向上 音 こうじょう 释 向上
低下 音 ていか 释 低下
限界 音 げんかい 释 界限
足りない 音 たりない 释 不足
例 驚くに足りない。
不足为奇。
回復 音 かいふく 释 恢复
測定 音 そくてい 释 测定
小柄 音 こがら 释 小个子
大柄 音 おおがら 释 大个子
スマート 释 苗条
例 スマートな体つき。
苗条的身材。
丸々 音 まるまる 释 胖胖的
例 丸々と太った子。
胖嘟嘟的小孩。
がっしり 释 健壮，结实
例 がっしりとした体格。
结实的体格。
貫禄 音 かんろく 释 威严
例 王者の貫禄がある。
有王者的威严。

补充单词

運動 **うんどう** 运动　**ジム** 健身房　**ダイエット** 减肥　**フィットネス** 健身

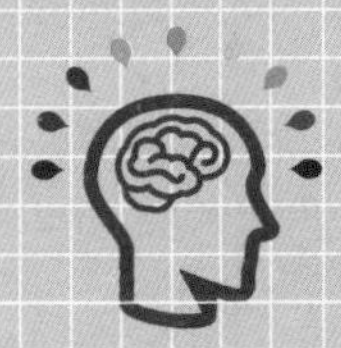

8. 性格

8.1 星座

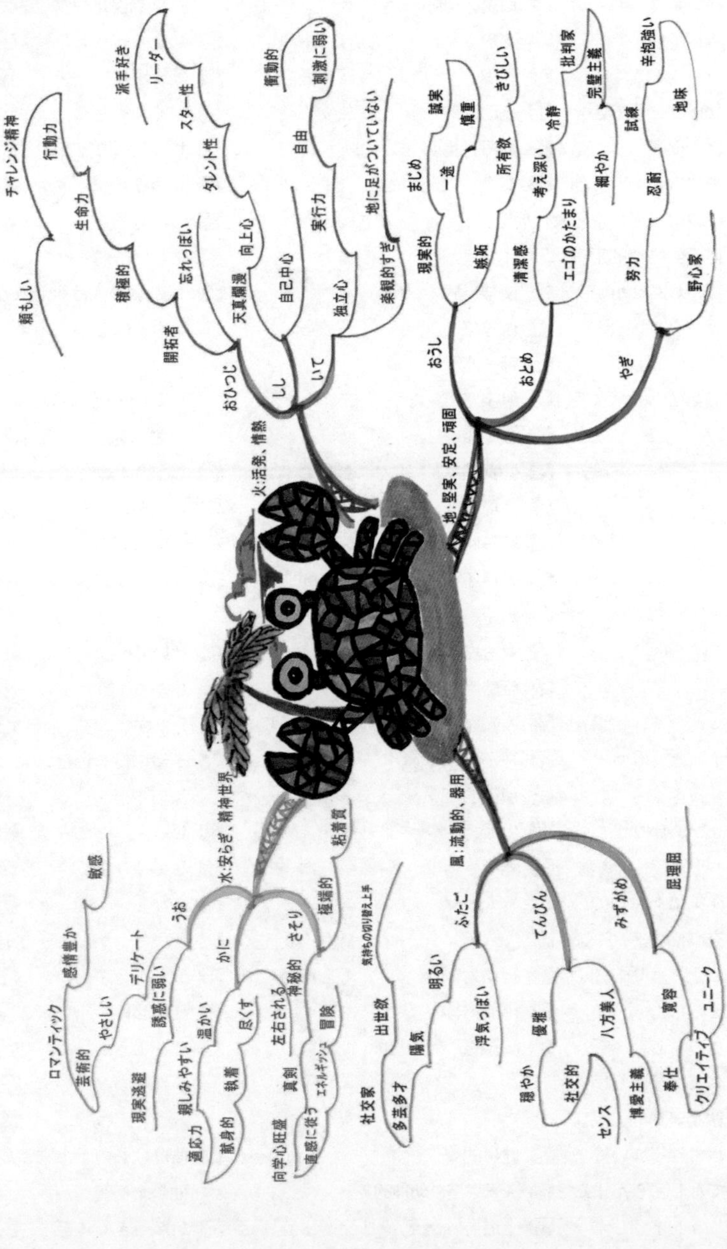

火:活発、情熱
おひつじ
しし
いて
開拓者
頼もしい
積極的
生命力
チャレンジ精神
行動力
忘れっぽい
派手好き
天真爛漫
タレント性
スター性
リーダー
向上心
自己中心
自由
衝動的
刺激に弱い
実行力
独立心
楽観的すぎ
地に足がついていない

地:堅実、安定、頑固
おうし
おとめ
やぎ
現実的
まじめ
一途
誠実
慎重
嫉妬
所有欲
きびしい
清潔感
考え深い
冷静
エゴのかたまり
細やか
完璧主義
批判家
努力
忍耐
試練
辛抱強い
地味
野心家

水:安らぎ、精神世界
うお
かに
さそり
敏感
感情豊か
ロマンティック
デリケート
やさしい
芸術的
誘惑に弱い
現実逃避
温かい
親しみやすい
適応力
尽くす
執着
献身的
左右される
神秘的
真剣
向学心旺盛
エネルギッシュ
冒険
直感に従う
極端的
粘着質

風:流動的、器用
ふたご
てんびん
みずがめ
気持ちの切り替え上手
明るい
出世欲
陽気
社交家
多芸多才
浮気っぽい
優雅
穏やか
社交的
センス
八方美人
博愛主義
寛容
奉仕
クリエイティブ
ユニーク
屁理屈

单词

单词	音	释
星座	音 せいざ	释 星座
火	音 ひ	释 火
土	音 つち	释 土
風	音 かぜ	释 风
水	音 みず	释 水
活発	音 かっぱつ	释 活泼
情熱	音 じょうねつ	释 热情
堅実	音 けんじつ	释 稳重，可靠
安定	音 あんてい	释 安定
頑固	音 がんこ	释 顽固
流動的	音 りゅうどうてき	释 流动性的
器用	音 きよう	释 灵巧，精明
安らぎ	音 やすらぎ	释 安稳
	例 心の安らぎが得られない。 得不到内心的平静。	
精神世界	音 せいしんせかい	释 精神世界
おひつじ座		释 白羊座
しし座		释 狮子座
いて座		释 射手座
おうし座		释 金牛座
おとめ座		释 处女座
やぎ座		释 摩羯座
ふたご座		释 双子座
てんびん座		释 天秤座
みずがめ座		释 水瓶座
うお座		释 双鱼座
かに座		释 巨蟹座
さそり座		释 天蝎座
開拓者	音 かいたくしゃ	释 开拓者
積極的	音 せっきょくてき	释 积极的
生命力	音 せいめいりょく	释 生命力
あふれる		释 充满
	例 元気にあふれている。 充满活力。	
行動力	音 こうどうりょく	释 行动力
チャレンジ精神	音 せいしん	释 挑战精神
頼もしい	音 たのもしい	释 可靠的，有出息的
	例 誠実で頼もしい人柄。 诚实可靠的人品。	
忘れっぽい	音 わすれっぽい	释 健忘的
天真爛漫	音 てんしんらんまん	释 天真烂漫，幼稚的
向上心	音 こうじょうしん	释 上进心

单词	音	释
タレント性		释 个人魅力
スター性		释 明星魅力
リーダー		释 领导者
相手	音 あいて	释 对手
振り回す	音 ふりまわす	释 折腾
がち		释 容易出现的倾向
	例 このミスはありがちです。 这种错误是很常见的。	
自己中心	音 じこちゅうしん	释 自我中心
派手好き	音 はでずき	释 浮华，讲究排场
独立心	音 どくりつしん	释 独立心
実行力	音 じっこうりょく	释 实干能力
自由	音 じゆう	释 自由
刺激	音 しげき	释 刺激
弱い	音 よわい	释 弱
	例 気が弱い人は嫌われないために、自分の能力をはるかに超えてしまった仕事を安請け合いします。 懦弱的人为了不被他人讨厌，会轻易答应一些远远超过自己能力的工作。	
衝動的	音 しょうどうてき	释 冲动的
楽観的	音 らっかんてき	释 乐观的
地に足がつく	音 ちにあしがつく	释 脚踏实地
現実的	音 げんじつてき	释 现实的
まじめ		释 认真
誠実	音 せいじつ	释 诚实
慎重	音 しんちょう	释 慎重
一途	音 いちず	释 一心一意，死脑筋
	例 一途に信じ込む。 深信不疑。	
嫉妬	音 しっと	释 嫉妒
所有欲	音 しょゆうよく	释 占有欲
厳しい	音 きびしい	释 严格
清潔感	音 せいけつかん	释 清洁感
考え深い	音 かんがえぶかい	释 深思熟虑
冷静	音 れいせい	释 冷静
批評家	音 ひひょうか	释 评论家
エゴ		释 自私
かたまり		释 极端
	例 彼はけちのかたまりだ。 他是个吝啬鬼。	
完璧主義	音 かんぺきしゅぎ	释 完美主义

こまやか 释 细致，周到
例 細やかな心遣い。
无微不至的关怀。
努力 音 どりょく 释 努力
忍耐 音 にんたい 释 忍耐
試練 音 しれん 释 考验，锻炼
辛抱強い 音 しんぼうづよい 释 有毅力
地味 音 じみ 释 质朴，朴实
野心家 音 やしんか 释 野心家
明るい 音 あかるい 释 开朗
陽気 音 ようき 释 外向
多芸多才 音 たげいたさい 释 多才多艺
社交家 音 しゃこうか 释 社交家
出世欲 音 しゅっせよく 释 想出人头地的欲望
気持 音 きもち 释 心情
切り替え 音 きりかえ 释 转换
例 頭の切り替え。
转换脑筋。
上手 音 じょうず 释 拿手
浮気っぽい 音 うわきっぽい 释 花心
優雅 音 ゆうが 释 优雅
穏やか 音 おだやか 释 温和
社交的 音 しゃこうてき 释 社交型的
センス 释 审美能力
八方美人 音 はっぽうびじん 释 八面玲珑
博愛主義 音 はくあいしゅぎ 释 博爱主义
寛容 音 かんよう 释 宽容
奉仕 音 ほうし 释 奉献
クリエイティブ 释 有创造力
ユニーク 释 独特的
屁理屈 音 へりくつ 释 歪理，诡辩

デリケート 释 敏感
優しい 音 やさしい 释 温柔
芸術的 音 げいじゅつてき 释 艺术的
ロマンチック 释 浪漫的
感情 音 かんじょう 释 感情
豊か 音 ゆたか 释 丰富
敏感 音 びんかん 释 敏感
誘惑 音 ゆうわく 释 诱惑
強い 音 つよい 释 强
現実逃避 音 げんじつとうひ 释 逃避现实
暖かい 音 あたたかい 释 温暖
親しみやすい 音 したしみやすい 释 平易近人
適応力 音 てきおうりょく 释 适应能力
献身的 音 けんしんてき 释 献身型的
執着 音 しゅうちゃく 释 执着
尽くす 音 つくす 释 奉献
左右される 音 さゆうされる 释 被人左右
例 人の意見に左右されないで、自分の目で見て感じる。
不要被别人的意见左右，自己去看去感受。
神秘的 音 しんぴてき 释 神秘的
真剣 音 しんけん 释 认真
向学心 音 こうがくしん 释 好学
旺盛 音 おうせい 释 旺盛
直感 音 ちょっかん 释 直觉
従う 音 したがう 释 遵从，听从，跟随
エネルギッシュ 释 充满活力的
冒険 音 ぼうけん 释 冒险
極端的 音 きょくたんてき 释 极端的
粘着質 音 ねんちゃくしつ 释 认真，保守，刻板

8.2 個性

勤勉性
一生懸命
必死
夢中
生真面目
一筋
几帳面
きっちり
きっちと
適当
そそっかしい
いい加減
おおざっぱ
怠慢
軽率
荒い

知性
賢い
賢明
柔軟
知的
器用
平凡
普通
ばからしい
ナンセンス

外向性
気楽
のんき
率直
あっさり
気軽
臆病
そっけない
うっとうしい
おとなしい

協調性
甘い
情け深い
温和
繊細
卑怯
意地悪
難しい
きびしい
ずるい
強引
しつこい
勝手
わがまま
乱暴
生意気
ずうずうしい
厚かましい
卑しい
けち
欲張り
あさましい
がっちり

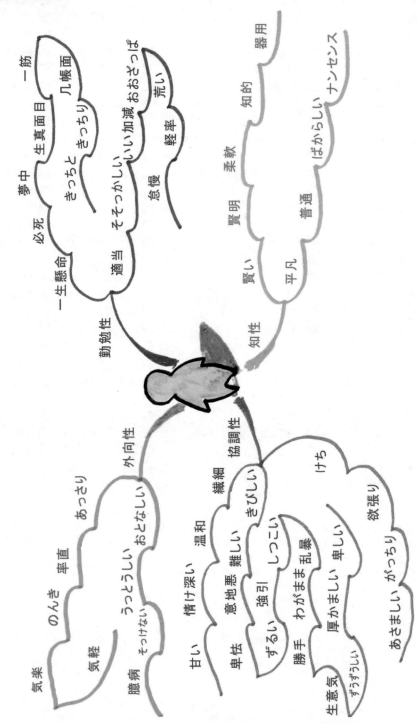

单词

個性 音 こせい 释 个性
勤勉性 音 きんべんせい 释 勤奋性
知性 音 ちせい 释 知性
協調性 音 きょうちょうせい 释 协调性
外向性 音 がいこうせい 释 外向性
一生懸命 音 いっしょけんめい 释 拼命，用尽全力
必死 音 ひっし 释 拼命
夢中 音 むちゅう 释 热衷
例 ゲームに夢中になる。
热衷于打游戏。
生真面目 音 きまじめ 释 一本正经
例 あまり生真面目で付き合いにくい。
过于认真难以相处。
一筋 音 ひとすじ 释 一心一意
例 ただ一筋に恋を貫く。
只知道一心一意地去爱。
几帳面 音 きちょうめん 释 一丝不苟
例 几帳面に働く。
一丝不苟地工作。
きっちり 释 整，正好
例 割り勘する際、レシートの金額をきっちり均等に割る。
AA 制的时候，严格按照收银条上的金额来均分。
きちっと 释 整，正好
例 きちっと時間を守る。
非常守时。
適当 音 てきとう 释 随便，敷衍
例 いやな仕事だから適当に済ませる。
讨厌的工作就随便敷衍一下。
そそっかしい 释 慌张，草率，马大哈
例 そそっかしくて始終忘れ物をしている。
马大哈，老是忘东西。
おおざっぱ 释 粗枝大叶，笼统
例 大雑把に言えば、会場には 30 名ほどの人達がいました。
大致算来，会场有 30 人左右。
いい加減 音 いいかげん 释 适度；敷衍
例 いい加減にしてください。
请适可而止。
荒い 音 あらい 释 粗鲁
軽率 音 けいそつ 释 轻率
怠慢 音 たいまん 释 懈怠，玩忽职守
例 職務怠慢で免職になった。
因玩忽职守而免职。
賢い 音 かしこい 释 聪明，周到
賢明 音 けんめい 释 贤明，明智，高明
柔軟 音 じゅうなん 释 柔软，灵活
知的 音 ちてき 释 智力的
器用 音 きよう 释 灵巧，精明
例 器用貧乏。
样样通，样样松。

平凡 音 へいぼん 释 平凡
普通 音 ふつう 释 普通
ばからしい 释 荒谬
ナンセンス 释 荒谬，无意义
繊細 音 せんさい 释 纤细
温和 音 おんわ 释 温和
情け深い 音 なさけぶかい 释 仁慈，富有同情心
甘い 音 あまい 释 宽容；天真；简单
厳しい 音 きびしい 释 严格
難しい 音 むずかしい 释 难懂，麻烦，爱挑剔
例 あの人は食べ物の好みが難しい。
他对食物很挑剔。
意地悪 音 いじわる 释 刁难，作弄，心眼坏
卑怯 音 ひきょう 释 胆怯；卑鄙
ずるい 释 狡猾
強引 音 ごういん 释 强制
しつこい 释 执拗，纠缠不休
乱暴 音 らんぼう 释 粗暴，蛮横
わがまま 释 任性
勝手 音 かって 释 任意，为所欲为
生意気 音 なまいき 释 自大，傲慢
ずうずうしい 释 厚脸皮
厚かましい 音 あつかましい 释 无耻
卑しい 音 いやしい 释 卑鄙，下流
けち 释 吝啬
欲張り 音 よくばり 释 贪婪
がっちり 释 牢固，坚实，仔细
例 金銭にかけてはがっちりしている。
在钱上很仔细。
あさましい 释 卑鄙；可耻；可怜
例 勝つためなら、汚い手を使ってもよいと思う人がいる。
人不应该通过卑鄙的手段达到自己的目的。
あっさり 释 清淡；坦率
率直 音 そっちょく 释 爽直
のんき 释 休闲，自由自在，不慌不忙
例 試験があるのに彼はのんきに遊んでいる。
有考试，他却在不慌不忙地玩儿。
気楽 音 きらく 释 轻松，无顾虑
気軽 音 きがる 释 轻松，舒畅
例 いつでも気軽にお立ち寄りください。
随时都可以来坐一坐。
おとなしい 释 老实，安静
例 ここでおとなしく待っていてね。
乖乖地在这里等着啊。
うっとうしい 释 郁闷
そっけない 释 冷淡
例 そっけなく断る。
毫不客气地拒绝。
臆病 音 おくびょう 释 怯懦

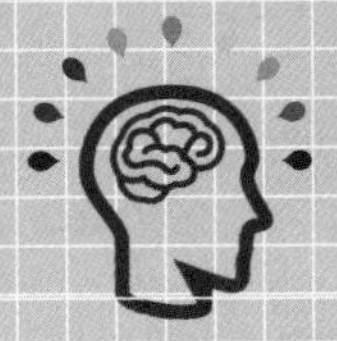

9. 感情

9 感情

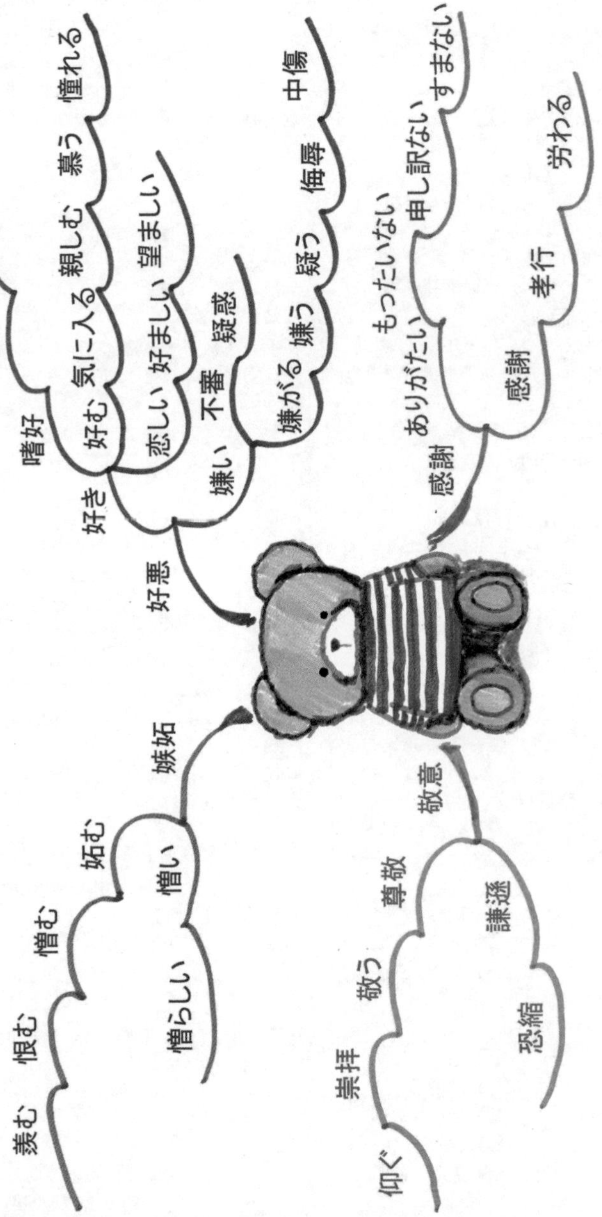

- 好悪
  - 好き
    - 嗜好
    - 好み
    - 好き嫌い
    - 好む
    - 気に入る
    - 親しむ
    - 慕う
    - 憧れる
    - 恋しい
    - 好ましい
    - 望ましい
  - 嫌い
    - 不審
    - 疑惑
    - 嫌がる
    - 嫌う
    - 疑う
    - 侮辱
    - 中傷
- 感謝
  - ありがたい
  - もったいない
  - 申し訳ない
  - すまない
  - 感謝
  - 孝行
  - 労わる
- 嫉妬
  - 妬む
  - 憎む
  - 恨む
  - 羨む
  - 憎い
  - 憎らしい
- 敬意
  - 尊敬
  - 敬う
  - 崇拝
  - 仰ぐ
  - 謙遜
  - 恐縮

单词

感情　音 かんじょう　释 感情

好悪　音 こうあく　释 好恶

感謝　音 かんしゃ　释 感谢

敬意　音 けいい　释 敬意

嫉妬　音 しっと　释 嫉妒

好き　音 すき　释 喜欢

嗜好　音 しこう　释 嗜好

好み　音 このみ　释 喜好

好き嫌い　音 すききらい　释 好恶；挑剔
例 食べ物の好き嫌いをたずねます。
询问有没有不吃的食物。

好む　音 このむ　释 爱好
例 英雄色を好む。
英雄爱美人。

気に入る　音 きにいる　释 中意
例 世の中気に入らないことが多い。
世间有太多不如意的事。

親しむ　音 したしむ　释 亲近；爱好
例 幼いときから親しんできた友人。
从小就很亲近的朋友。

慕う　音 したう　释 爱慕；敬慕
例 あの先生は学生たちに慕われている。
那位老师很受学生的欢迎。

憧れる　音 あこがれる　释 憧憬，向往
例 女の子はお姫様に憧れる。
女孩子都向往当公主。

恋しい　音 こいしい　释 怀恋，眷恋
例 恋人ができると相手のことが恋しいあまり、どうしても会いたい。
有了恋人以后就会特别眷恋对方，总是想见面。

好ましい　音 このましい　释 可喜的，令人满意的
例 あまり好ましくない人。
不太受欢迎的人。

望ましい　音 のぞましい　释 最好，最理想的
例 望ましい結果が出ない場合は、モチベーション低下につながってしまいます。
没取得好结果的时候，情绪变得低落。

嫌い　音 きらい　释 讨厌
例 うそつきは大嫌いだ。
最讨厌撒谎的人。

不審　音 ふしん　释 可疑的
例 証言に不審な点が多い。
证言中有多处疑点。

疑惑　音 ぎわく　释 疑惑，疑虑
例 彼氏に対して二股疑惑をいだく。
怀疑男朋友出轨。

嫌がる　音 いやがる　释 讨厌
例 あの女は嫌がられている。
她被大家所讨厌。

嫌う　音 きらう　释 讨厌，憎恶，忌讳
例 人付き合いを嫌う。
讨厌与人交往。

疑う　音 うたがう　释 怀疑
例 ライバルに押しのけられることを疑っている。
怀疑被竞争对手挤出局。

侮辱する　音 ぶじょくする　释 侮辱

中傷する　音 ちゅうしょうする　释 中伤

ありがたい　释 难得，可贵；值得感谢；庆幸
例 ありがたいことに、まだ正式なオープン前でも、なかなかの反響をいただいている。
值得庆幸的是，在正式营业前就取得了相当不错的反响。

もったいない　释 浪费，可惜
例 あなたは、「自分にはもったいない」と思われるほど魅力的な女性なのです。
你是非常有魅力的女性，好到让人觉得配不上你。

申し訳ない　音 もうしわけない　释 抱歉
例 ご迷惑をおかけしてしまい、申し訳ございません。
给您添麻烦了，对不起。

すまない　释 对不起
例 嫌な思いをさせて、すまない。
让你不开心了，对不起。

感謝する　音 かんしゃする　释 感谢

孝行する　音 こうこうする　释 孝顺
例 孝行のしたい時分に親はなし。
子欲养而亲不在。

労わる　音 いたわる　释 慰劳，体恤
例 あなたは自分を労わってあげていますか。
你有慰劳一下自己吗？

尊敬する　音 そんけいする　释 尊敬

敬う　音 うやまう　释 尊敬
例 年齢差問わず、常に人を敬う気持ちでいることは大切なことです。
无论年龄差距，都需要随时保持一颗尊重他人的心。

崇拝する　音 すうはいする　释 崇拜

仰ぐ　音 あおぐ　释 仰；敬仰；依仗
例 これる上司に指示を仰がなくてもやれる仕事てす。
这个工作不需要等待上司的指示。

謙遜する　音 けんそんする　释 谦逊

恐縮する　音 きょうしゅくする　释 惶恐，羞愧
例 お越しいただき恐縮です。
让您特意来一趟，真是不好意思。

妬む　音 ねたむ　释 妒忌
例 女は自分より幸せな女を妬む。
女人总是会妒忌比自己幸福的女人。

憎む　音 にくむ　释 憎恶
例 傷ついたり、憎んだり、人間不信になったり、恋は楽しいことばかりじゃない。
恋爱并不总是开心的事，也会伤心，会憎恨，会怀疑他人。

恨む　音 うらむ　释 恨
例 心から彼を恨んでいる。
打心底里恨他。

羨む　音 うらやむ　释 羡慕
例 羨む事をやめて憧れてみよう。
不要羡慕别人，自己去追求。

憎い　音 にくい　释 可恨的
例 殺したいほど憎い。
恨不得杀了他。

憎らしい　音 にくらしい　释 可恨的
例 憎らしい口を利く。
说些让人讨厌的话。

补充单词

ノイローゼ	神经病	**精神病　せいしんびょう**	神经病	**ヒステリック**	歇斯底里
病　やまい	病				

10. 家族

10 家族

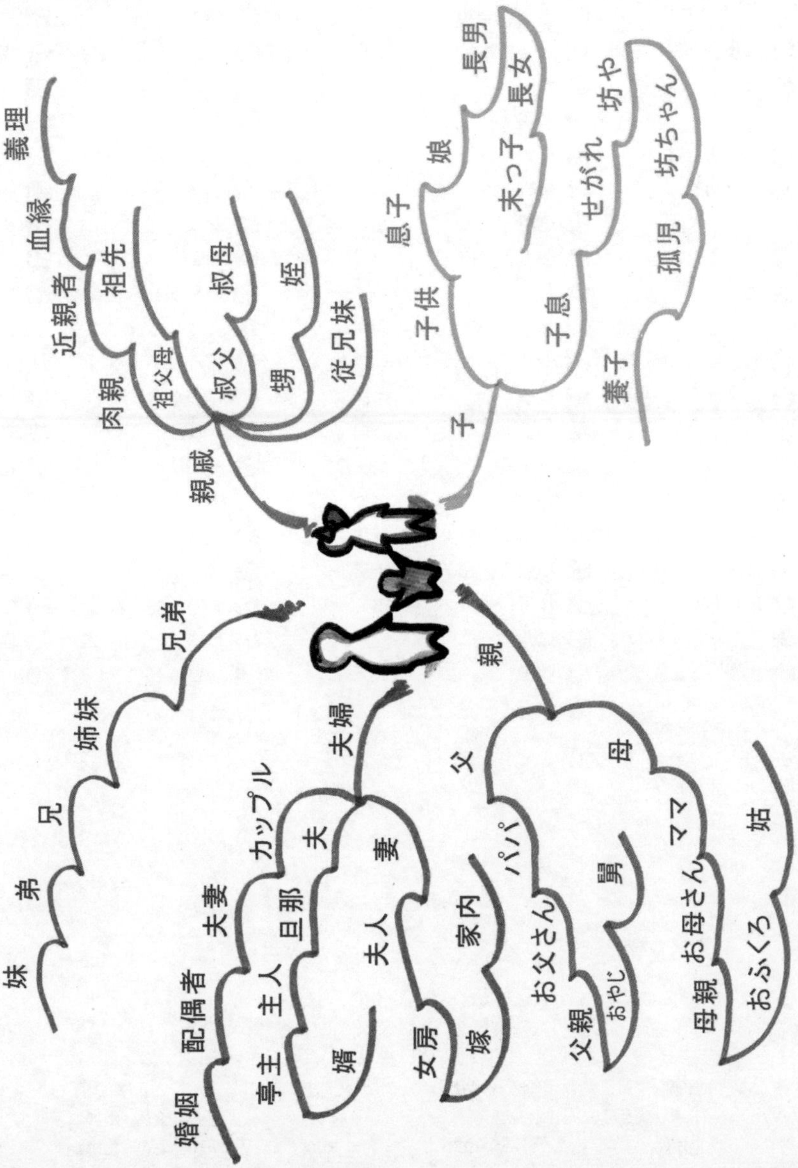

親戚
肉親 近親者 血縁 義理
祖先 祖父母 叔父 叔母 甥 姪 従兄妹

子
子供 息子 娘 長男 長女 末っ子
子息 せがれ 坊や 坊ちゃん 孤児 養子

兄弟
姉妹 兄 弟 妹

夫婦
カップル 夫 妻 夫妻 旦那 配偶者 主人 亭主 婚姻 婿
夫人 家内 女房 嫁

親
父 母 パパ ママ 舅 姑
お父さん 父親 おやじ お母さん 母親 おふくろ

单词

单词	音	释
親	音 おや	释 双亲
子	音 こ	释 孩子
夫婦	音 ふうふ	释 夫妇
兄弟	音 きょうだい	释 兄弟
親戚	音 しんせき	释 亲戚
父	音 ちち	释 爸爸
パパ		释 爸爸
お父さん	音 おとうさん	释 爸爸
父親	音 ちちおや	释 父亲
おやじ		释 老爸；老头
舅	音 しゅうと	释 公公，岳父
母	音 はは	释 妈妈
ママ		释 妈妈
お母さん	音 おかあさん	释 妈妈
母親	音 ははおや	释 母亲
おふくろ		释 老妈
姑	音 しゅうとめ	释 婆婆；岳母
子供	音 こども	释 孩子
息子	音 むすこ	释 儿子
娘	音 むすめ	释 女儿
長男	音 ちょうなん	释 长子
長女	音 ちょうじょ	释 长女
末っ子	音 すえっこ	释 最小的
子息	音 しそく	释 令郎
せがれ		释 犬子
坊や	音 ぼうや	释 小宝宝；儿子
坊ちゃん	音 ぼうちゃん	释 儿子；少爷
孤児	音 こじ	释 孤儿
養子	音 ようし	释 养子
カップル		释 情侣，一对
夫妻	音 ふさい	释 夫妻
配偶者	音 はいぐうしゃ	释 配偶
婚姻	音 こんいん	释 婚姻
夫	音 おっと	释 丈夫
旦那	音 だんな	释 丈夫
主人	音 しゅじん	释 丈夫
亭主	音 ていしゅ	释 丈夫
婿	音 むこ	释 女婿
妻	音 つま	释 妻子
夫人	音 ふじん	释 夫人
女房	音 にょうぼう	释 老婆
嫁	音 よめ	释 媳妇
家内	音 かない	释 内人
兄弟	音 きょうだい	释 兄弟
姉妹	音 しまい	释 姐妹
兄	音 あに	释 哥哥
弟	音 おとうと	释 弟弟
妹	音 いもうと	释 妹妹
肉親	音 にくしん	释 骨肉
近親者	音 きんしんしゃ	释 近亲
血縁	音 けつえん	释 血缘
義理	音 ぎり	释 亲戚关系
祖父母	音 そふぼ	释 祖父母
祖先	音 そせん	释 祖先
叔父	音 おじ	释 叔叔
叔母	音 おば	释 叔母
甥	音 おい	释 侄子
姪	音 めい	释 侄女
従兄妹	音 いとこ	释 堂；表

补充单词

団欒　だんらん	团圆	**別れ　わかれ**	告别	**さらば**	永别
おしっこ	小便	**オムツ**	尿布	**介護　かいご**	看护
付きそう　つきそう	照料	**ハッピーエンド**	圆满结局	**お墓　おはか**	墓
墓参り　はかまいり	扫墓				

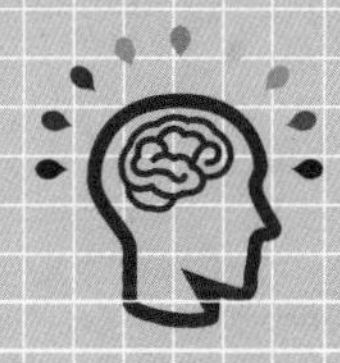

11. 朋友

11 友達

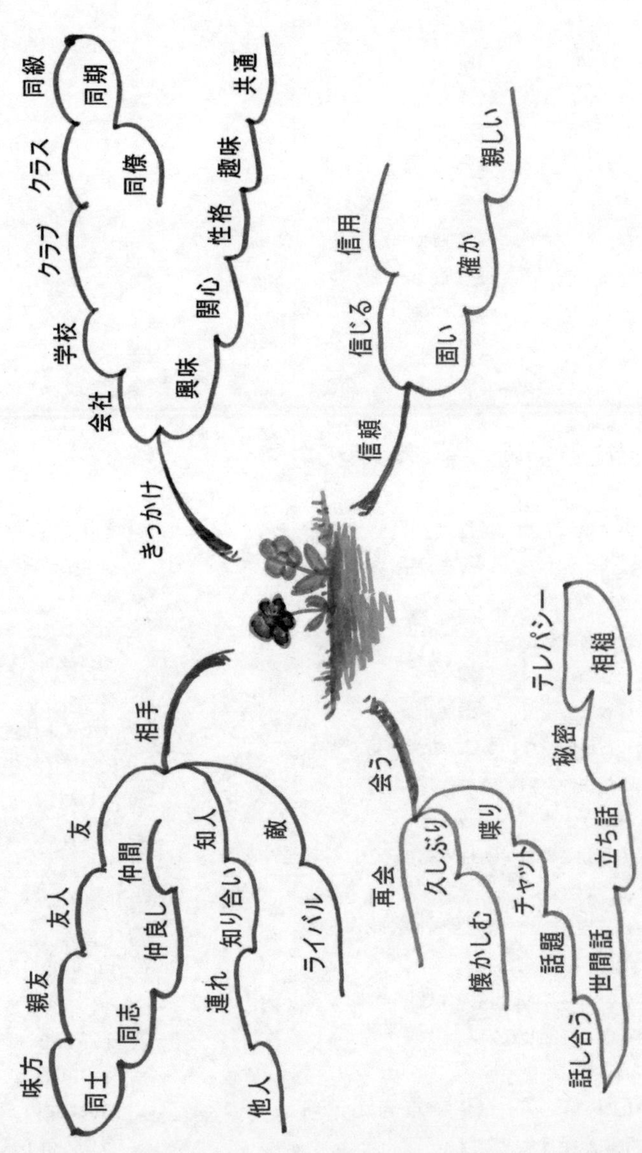

きっかけ
会社
学校
クラブ
クラス
同級
同期
同僚
興味
関心
性格
趣味
共通
信頼
信じる
信用
固い
確か
親しい
相手
味方
親友
友人
友
同士
同志
仲良し
仲間
知人
知り合い
連れ
他人
敵
ライバル
会う
再会
久しぶり
喋り
懐かしむ
チャット
話題
世間話
話し合う
立ち話
秘密
テレパシー
相槌

单词

友達 音 ともだち 释 朋友

きっかけ 释 契机，开端

例 好きな人に近づくきっかけをつくる。
创造接近喜欢人的机会。

信頼 音 しんらい 释 信赖

会う 音 あう 释 见面，相会

例 彼氏が会ってくれないのは別れのサインですか。
男朋友总是不见我，是否是分手的前兆？

相手 音 あいて 释 对方

会社 音 かいしゃ 释 公司

学校 音 がっこう 释 学校

クラブ 释 俱乐部

クラス 释 班级

同級 音 どうきゅう 释 同级

同期 音 どうき 释 同期

同僚 音 どうりょう 释 同事

興味 音 きょうみ 释 兴趣

関心 音 かんしん 释 关心，兴趣

例 お客様の関心を引くセールストークを工夫しましょう。
在销售用语上下功夫，尽可能吸引客人的注意。

性格 音 せいかく 释 性格

趣味 音 しゅみ 释 爱好

例 音楽に趣味を持つ。
对音乐有兴趣。

共通 音 きょうつう 释 共通

信じる 音 しんじる 释 相信

例 信じるか信じないかはあなた次第です。
信不信由你。

信用する 音 しんようする 释 信赖

例 最も信用されない男性の発言一位は「絶対に」です。
在最不受信赖的男性发言中，第一名是“绝对”。

固い 音 かたい 释 牢固，顽固

例 固く信じて疑わない。
深信不疑。

確か 音 たしか 释 确实；可靠；正确

例 確かに恋だった。
这确实是恋爱。

親しい 音 したしい 释 亲近

例 二人は親しい間柄です。
两人关系很亲密。

再会する 音 さいかいする 释 再次相会

例 昔好きだった人と再会して、恋心が再燃した。
和曾经喜欢过的人再次相遇，又萌发了爱意。

懐かしい 音 なつかしい 释 怀念

例 懐かしい年への手紙（大江健三郎）。
给怀念岁月的信。

久しぶり 音 ひさしぶり 释 好久不见

例 遠恋中の彼との久しぶりデートで最高の思い出を作りたい。
很久没和远距离恋爱的他约会了，想制造最完美的回忆。

友 音 とも 释 朋友

友人 音 ゆうじん 释 友人

親友 音 しんゆう 释 好友

味方 音 みかた 释 同一阵营

例 旦那は味方になってくれません。
丈夫总是不站在我这一边。

同士 音 どうし 释 同好；处在同一关系中

例 乗客同士のけんか。
乘客之间吵架。

同志 音 どうし 释 同志

例 全党の同志に呼びかける。
向全党同志呼吁。

仲良し 音 なかよし 释 关系好

例 隣の子と仲良しになる。
和隔壁的孩子成了好朋友。

知人 音 ちじん 释 熟人

例 知人を頼って留学する。
倚靠熟人去留学。

知りあい 音 しりあい 释 认识的人

例 あの方はお知合いですか。
那位是您认识的人吗？

連れ 音 つれ 释 同伴，同伙

例 お子様をお連れの方へ、お子様を安心してお預けいただける「託児サービス」を提供しています。
我们为带小孩的客人提供安心托管孩子的服务。

他人 音 たじん 释 他人
例 赤の他人だったら、どうするんですか。
要是完全不认识的人，会怎么做呢？

敵 音 てき 释 敌人

ライバル 释 竞争对手

喋り 音 しゃべり 释 聊天

話題 音 わだい 释 话题

チャット 释 聊天

話し合う 音 はなしあう 释 谈话，聊天，商量
例 計画を皆で話し合ってから、決める。
计划由大家商量了之后再决定。

世間話 音 せけんばなし 释 闲聊
例 とりとめのない世間話をする。
漫无边际的闲谈。

立ち話 音 たちばなし 释 站着闲谈
例 幼稚園ママはよくマンション付近で立ち話をする。
幼儿园妈妈们总是聚在公寓旁站着聊天。

秘密 音 ひみつ 释 秘密

テレパシー 释 心理感应

相槌 音 あいづち 释 附和
例 適切な相槌を打てば、会話がスムーズに進みます。
适当的附和会让会话顺利进行。

仲間 音 なかま 释 伙伴
例 わが子が友達に仲間外れされている。
我家孩子被朋友排挤在外。

补充单词

ツッコミ	吐槽	**裏切る うらぎる**	背叛	**揉め事 もめごと**	争执
口喧嘩 くちけんか	吵架	**悪口 わるぐち**	说坏话	**唆す そそのかす**	唆使
すっぽかす	放鸽子	**約束 やくそく**	约定		

12. 恋爱

12.1 告白

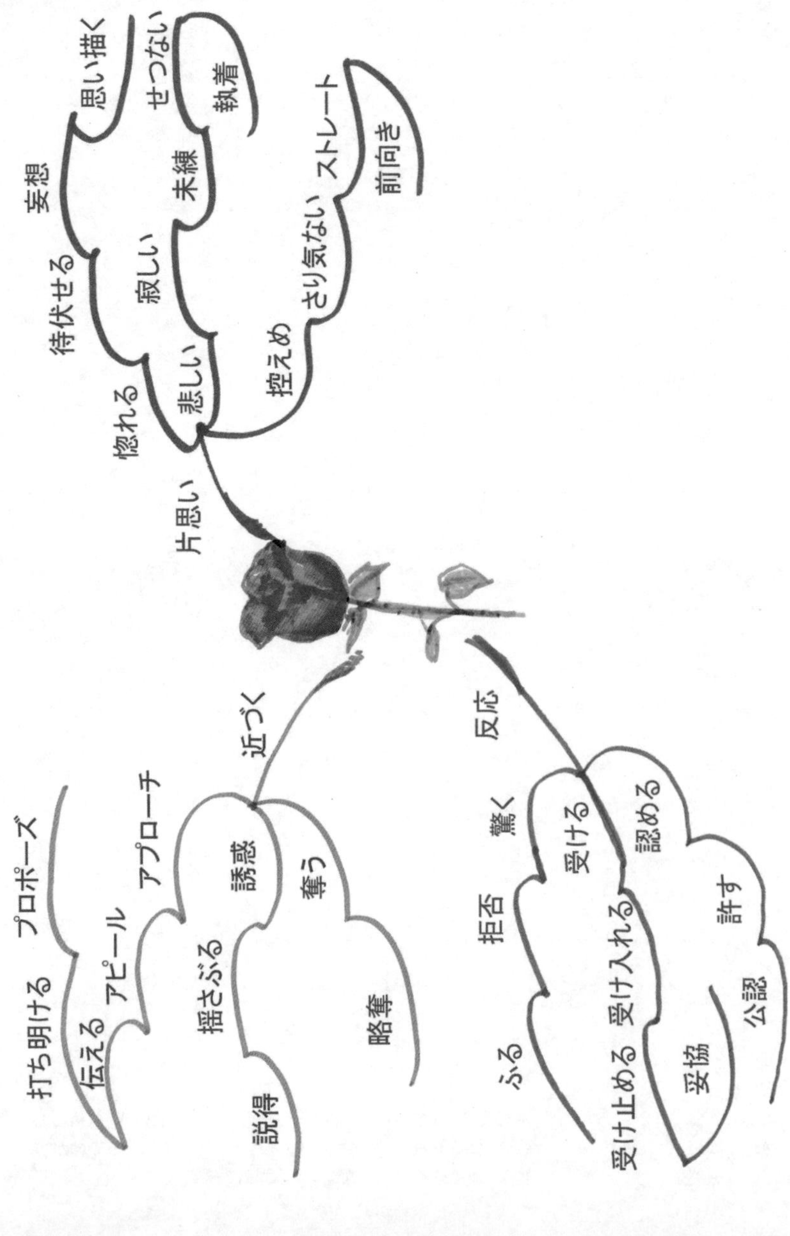

片思い
惚れる
待伏せる
妄想
思い描く
せつない
執着
寂しい
未練
悲しい
控えめ
さり気ない
ストレート
前向き

近づく
アプローチ
プロポーズ
打ち明ける
伝える
アピール
誘惑
奪う
揺さぶる
説得
略奪

反応
驚く
拒否
受ける
認める
ふる
受け止める
受け入れる
許す
妥協
公認

单词

告白 音 こうはく 释 告白

片思い 音 かたおもい 释 单相思

例 ずっと片思いのままでいいの。

就这样一直单相思吗?

反応 音 はんのう 释 反应

近づく 音 ちかづく 释 接近

惚れる 音 ほれる 释 迷恋，看上，爱上

例 惚れた目にはあばたもえくぼ。

情人眼里出西施。

待伏せる 音 まちぶせる 释 埋伏，守候

例 毎日大好きな人の通り道で彼を待ち伏せる。

每天在喜欢的人会经过的路上等候他。

妄想する 音 もうそうする 释 妄想

例 あらぬことを妄想する。

妄想些有的没的。

思い描く 音 おもいえがく 释 想象，在心里描绘

例 結婚生活を思い描く。

想象结婚生活。

悲しい 音 かなしい 释 悲伤

例 悲しい思いをする。

感到悲伤。

寂しい 音 さびしい 释 寂寞

例 寂しい思いをさせて、ごめんなさい。

让你感到寂寞，对不起。

せつない 音 せつない 释 难过

例 恋の切ない気持ちは、どうしたら解消できますか。

恋爱的难过心情该如何消解?

未練 音 みれん 释 留恋，恋恋不舍

例 元恋人に未練を感じてしまう。

对原来的恋人 恋恋不舍。

執着 音 しゅうちゃく 释 执着

例 執着を手放しましょう。

放下执着。

控えめ 音 ひかえめ 释 有节制的

例 控えめに発言する。

谨慎发言。

さり気ない 音 さりげない 释 若无其事

例 告白しなくても、さりげなく態度で思いを伝える。

不告白，也可以用若无其事的态度表达好意。

ストレート 释 直接

例 言いたいことをストレートに言える。

能将想说的直接说出来。

前向き 音 まえむき 释 向前；积极的

例 前向きに検討します。

积极正面地探讨。

驚く 音 おどろく 释 吃惊

例 あんなに元気だった彼が癌で死ぬなんてまったく驚くなあ。

那么精神的他居然得癌症死了，太令人吃惊了。

拒否する 音 きょひする 释 拒绝

例 迷惑メールを受信拒否する方法を紹介しています。

介绍拒收垃圾邮件的方法。

ふる 释 挥，摇，撒，甩

例 ふられるよりふる方がつらいって本当?

甩人比被甩难受，是真的吗?

受ける 音 うける 释 接受

例 あんたに指図を受ける覚えはない。

你凭什么来指使我。

受け入れる 音 うけいれる 释 接受

例 亡命者を受け入れる。

接受流亡者。

受け止める 音 うけとめる 释 接住；理解，认识

例 学生の要求を受け止めて、改革案を検討することにした。

接受学生要求，研究改革方案。

妥協する 音 だきょうする 释 妥协

例 お互いが妥協する。

互相妥协。

認める 音 みとめる 释 承认

例 才能を認められる。

才能被认可。

許す 音 ゆるす 释 许可；原谅

例 心を許す。

以心相许。

公認する 音 こうにんする 释 正式承认

例 社内で公認の職場恋愛はたった一年で終わってしまった。

公司内公认的职场恋爱，只过了一年就结束了。

アプローチする 释 靠近；研究
例 あまり積極的なアプローチは逆効果です。
太过积极的接近会产生反效果。

アピールする 释 宣传
例 自分をアピールしたいのに、なかなかできない。
想好好表达自己，却做不到。

伝える 音 つたえる 释 传达
例 好きな気持ちをちゃんと彼に伝えよう。
把喜欢他的这份心意传达给他。

打ち明ける 音 うちあける 释 吐露心思，毫不隐瞒
例 恋の悩みを打ち明ける。
吐露恋爱的烦恼。

プロポーズ 释 求婚

誘惑する 音 ゆうわくする 释 诱惑

揺さぶる 音 ゆさぶる 释 摇晃；震撼
例 好きな人の心を揺さぶる恋愛のテクニック。
让喜欢的人心动的恋爱技巧。

説得する 音 せっとくする 释 说服
例 説得性が乏しい。
缺乏说服力。

奪う 音 うばう 释 夺取
例 世の中には「他人の彼氏を奪う」ことが好きな、とんでもない女性が存在します。
世界上有些不要脸的女人，就是喜欢抢别人的男朋友。

略奪する 音 りゃくだつする 释 掠夺
例 彼氏持ちの女性を略奪する。
抢别人的女朋友。

补充单词

照れる てれる	害羞	**ナンパ**	把妹	**デート**	约会
誘う さそう	邀请	**ラブラブ**	亲热	**ドキドキ**	心跳
キス	KISS	**一目惚れ ひとめぼれ**	一见钟情		
一期一会 いちごいちえ	人生只有一次的（相遇）				

12.2 交際

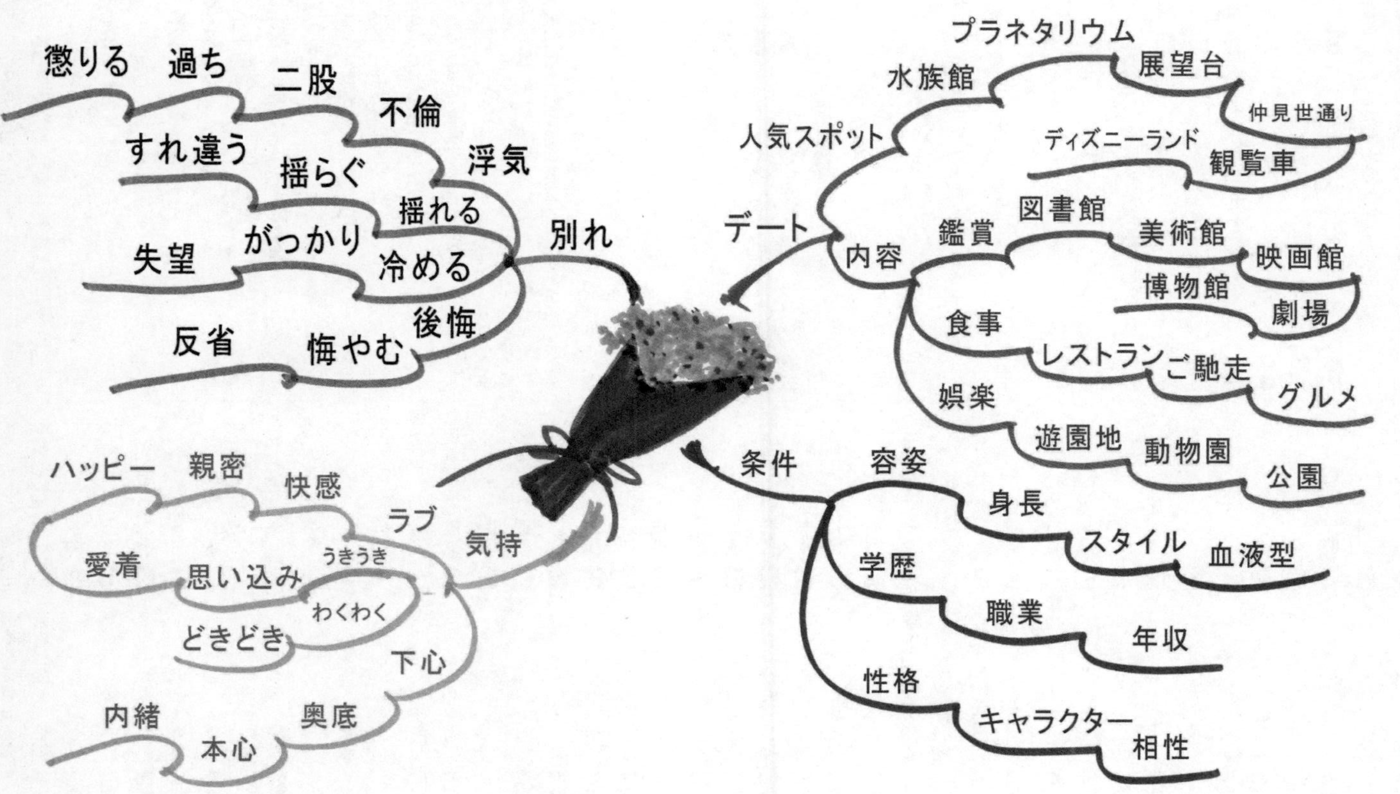
懲りる
過ち
二股
不倫
浮気
すれ違う
揺らぐ
揺れる
失望
がっかり
冷める
別れ
反省
悔やむ
後悔
ハッピー
親密
快感
ラブ
愛着
思い込み
うきうき
わくわく
どきどき
気持
下心
内緒
本心
奥底
デート
人気スポット
水族館
プラネタリウム
展望台
仲見世通り
ディズニーランド
観覧車
内容
鑑賞
図書館
美術館
映画館
博物館
劇場
食事
レストラン
ご馳走
グルメ
娯楽
遊園地
動物園
公園
条件
容姿
身長
スタイル
血液型
学歴
職業
年収
性格
キャラクター
相性

单词

交際 音 こうさい 释 交往，交际
例 交際を断つ。
绝交。

デート 释 约会

条件 音 じょうけん 释 条件

気持 音 きもち 释 心情

別れ 音 わかれ 释 分别
例 別れを告げる。
告辞。

人気スポット 音 にんき 释 人气热点

水族館 音 すいぞくかん 释 水族馆

プラネタリウム 释 天象仪

展望台 音 てんぼうだい 释 展望台

仲見世 音 なかみせ 释 商业街
例 浅草仲見世通りで「買い食い」するならここに行け！
想去浅草商业街吃吃喝喝，就得来这里！

通り 音 とおり 释 街道

観覧車 音 かんらんしゃ 释 摩天轮

ディズニーランド 释 迪士尼

内容 音 ないよう 释 内容

鑑賞 音 かんしょう 释 鉴赏

図書館 音 としょかん 释 图书馆

美術館 音 びじゅつかん 释 美术馆

映画館 音 えいがかん 释 电影院

劇場 音 げきじょう 释 剧场

博物館 音 はくぶつかん 释 博物馆

食事 音 しょくじ 释 吃饭

レストラン 释 餐厅

ご馳走 音 ごちそう 释 宴请，款待，佳肴
例 ご馳走してもらえるとなると、やはり嬉しいものです。
若是别人请客，当然开心了。

グルメ 释 美食家
例 孤独のグルメ。
孤独的美食家。

娯楽 音 ごらく 释 娱乐

遊園地 音 ゆうえんち 释 游乐场

動物園 音 どうぶつえん 释 动物园

公園 音 こうえん 释 公园

容姿 音 ようし 释 容貌
例 容姿と性格は条件としてよく出てきます。
容貌和性格经常被作为条件。

身長 音 しんちょう 释 身高

スタイル 释 身材
例 ボディラインが整ってスタイルが良くなる。
身体线条优美，体态匀称。

血液型 音 けつえきがた 释 血型

学歴 音 がくれき 释 学历

職業 音 しょくぎょう 释 职业

年収 音 ねんしゅう 释 年收入

性格 音 せいかく 释 性格

キャラクター 释 人物；性格
例 キャラクターの設定。
人设。

相性 音 あいしょう 释 相配
例 相手のお誕生日を入力するだけで、あなたとの相性を無料で診断することができる。
只需要输入对方的生日，就可以免费测试和你的相配度。

ラブ 释 爱
例 末永くラブラブな関係を続く。
永远保持热恋的状态。

快感 音 かいかん 释 快感

親密 音 しんみつ 释 亲密

ハッピー 释 快乐

愛着 音 あいちゃく 释 留恋，难以忘怀
例 物に強い愛着が湧く人というのは、何かしら心に欠陥を抱えているのではないだろうか。
对物质有着强烈依恋的人，大概是内心有着某种缺陷吧。

思い込み 音 おもいこみ 释 坚信
例 人生の 99%は思い込み一支配された人生から脱却するための心理学。（鈴木敏昭）
人生 99% 都是自以为—— 心理学帮你从被束缚的人生中解脱出来。（铃木敏昭）

うきうき 释 喜不自禁
例 夏休みを前に皆うきうきしている。
暑假快来了，大家都满怀欣喜。

わくわく 释 欢欣雀跃
例 ジャンボ宝くじの当選番号を TV で待つ瞬間はわくわくします。
在电视前等着彩票开奖真是让人心跳不已。

どきどき 释 忐忑不安
例 面接を控えて胸がどきどきする。
面试前心里忐忑不安。

下心 音 したごころ 释 别有用心
例 彼の下心を見抜く。
看穿他的别有用心。

奥底 音 おくそこ 释 深处
例 心の奥底ではそう思っている。
内心深处是这样想的。

本心 音 ほんしん 释 本意
例 本心を打ち明ける。
说出真心话。

内緒 音 ないしょ 释 秘密
例 内緒にしておいてくれ。
请不要告诉别人。

浮気 音 うわき 释 花心，出轨
例 結婚二年目で夫に浮気された。
结婚第二年老公出轨了。

不倫 音 ふりん 释 婚外恋
例 30日発売の「週刊文春」で渡辺謙と36歳の元ホステスとの不倫疑惑が報じられた。
30日发售的《周刊文春》报道了渡边谦和36岁的元公关小姐的婚外恋情。

二股 音 ふたまた 释 脚踩两只船
例 彼に二股をかけられ別れました。
被他劈腿，分手了。

過ち 音 あやまち 释 错误，过失
例 人間誰しも一度は過ちを犯してしまうものでしょうか。
人生谁能没犯过一次错？

懲りる 音 こりる 释 吸取教训
例 懲りずにまた株に手を出す。
不吸取教训，又去炒股。

揺れる 音 ゆれる 释 摇摆
例 男友達に心が揺れる。
对男性朋友心动。

揺らぐ 音 ゆらぐ 释 摇晃；岌岌可危
例 一度決心した離婚の決意が揺らぐ。
一度想离婚的决心又动摇了。

すれ違う 音 すれちがう 释 交错
例 すれ違っても、挨拶一つしない。
擦肩而过，也不打个招呼。

冷める 音 さめる 释 变冷；清醒
例 愛が冷めるのは何年目から？
是从哪一年开始爱情激情不再的？

がっかりする 音 释 灰心丧气，无精打采
例 失敗してがっかりした。
因失败而垂头丧气。

失望する 音 しつぼうする 释 失望
例 失望しました。ファンやめます。
失望了，粉转路人。

後悔する 音 こうかいする 释 后悔
例 後悔先にたたず。
世上没有后悔药。

悔やむ 音 くやむ 释 后悔
例 悔やんでも取り返しはつかない。
追悔莫及。

反省する 音 はんせいする 释 反省
例 反省の色も見られない。
一点也看不出有反省之意。

补充单词

思いやり　おもいやり	体谅	**優しい　やさしい**	温柔
乱暴　らんぼう	粗暴	**世界観　せかいかん**	世界观
人生観　じんせいかん	人生观	**水族館　すいぞくかん**	水族馆

13. 结婚

13 結婚

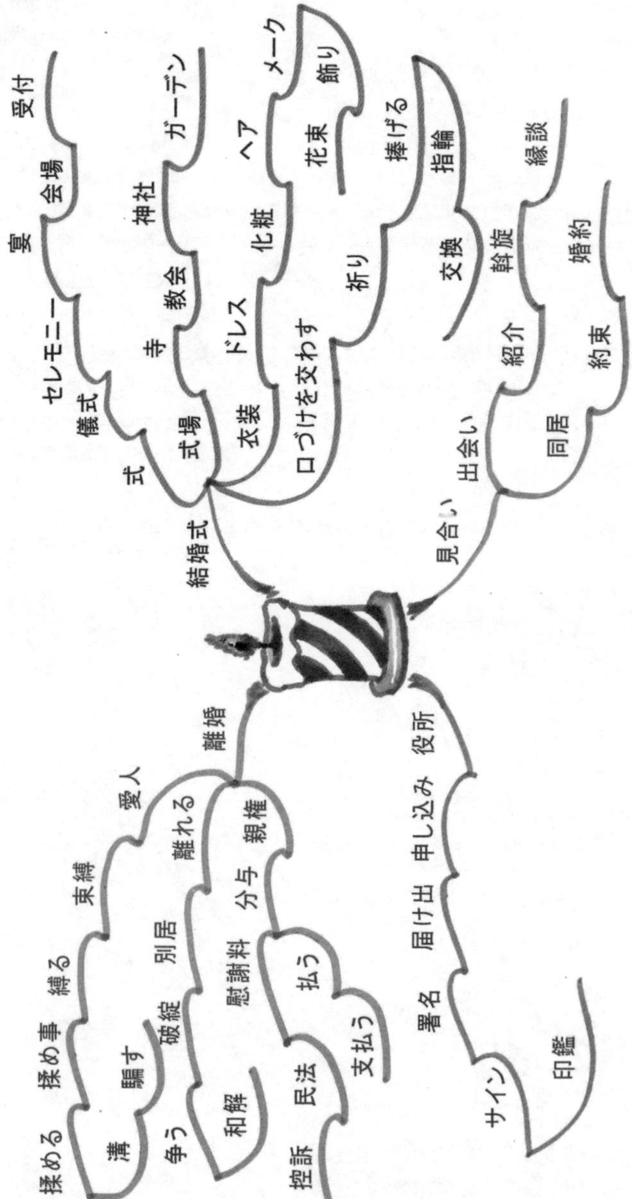

結婚式
式
儀式
セレモニー
宴
会場
受付
式場
寺
教会
神社
ガーデン
衣装
ドレス
化粧
ヘア
メーク
ロづけを交わす
祈り
花束
飾り
捧げる
指輪
交換
見合い
出会い
紹介
斡旋
縁談
同居
約束
婚約
役所
申し込み
届け出
署名
サイン
印鑑
離婚
愛人
束縛
縛る
揉め事
揉める
溝
騙す
破綻
争う
離れる
別居
親権
分与
慰謝料
和解
払う
支払う
民法
控訴

单词

结婚 音 けっこん 释 结婚

結婚式 音 けっこんしき 释 婚礼

見合い 音 みあい 释 相亲

例 お見合い結婚は驚くほど離婚率が低い。

相亲结婚的离婚率惊人地低。

役所 音 やくしょ 释 政府机关

例 ふたりが結婚したことを役所に届ける。

两人向政府机关提交结婚申请。

離婚 音 りこん 释 离婚

式 音 しき 释 仪式

儀式 音 ぎしき 释 仪式

セレモニー 释 仪式

宴 音 うたげ 释 宴会

会場 音 かいじょう 释 会场

受付 音 うけつけ 释 接待处

式場 音 しきじょう 释 会场

寺 音 てら 释 寺庙

教会 音 きょうかい 释 教堂

神社 音 じんじゃ 释 神社

ガーデン 释 花园

衣装 音 いしょう 释 服装

ドレス 释 礼服

化粧 音 けしょう 释 化妆

ヘア 释 头发

メーク 释 化妆

飾り 音 かざり 释 装饰

花束 音 はなたば 释 花束

口づけ 音 くちづけ 释 接吻

例 みんなの前でくちづけはしたくない。

不想在人前接吻。

交わす 音 かわす 释 交换

例 ひそかにまなざしを交わす。

悄悄地交换眼神。

祈り 音 いのり 释 祈祷

捧げる 音 ささげる 释 捧，举；献

例 結婚指輪と共にまごころを君に捧げる。

我的心连同这枚戒指一起献给你。

指輪 音 ゆびわ 释 戒指

交換する 音 こうかんする 释 交换

誓う 音 ちかう 释 发誓

例 変わることなく愛することを誓いますか。

你发誓会永远爱他吗？

宣誓する 音 せんせいする 释 宣誓

例 甲子園で選手宣誓した。

选手在甲子园进行了宣誓。

出会い 音 であい 释 相遇

例 「恋人が欲しいけれど、出会いがない」と、お悩みではありませんか？

“想要有恋人，却没有相遇的机会”，您是否有这样的烦恼呢？

紹介 音 しょうかい 释 介绍

斡旋 音 あっせん 释 帮助，介绍

例 仲人斡旋のお見合い話はできるだけ受けるべし。

应该尽可能地接受媒人介绍的相亲。

縁談 音 えんだん 释 婚事，亲事

例 上司の息子との縁談が持ち上がりましたが、断りたいです。

被人介绍了和上司儿子的亲事，但是我并不想接受。

同居 音 どうきょ 释 同居

約束する 音 やくそくする 释 约定

婚約する 音 こんやくする 释 婚约

申し込み 音 もうしこみ 释 申请

例 申し込みの受付は下記の日程で行います。

按以下日期受理报名。

届け出 音 とどけで 释 登记；申报

例 欠席の場合は前もって届け出をしなければならない。

缺席时要提前申报。

署名 音 しょめい 释 署名

サイン 释 签字

印鑑 音 いんかん 释 印章

愛人 音 あいじん 释 情人

束縛 音 そくばく 释 束缚

例 彼氏が束縛の激しい男だとわかれば、全力で逃げたほうがいいです。

知道对方是控制欲很强的人时，最好全力逃跑。

縛る 音 しばる 释 捆绑

例 日本では女性自身が「性別」を重くとらえすぎて、縛られている気がします。

感觉日本的女性自身就过于看重性别，被性别所束缚。

揉め事 音 もめごと 释 纷争
例 揉め事に巻き込まれる。
被卷入纠纷。

揉める 音 もめる 释 纷争
例 結婚式費用の分担で揉める。
因为分担婚礼费用而发生争执。

溝 音 みぞ 释 沟；隔阂
例 こうして二人の溝は深まっていった。
就这样，两人之间的隔阂越来越深。

騙す 音 だます 释 欺骗
例 だましたつもりでだまされた。
本想骗别人，却被别人骗了。

離れる 音 はなれる 释 分离
例 夫と離れて暮らし始めた。
开始和丈夫分开生活。

別居する 音 べっきょする 释 分居

破綻する 音 はたんする 释 破裂
例 不倫したときにはすでに夫婦関係が破綻していた。
出轨的时候夫妻关系已经破裂。

争う 音 あらそう 释 争夺
例 離婚相手と法廷で徹底的に争う。
在法庭上和离婚对象相争到底。

和解する 音 わかいする 释 和解
例 絶交した友人と5年ぶりに和解した。
五年后，终于和绝交的朋友和好了。

親権 音 しんけん 释 父母监督教管子女的权力
例 どちらが親権を持つか争っている。
双方争夺抚养权。

分与 音 ぶんよ 释 分与
例 財産を子供たちに分与する。
把财产分给孩子们。

慰謝料 音 いしゃりょう 释 赡养费
例 慰謝料を決めたにも関わらず、相手が支払ってくれなくなるケースが多いのが現状です。
尽管被判决了要给对方抚养费，但现实情况还是有很多人不支付。

民法 音 みんぽう 释 民法

控訴 音 こうそ 释 控诉
例 控訴を取り下げる。
撤销起诉。

払う 音 はらう 释 支付

支払う 音 しはらう 释 支付

补充单词

親孝行　おやこうこう	孝道	**ひとり子　こ**	独生子
双子　ふたご	双胞胎	**財産分割　ざいさんぶんかつ**	财产分割
暴力　ぼうりょく	暴力		

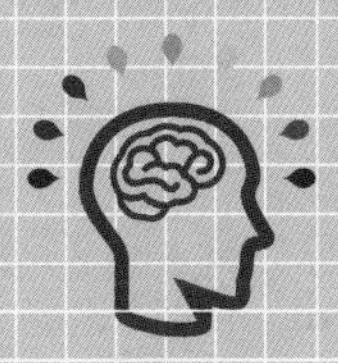

14. 家务

14.1 家事

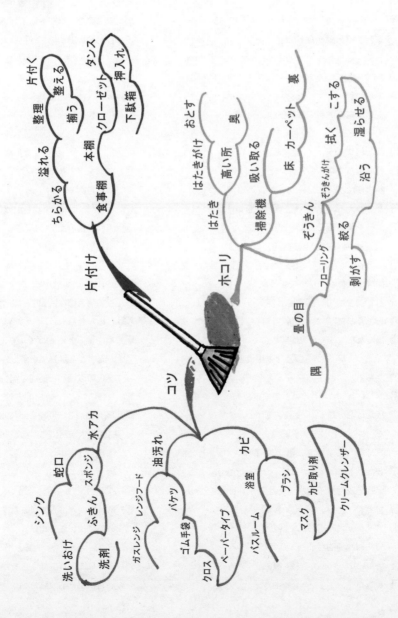

片付け
ちらかる
溢れる
整理
片付く
整える
揃う
食事棚
本棚
クローゼット
タンス
押入れ
下駄箱

ホコリ
はたき
はたきがけ
おとす
高い所
奥
掃除機
吸い取る
床
カーペット
裏
ぞうきん
ぞうきんがけ
拭く
こする
湿らせる
沿う
絞る
剥がす
フローリング
畳の目
隅

コツ
水アカ
蛇口
スポンジ
シンク
ふきん
洗いおけ
洗剤
油汚れ
レンジフード
ガスレンジ
バケツ
ゴム手袋
クロス
ペーパータイプ
カビ
浴室
バスルーム
ブラシ
マスク
カビ取り剤
クリームクレンザー

单词

掃除 音 そうじ 释 打扫

片付け 音 かたづけ 释 收拾
例 片付けが苦手な人。
不擅长收拾的人。

ホコリ 释 灰尘

コツ 释 诀窍
例 収納のコツを調べてみました。
研究了一下收纳的诀窍。

散らかる 音 ちらかる 释 散乱
例 足の踏み場もないほど物が散らかっている。
东西乱得都没地方下脚了。

溢れる 音 あふれる 释 充满
例 物で溢れている部屋をすっきりに片付けましょう。
把堆满东西的房间收拾整洁。

整理 音 せいり 释 整理

片付く 音 かたづく 释 收拾
例 机の上がきちんと片付いた。
将桌子收拾整洁。

整える 音 ととのえる 释 整理、整顿；备齐
例 部屋を整えることで心を整える。
收拾房间同时也是整理心情。

揃う 音 そろう 释 齐全；成双；一致
例 掃除道具は百円均一で揃う。
打扫卫生的用具百元店都有。

食事棚 音 しょくじだな 释 餐架

本棚 音 ほんだな 释 书架

クローゼット 释 衣柜；壁橱

箪笥 音 たんす 释 斗柜

押入れ 音 おしいれ 释 日式壁橱

下駄箱 音 げたばこ 释 鞋柜

はたき 释 掸子

はたきがけ 释 用掸子掸
例 昔ながらのはたきがけはかなり使えます。
老式的鸡毛掸子掸灰尘还是很好用的。

落とす 音 おとす 释 掸落；清洗
例 ワイシャツの襟汚れを落とす。
清洗衬衣领的污渍。

高い 音 たかい 释 高的

所 音 ところ 释 地方

奥 音 おく 释 里头，内部，深处
例 巻くときに「手前から奥に」巻きますか。それとも「奥から手前に」巻きますか。
卷的时候是从外往里卷还是从里往外卷？

掃除機 音 そうじき 释 吸尘器

吸い取る 音 すいとる 释 吸取
例 掃除機でごみを吸い取る。
用吸尘器清除垃圾。

床 音 ゆか 释 地板
例 床掃除をロボットに任せてみる。
打扫地板就交给扫地机器人好了。

カーペット 释 地毯

裏 音 うら 释 内里
例 あの人は表と裏が違う。
那人表里不一。

ぞうきん 释 抹布

ぞうきんがけ 释 抹
例 廊下をぞうきんがけする。
擦拭走廊。

拭く 音 ふく 释 擦拭
例 濡れた雑巾で拭いてみる。
用打湿的抹布擦拭。

こする 释 擦，蹭，搓
例 毎日洗っているのに、こすると垢が出る。
虽然每天都在洗，但一搓还是能搓出污垢。

湿らせる 音 しめらせる 释 弄湿，保湿
例 喉を湿らせるだけでなく、ウイルスを洗い流すことができます。
不仅可以润喉，还可以清洗掉病菌。

絞る 音 しぼる 释 拧，扭
例 順番におしぼりを絞って水滴を出し、最終的に水滴が出てこなかった人が負け。
依次拧湿毛巾，最后拧不出水滴的人就输了。

剥がす 音 はがす 释 剥，揭下
例 貼って、剥がして、また貼れる。
贴完撕掉，还能再贴。

沿う 音 そう 释 沿着
例 畳の目によってほうきをかける。
沿着榻榻米的纹路打扫。

フローリング 释 地板

例 フローリングはキズつきやすいデリケートなものなので、ワックスで手入れする。

地板是很容易受伤的娇贵物品，所以要打蜡保养。

畳の目 音 たたみのめ 释 榻榻米的纹路

隅 音 すみ 释 角落

例 隅に置けない。

不可小视。

油汚れ 音 あぶらよごれ 释 油污

レンジフード 释 抽油烟机

ガスレンジ 释 炉具

バケツ 释 水桶

ゴム 释 橡胶

手袋 音 てぶくろ 释 手套

ペーパータイプ 释 纸质的

クロス 释 十字形

蛇口 音 じゃぐち 释 水龙头

シンク 释 水槽

スポンジ 释 海绵

ふきん 释 抹布

洗いおけ 音 あらいおけ 释 桶

洗剤 音 せんざい 释 洗涤剂

浴室 音 よくしつ 释 浴室

バスルーム 释 浴室

ブラシ 释 刷子

マスク 释 口罩

カビ取り剤 音 とりざい 释 除霉菌药剂

クリームクレンザー 释 清洁膏

14.2 育児

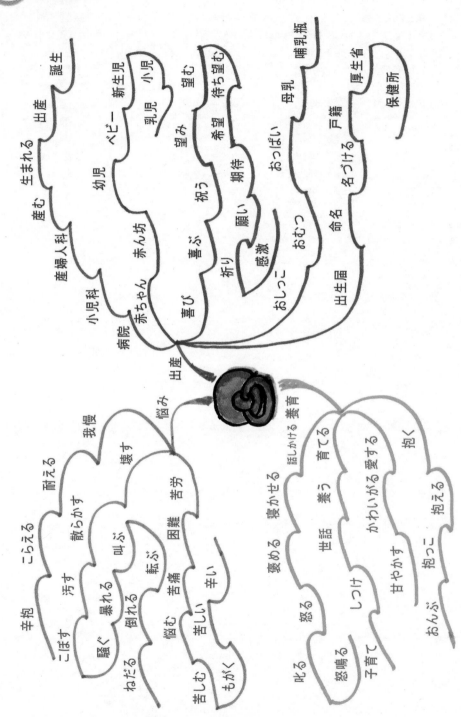

出産
病院
小児科
産婦人科
産む
生まれる
出産
誕生
赤ちゃん
赤ん坊
幼児
ベビー
新生児
乳児
小児
喜び
喜ぶ
祝う
望み
望む
祈り
願い
期待
希望
待ち望む
感激
おしっこ
おむつ
おっぱい
母乳
哺乳瓶
出生届
命名
名づける
戸籍
厚生省
保健所
悩み
我慢
耐える
こらえる
辛抱
こぼす
壊す
散らかす
汚す
騒ぐ
叫ぶ
暴れる
転ぶ
倒れる
ねだる
苦労
困難
苦痛
悩む
苦しむ
辛い
苦しい
もがく
養育
話しかける
寝かせる
褒める
怒る
叱る
育てる
養う
世話
しつけ
怒鳴る
子育て
かわいがる愛する
甘やかす
抱く
抱える
抱っこ
おんぶ

单词

育児 音 いくじ 释 育儿

出産 音 しゅっさん 释 生产，分娩

例 無事ご出産おめでとうございます。

恭喜平安生下孩子。

養育する 音 よういく 释 养育

悩み 音 なやみ 释 烦恼

病院 音 びょういん 释 医院

小児科 音 しょうにか 释 小儿科

産婦人科 音 さんふじんか 释 妇产科

産む 音 うむ 释 生

例 30代半ば以上で子供を三人産んだ。

过了35岁还生了三个孩子。

生まれる 音 うまれる 释 出生

例 それは俺が生まれてこの方、ただの一度も聞いた ことがないことだった。

这是我从出生到现在，一次也没听过的事情。

出産する 音 しゅっさんする 释 生产，分娩

例 第3子となる次男を出産していた。

第3个孩子——次男出生了。

誕生する 音 たんじょうする 释 出生

例 地球が誕生してから現在まで、およそ何年？

地球从诞生到现在大概有多少年？

赤ちゃん 音 あかちゃん 释 婴儿

赤ん坊 音 あかんぼう 释 婴儿

幼児 音 ようじ 释 幼儿

ベビー 释 婴儿，宝宝

新生児 音 しんせいじ 释 新生儿

小児 音 しょうに 释 儿童

乳児 音 にゅうじ 释 婴儿

喜び 音 よろこび 释 喜悦

喜ぶ 音 よろこぶ 释 欢喜，高兴

例 私の生きがいは「人に喜んでもらうこと」です。

我的生存意义就是让别人幸福。

祝う 音 いわう 释 祝福

例 私の新たな人生を祝ってくれてありがとう。

谢谢你祝福我获得新生。

望み 音 のぞみ 释 希望

例 関係改善は望み薄か。

关系改善的可能性很小。

望む 音 のぞむ 释 希望

例 病人は延命を望んでいないはずです。

病人并不期望延长生命。

待ち望む 音 まちのぞむ 释 盼望

例 これほどまでに世界中の子どもたちが待ち望んでいる映画は今までになかったのではないだろうか。

大概还从没有过一部电影能像这样让全世界的孩子们都这么期待吧。

希望 音 きぼう 释 希望

期待 音 きたい 释 期待

願い 音 ねがい 释 心愿

例 長くゆったりとした人生を歩んでほしいとの願いを込めてお子さまに悠仁と名づけられた。

给孩子取名为悠仁，是希望孩子能从容走完漫长的一生。

祈り 音 いのり 释 祈祷

感激する 音 かんげきする 释 感激，感动

例 感激しすぎて言葉も出ません。

感动得说不出话来。

おしっこ 释 小便

おむつ 释 尿布

おっぱい 释 乳房

母乳 音 ぼにゅう 释 母乳

哺乳瓶 音 ほにゅうびん 释 奶瓶

出生届 音 しゅっせいとどけ 释 出生证明

命名する 音 めいめいする 释 命名

名づける 音 なづける 释 命名

戸籍 音 こせき 释 户籍

厚生省 音 こうせいしょう 释 厚生省

保健所 音 ほけんじょ 释 保健所

育てる 音 そだてる 释 养育

養う 音 やしなう 释 养

世話する 音 せわする 释 照料

しつけ 释 教养

子育て 音 こそだて 释 养孩子

愛する 音 あいする 释 爱

かわいがる 释 疼爱

例 子供をかわいがる反面、みな旦那に冷たくしてしまいます。

宠爱孩子，却都冷落了丈夫。

甘やかす 音 あまやかす 释 娇养，纵容
例 甘やかしすぎて、こんな駄目な子になってしまった。
太溺爱孩子，所以最后孩子不成器。

抱く 音 だく 释 抱
例 好きな人に抱きしめてもらうと、それまでの不安や寂しい気持ちがスッと消え、幸せな気持ちになるものです。
被喜欢的人拥抱，会让之前的不安和寂寞一下子都烟消云散，觉得很幸福。

抱える 音 かかえる 释 抱；承担
例 皆それぞれがいろいろな悩みを抱えている。
大家各自都有着各种各样的烦恼。

抱っこする 音 だっこする 释 抱
例 「だっこしてください」と泣きわめく。
哭着嚷着要抱抱。

おんぶする 释 背
例 赤ちゃんをおんぶして自転車に乗る。
把婴儿背在背上骑自行车。

話しかける 音 はなしかける 释 搭话，讲话
例 学校や職場などで、あなたにいつもよく話しかけてくる男性がいないでしょうか。
在学校或者职场，有没有男性经常跟你搭话呢?

寝かせる 音 ねかせる 释 使睡觉
例 子守歌を歌って子どもを寝かせる。
唱摇篮曲哄孩子睡觉。

褒める 音 ほめる 释 表扬
例 「ほめて、育てる」という教育が定着しました。
“表扬教育”基本已经成为了主流。

怒る 音 おこる 释 生气，发怒
例 すぐにカッとくる、怒ってばかりいる。
不仅易怒，还爱生气。

叱る 音 しかる 释 责备，批评
例 きちんとしつけなくてはというプレッシャーから、叱っているつもりで怒っている親も多いものです。
因为很多父母亲都有必须教育好孩子的压力，所以本来只想教训一下结果却变成了发怒。

怒鳴る 音 どなる 释 叫嚷
例 怒鳴ると、子どもは怯えて、短期的には言うことをきくかもしれません。
父母一发飙，孩子或许会因为害怕而短时间内听话。

壊す 音 こわす 释 弄坏
例 食い過ぎて腹をこわす。
吃太多吃坏肚子。

散らかす 音 ちらかす 释 弄乱
例 部屋を散らかしっぱなしにしてはいけない。
不许把房间弄得一团乱。

汚す 音 よごす 释 弄脏
例 インクをこぼして、本を汚す。
打翻墨水，弄脏了书。

こぼす 释 洒出来

騒ぐ 音 さわぐ 释 吵闹
例 母親はスマホを夢中でやっており子供が電車内で騒いだり暴れても注意すらしません。
母亲自顾自地玩手机，连小孩在电车内大吵大闹都不管。

暴れる 音 あばれる 释 乱闹

叫ぶ 音 さけぶ 释 叫，嚷
例 「がんばれ」とひたすら叫んでいる。
一个劲儿地叫着“加油”。

転ぶ 音 ころぶ 释 摔倒

倒れる 音 たおれる 释 倒下

ねだる 释 缠着要
例 制服の胸のボタンを下級生たちにねだられる。
被低年级的学生缠着要制服胸口的纽扣。

苦労 音 くろう 释 辛苦
例 苦労したかいがあった。
这些苦没有白吃。

困難 音 こんなん 释 困难

苦痛 音 くつう 释 痛苦

悩む 音 なやむ 释 烦恼
例 ひとりで悩まないで、気になるときは早めに相談しよう。
不要一个人烦恼，有什么心里过不去的坎请尽早找人商量。

苦しむ　音 くるしむ　释 受折磨

例 パイロットの12%がうつ病に苦しんでいる。

飞行员中 12% 的人都被抑郁症困扰。

もがく　释 挣扎

例 もがいても、あがいても、いつ抜け出せるのか分からない、それでも歩き続けよう。

痛苦挣扎，也不知道什么时候才是个头，可即使这样也要坚持走下去。

苦しい　音 くるしい　释 痛苦

例 苦しい時こそ成長するチャンス。

痛苦之时才是成长的机会。

辛い　音 つらい　释 辛苦

例 人生を生きていく上で、悲しくて辛いことというのは、誰の身にも大なり小なり、やってきます。

既然活着，就会有悲伤和痛苦，不管是谁多多少少都会遇到。

耐える　音 たえる　释 忍耐

例 耐えられないほどの苦しさ。

无法忍耐的痛苦。

こらえる　释 忍耐；容忍

例 彼は泣きだしたいのをじっとこらえた。

他一直强忍着没哭出来。

辛抱する　音 しんぼうする　释 忍耐

例 これくらいのことならまだ辛抱できる。

就这点小事，我还可以忍受。

15. 季节

15 季節

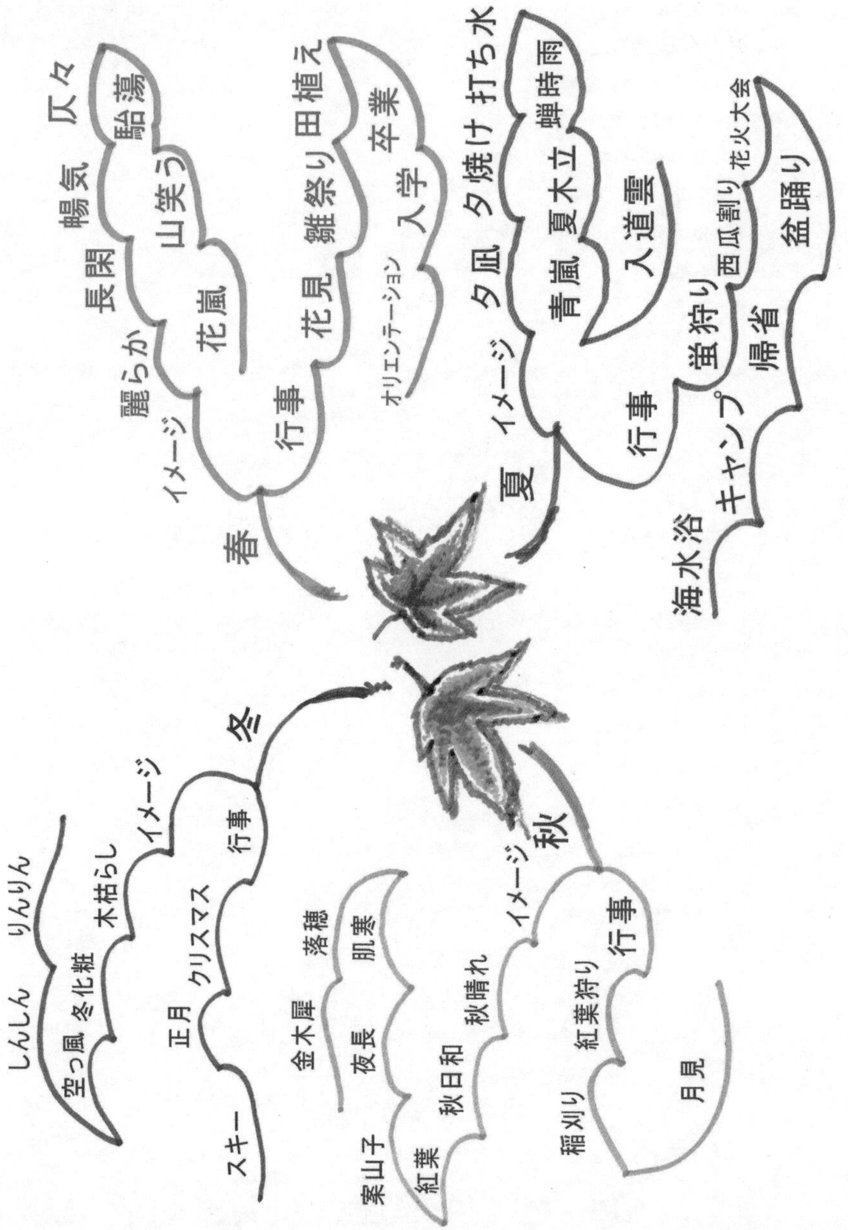

春
イメージ
麗らか
長閑
暢気
仄々
駘蕩
山笑う
花嵐
行事
花見
雛祭り
田植え
卒業
入学
オリエンテーション

夏
イメージ
夕凪
夕焼け
打ち水
蝉時雨
夏木立
青嵐
入道雲
行事
海水浴
キャンプ
蛍狩り
帰省
西瓜割り
花火大会
盆踊り

冬
イメージ
木枯らし
冬化粧
空っ風
しんしん
りんりん
行事
クリスマス
正月
スキー

秋
イメージ
秋晴れ
秋日和
紅葉
案山子
夜長
肌寒
金木犀
落穂
行事
紅葉狩り
稲刈り
月見

单词

春夏秋冬 音 しゅんかしゅうとう 释 春夏秋冬
春 音 はる 释 春
夏 音 なつ 释 夏
秋 音 あき 释 秋
冬 音 ふゆ 释 冬
イメージ 释 印象
行事 音 ぎょうじ 释 仪式，活动
麗らか 音 うららか 释 明媚
例 うららかな春は厳しい冬の後から来る。（宮本百合子）
严寒过后就是明媚的春天。（宫本百合子）
長閑 音 のどか 释 晴朗；恬静
暢気 音 のんき
释 休闲，安逸；不慌不忙
仄々 音 ほのぼの 释 朦胧，隐约
例 仄々と明けゆく空。
渐渐亮起来的天空。
駘蕩 音 たいとう 释 和煦，舒畅
山笑う 音 やまわらう 释 春山如笑
花嵐 音 はなあらし 释 四月的春风；落樱缤纷
花見 音 はなみ 释 赏花
雛祭り 音 ひなまつり 释 女儿节
田植え 音 たうえ 释 插秧
卒業 音 そつぎょう 释 毕业
入学 音 にゅうがく 释 入学
オリエンテーション 释 新人教育
例 新入社員を対象としたオリエンテーションが開かれた。
召开了新员工入职教育。
夕凪 音 ゆうなぎ 释 傍晚海上风平浪静
夕焼け 音 ゆうやけ 释 晚霞
打ち水 音 うちみず 释 洒水
例 打ち水は、道路や庭に水をまいて夏の涼を得る、昔からの日本人の知恵である。
洒水是日本人古时候就有的智慧，即夏天为了降温在道路和庭院里洒水。
蝉時雨 音 せみしぐれ 释 阵雨般的蝉声
例 蝉時雨の止む頃。（吉本秋生）
蝉声消失之时。（吉本秋生）

夏木立 音 なつこだち 释 夏季繁盛的树木
青嵐 音 あおあらし 释 初夏的熏风
入道雲 音 にゅうどうぐも 释 积雨云
蛍狩り 音 ほたるがり 释 捉萤火虫
例 蛍狩りは日本の夏の風物詩。
捉萤火虫是日本夏天的特色风景。
西瓜割り 音 すいかわり 释 蒙着眼打西瓜的游戏
花火大会 音 はなびたいかい 释 烟火大会
盆踊り 音 ぼんおどり 释 盂兰盆会舞
帰省 音 きせい 释 返乡探亲
キャンプ 释 露营
例 河口湖にはキャンプ場がたくさんあります。
河口湖有很多露营场地。
海水浴 音 かいすいよく 释 海水浴
秋晴れ 音 あきばれ 释 秋天晴朗的日子
秋日和 音 あきびより 释 秋季的好天气
紅葉 音 もみじ 释 红叶
案山子 音 かかし 释 稻草人
夜長 音 よなが 释 秋天夜长
肌寒 音 はださむ 释 秋季渐冷
落穂 音 おちぼ 释 落穗
金木犀 音 きんもくせい 释 丹桂
紅葉狩り 音 もみじがり 释 赏红叶
稲刈り 音 いねかり 释 割麦子
月見 音 つきみ 释 赏月
木枯らし 音 こがらし 释 寒风
冬化粧 音 ふゆげしょう 释 雪景
空っ風 音 からっかぜ 释 干风
しんしん 释 静寂
例 雪がしんしんと降る。
雪静静地下。
りんりん 释 凛冽
例 りんりんたる寒気。
凛冽的寒气。
クリスマス 释 圣诞节
正月 音 しょうがつ 释 正月
スキー 释 滑雪

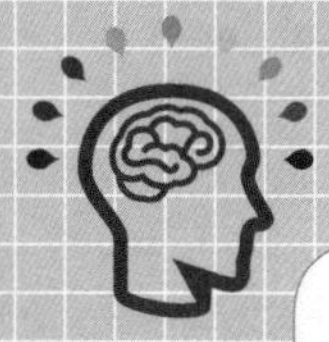

16. 家乡

16 ふるさと

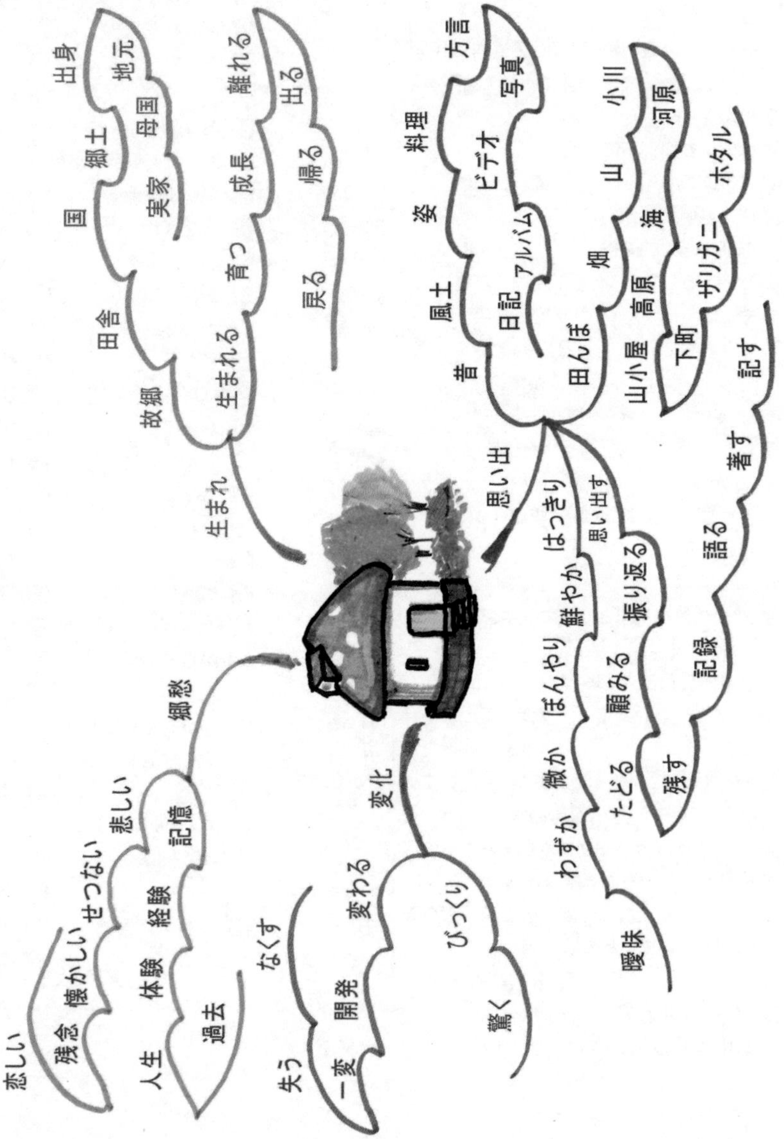

生まれ
出身 地元 郷土 母国 国 実家 田舎 故郷
離れる 出る 成長 帰る 育つ 戻る 生まれる

思い出
方言 写真 料理 ビデオ 姿 アルバム 風土 日記 昔
小川 河原 山 海 畑 高原 田んぼ 下町 山小屋 ホタル ザリガニ

思い出す
はっきり 鮮やか ぼんやり 微か わずか 曖昧
振り返る 顧みる たどる
記す 著す 語る 記録 残す

郷愁
記憶 悲しい せつない 経験 懐かしい 体験 残念 悲しい 過去 人生

変化
変わる なくす 開発 失う 一変 びっくり 驚く

单词

ふるさと 释 家乡
生まれ 音 うまれ 释 出生
思い出 音 おもいで 释 回忆
例 日々のちょっとした出来事の積み重ねが思い出になる。
每天的小事堆积起来就成了回忆。
変化 音 へんか 释 变化
郷愁 音 きょうしゅう 释 乡愁
故郷 音 こきょう 释 故乡
田舎 音 いなか 释 乡下
国 音 くに 释 家乡
郷土 音 きょうど 释 乡土
出身 音 しゅっしん 释 出身
地元 音 じもと 释 当地
母国 音 ぼこく 释 祖国
実家 音 じっか 释 娘家，老家
生まれる 音 うまれる 释 出生
育つ 音 そだつ 释 发育，成长
例 育った環境が違いすぎる夫婦はうまくいかない。
成长环境差距太大的夫妻较难融洽。
成長する 音 せいちょうする 释 成长
離れる 音 はなれる 释 离开
出る 音 でる 释 离开
例 大学で田舎を出てから、同窓会にも一度も出席していません。
读大学离开乡下后，就一次也没参加过同学聚会。
帰る 音 かえる 释 回家
例 失恋と転勤が重なり、軽いうつ状態になってしまったので、会社を辞めて地元に帰ってきた。
失恋加上换工作，我得了轻微的抑郁症，所以便辞职回了老家。
戻る 音 もどる 释 回来
例 戻る場所なんてない、辿り着くべき場所へ。
你没有回头路，向你应该去的方向奔跑。
昔 音 むかし 释 过去
例 昔、実家に住んでいた頃はギャンブルが好きで良くパチンコに行ってました。
以前住在老家时喜欢赌博，经常去打弹珠机。
風土 音 ふうど 释 风土
例 なかなか日本の文化や風土に慣れません。
总是不太习惯日本的文化和风土。
姿 音 すがた 释 姿态，样子
例 この本は、本来の日本の姿を教えてくれた。
这本书告诉了我们日本原来的风貌。
料理 音 りょうり 释 料理
方言 音 ほうげん 释 方言
写真 音 しゃしん 释 照片
ビデオ 释 录像
アルバム 释 相册
例 古いアルバムに隠れている思い出がいっぱいです。
旧相册里藏着太多回忆。
日記 音 にっき 释 日记
田んぼ 音 たんぼ 释 田地
畑 音 はたけ 释 旱地
山 音 やま 释 山
小川 音 おがわ 释 小河
河原 音 かわら 释 河边
海 音 うみ 释 海
高原 音 こうげん 释 高原
山小屋 音 やまごや 释 山间小屋
下町 音 したまち 释 平民区
例 今回あらためて下町を歩き回っていると、あのときの興奮がよみがえってきた。
这次重新走了一圈平民区，当时的兴奋劲又回来了。
ザリガニ 释 小龙虾
蛍 音 ほたる 释 萤火虫
思い出す 音 おもいだす 释 想起
例 いつかこの恋を思い出してきっと泣いてしまう。（坂元裕二）
当有一天你想起这段恋爱时，一定会哭泣吧。（坂元裕二）
振り返る 音 ふりかえる 释 回头
例 振り返らないで、悔やまないで、怖がらないで、どうか元気で僕は唄うよ。(BUMP OF CHICKEN)
不要回头，不要后悔，不要恐惧，请和我一起大声地唱。（BUMP OF CHICKEN）
顧みる 音 かえりみる 释 回顾；照顾
例 自分の半生をかえりみる。
回顾自己的前半生。
たどる 释 追寻；沿路前进
例 歴史の道をたどってみよう。
追寻一下历史的足迹。
残す 音 のこす 释 留下；剩下
例 写真に残された記憶。
留在照片里的回忆。

記録する 音 きろくする 释 记录

語る 音 かたる 释 讲述

例 語ってくれ、彼の思い出を、歌ってくれ、彼女の人生を。（竹内まりや）

讲述他的回忆，歌唱她的人生。（竹内玛利亚）

著す 音 あらわす 释 著

記す 音 しるす 释 记录

はっきり 释 清晰

鮮やか 音 あざやか 释 鲜明

ぼんやり 释 模糊

例 何か僕の将来に対する唯ぼんやりとした不安である。

我对将来有着一丝莫名的不安。

微か 音 かすか 释 微微

例 その写真を見て、微かな記憶が呼び戻された。

看到这张照片，我又想起了一些事情。

わずか 释 仅

例 今年ももうわずかです。

今年就快要到头了。

曖昧 音 あいまい 释 暧昧

例 私は、白黒はっきりさせたがる性分で男の子の曖昧な態度とか答え等がイヤです。

我是黑白分明的性格，讨厌男人暧昧的态度或回答。

変わる 音 かわる 释 变化

例 ときは流れ街並みも変わる。

时间在流逝，街景也在变化。

開発する 音 かいはつする 释 开发

一変する 音 いっぺんする 释 完全改变

例 完成していたら風景が一変したはず。

完成后，风景应该会完全不同。

失う 音 うしなう 释 失去

例 失われた世代。

迷惘的一代。

なくす 释 弄丢，弄掉

例 過去に片手で数えられないくらいの回数、財布を無くしています。

过去我丢钱包的次数一只手都数不过来。

びっくりする 释 吃惊

驚く 音 おどろく 释 惊讶

悲しい 音 かなしい 释 悲伤

せつない 释 难过

懐かしい 音 なつかしい 释 怀念

残念 音 ざんねん 释 遗憾

例 無料の産経新聞アプリ終了が残念でならない。

产经新闻的 APP 不能再免费使用了，真是让人感到遗憾。

恋しい 音 こいしい 释 眷恋

記憶 音 きおく 释 记忆

経験 音 けいけん 释 经验

例 嫌でも、人生で一度は経験しておくべきだ。

哪怕不喜欢，一辈子也应该去经历一次。

体験 音 たいけん 释 体验

例 日本での生活を体験してみよう。

体验一下在日本的生活吧。

人生 音 じんせい 释 人生

過去 音 かこ 释 过去

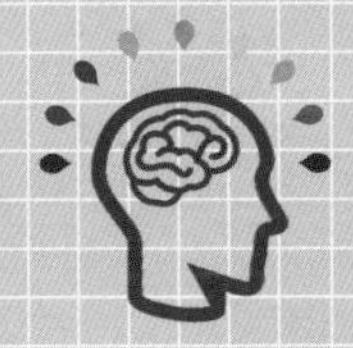

17. 宴会

17 宴会

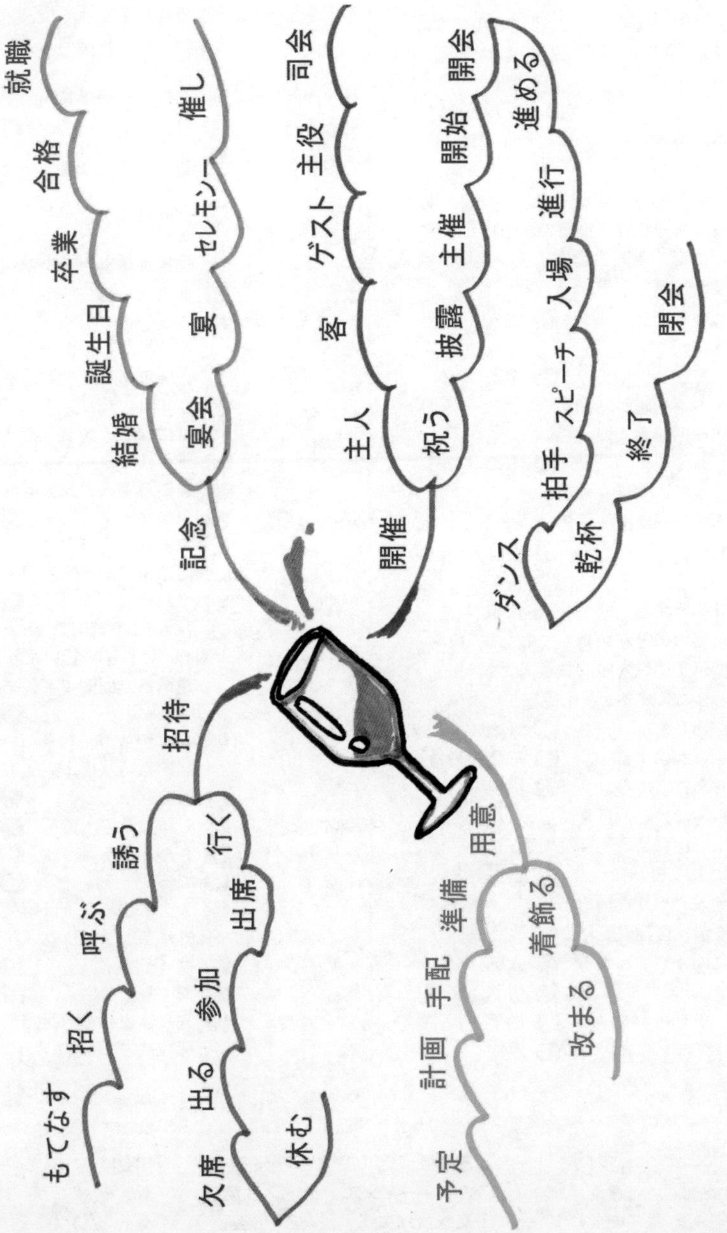

記念
結婚　誕生日　卒業　合格　就職
宴会　宴　セレモニー　催し

開催
主人　客　ゲスト　主役　司会
祝う　披露　主催　開始　開会

ダンス　拍手　スピーチ　入場　進行　進める
乾杯　終了　閉会

招待
もてなす　招く　呼ぶ　誘う
出る　参加　出席　行く
欠席　休む

用意
予定　計画　手配　準備
改まる　着飾る

单词

パーティー　释 聚会
記念　音 きねん　释 纪念
開催　音 かいさい　释 召开
用意　音 ようい　释 准备
招待　音 しょうたい　释 招待
結婚　音 けっこん　释 结婚
誕生日　音 たんじょうび　释 生日
卒業　音 そつぎょう　释 毕业
合格　音 ごうかく　释 合格
就職　音 しゅうしょく　释 就职
宴会　音 えんかい　释 宴会
セレモニー　释 仪式
例 セレモニースーツをレンタルで検討する。
考虑去租礼服。
催し　音 もよおし　释 聚会，活动
例 百貨店から、店舗·売場·商品·催しの最新情報を毎日更新でお届けします。
百货商店每天会提供店铺、卖场、商品、活动的最新信息。
主人　音 しゅじん　释 主人
客　音 きゃく　释 客人
ゲスト　释 客人
例 ゲストを暖かく迎える。
热情迎接客人。
主役　音 しゅやく　释 主角
例 人生初の主役を務める。
人生第一次担任主角。
司会　音 しかい　释 主持人
祝う　音 いわう　释 祝福
披露する　音 ひろうする　释 宣布
例 自慢ののどを披露しました。
展示了引以为傲的歌喉。
主催する　音 しゅさいする　释 主持人
開始する　音 かいしする　释 开始
開会する　音 かいかいする　释 开会，开幕
進行する　音 しんこうする　释 进行
例 虫歯は神経付近まで進行した。
虫牙已经长到了神经附近。
進める　音 すすめる　释 推进
例 地域づくりを進める。
推进社区建设工作。
入場する　音 にゅうじょうする　释 入场
スピーチする　释 讲话，演讲
拍手する　音 はくしゅする　释 拍手
ダンスする　释 跳舞

乾杯する　音 かんぱいする　释 干杯
例 大変僭越ではございますが、乾杯の音頭を取らせて頂きます。
那我就僭越带领大家一起喊干杯了。
終了する　音 しゅうりょうする　释 结束
例 これを以って終了させていただきます。
到此结束。
閉会する　音 へいかいする　释 闭会
準備する　音 じゅんびする　释 准备
手配する　音 てはいする　释 准备
例 海外ホテルは個人手配して行った方が断然安い。
自己预订海外宾馆会便宜很多。
計画する　音 けいかくする　释 计划
予定する　音 よていする　释 预定
着飾る　音 きかざる　释 盛装打扮
例 着飾ってもそんなだらし無い座り方してたら台無しだよ。
穿得再漂亮坐没坐相也是白搭。
改まる　音 あらたまる　释 改变；一本正经
例 フォーマルウェアは普段来ている平常服とは異なる改まった服装です。
正装就是和平时穿的不一样的正式服装。
誘う　音 さそう　释 邀请
例 気になる人を誘ったら、「また今度」と断られた。
邀请意中人，却被拒绝说：“下次吧。”
呼ぶ　音 よぶ　释 邀请
例 家に友達を呼んでもいいですか。
可以邀请朋友到家里来吗？
招く　音 まねく　释 邀请；招待
例 各方面の専門家の方々をお招きし、ゼミ形式の授業を行いました。
邀请各方面的专家，举办了研讨课。
もてなす　释 款待
例 日本からのお客さんを手厚くもてなす。
热情款待从日本来的客人。
行く　音 いく　释 去
出席する　音 しゅっせきする　释 出息
参加する　音 さんかする　释 参加
出る　音 でる　释 去
例 大会に出る以上は勝利を狙う。
既然参加了，那就以获胜为目标。
欠席する　音 けっせきする　释 缺席
休む　音 やすむ　释 休息，请假
例 先に休ませていただきます。
那我就先休息了。

补充单词

セレブ	豪门	**王子様　おうじさま**	王子	**出会い　であい**	相遇
巡り合う　めぐりあう	遇见	**パフォーマンス**	表演	**ショー**	秀
見合い　みあい	相亲	**話題　わだい**	话题	**シャンパン**	香槟

18. 搬家

18 搬家

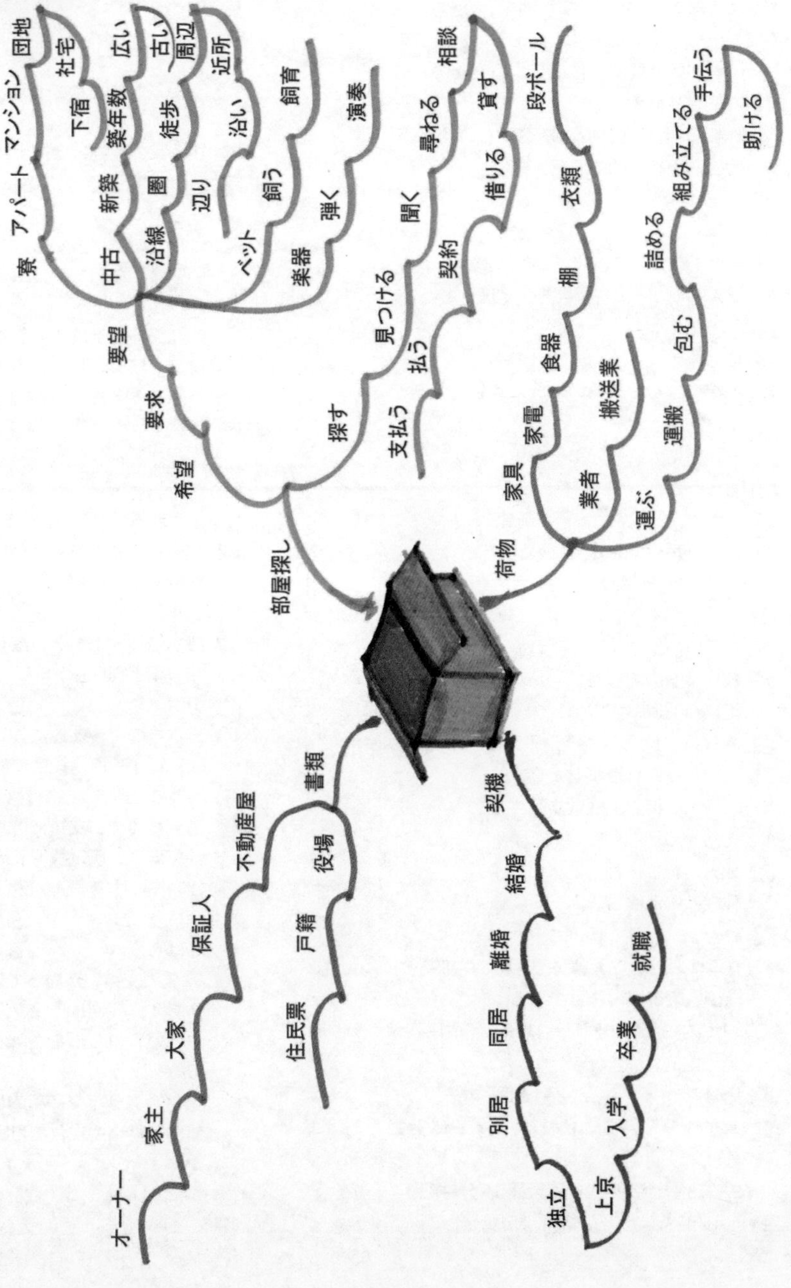

部屋探し
希望
要求
要望
寮
アパート
マンション
団地
社宅
下宿
中古
新築
築年数
広い
沿線
圏
徒歩
古い
周辺
辺り
沿い
近所
ペット
飼う
飼育
楽器
弾く
演奏
探す
見つける
聞く
尋ねる
相談
支払う
払う
契約
借りる
貸す

荷物
家具
家電
食器
棚
衣類
段ボール
業者
搬送業
運ぶ
運搬
包む
詰める
組み立てる
手伝う
助ける

書類
不動産屋
保証人
大家
家主
オーナー
役場
戸籍
住民票

契機
結婚
離婚
同居
別居
独立
上京
入学
卒業
就職

单词

引っ越し 音 ひっこし 释 搬家

部屋探し 音 へやさがし 释 找房子

荷物 音 にもつ 释 行李

契機 音 けいき 释 契机

書類 音 しょるい 释 文件

希望 音 きぼう 释 希望

要求 音 ようきゅう 释 要求

要望 音 ようぼう 释 要求，期望

例 あなたは自分の商品・サービスを売る際、「お客様の要望」に応えようと努力していませんか？

你在销售自己的商品或服务时，有没有努力去满足客户的需求呢？

寮 音 りょう 释 宿舍

アパート 释 公寓

マンション 释 高档公寓

団地 音 だんち 释 住宅区

社宅 音 しゃたく 释 公司宿舍

下宿 音 げしゅく 释 寄宿

例 下宿でみんな兄弟のように仲良く生活しています。

在寄宿地大家像兄弟一样和谐共处。

中古 音 ちゅうこ 释 二手

新築 音 しんちく 释 新建

例 新築一戸建てを建てたい。

想建一栋新的独户住宅。

築年数 音 ちくねんすう 释 建筑年份

広い 音 ひろい 释 宽

例 狭い道を広くした。

把狭窄的道路拓宽。

古い 音 ふるい 释 旧

例 古い町並みを散歩しよう。

去古老的街道上散散步。

沿線 音 えんせん 释 沿线

例 鉄道沿線に住む。

住在铁路沿线带。

圏 音 けん 圏

例 日本における三大都市圏とは、首都圏・中京圏・近畿圏の総称である。

日本的三大都市圈是首都圈、名古屋圈和近畿圈的总称。

徒歩 音 とほ 释 走路

例 車で3分というのは徒歩でほぼ15分だろう。

开车3分钟就是说走路大概15分钟吧。

周辺 音 しゅうへん 释 周边

近所 音 きんじょ 释 附近

沿い 音 ぞい 释 沿，顺

例 春になると川沿いに咲く桜がとてもきれいです。

一到春天，沿岸的樱花非常漂亮。

辺り 音 あたり 释 周边

ペット 释 宠物

飼う 音 かう 释 喂养

例 ペットを飼うと生活も変わる。

一旦养了宠物，生活就不一样了。

飼育する 音 しいくする 释 饲养

例 マンションでの飼育は、色々と不都合やトラブルが多い。

在公寓养宠物，会产生各种不便和纠纷。

楽器 音 がっき 释 乐器

弾く 音 ひく 释 弹奏

例 先日上の階の人から「マンションでピアノを弾くなんて非常識だ」とクレームを言われました。

前几天被楼上的人抱怨：“你在公寓弹琴可真不懂事。”

演奏する 音 えんそうする 释 演奏

探す 音 さがす 释 找

見つける 音 みつける 释 找到

聞く 音 きく 释 问

尋ねる 音 たずねる 释 询问；寻找

例 町中を尋ねたがみつからなかった。

在街上找了一圈也没找到。

相談する 音 そうだんする 释 商量

例 持ち帰って上司と相談します。

回去和上司商量。

貸す 音 かす 释 借出

例 忘れたので、友達に貸してもらった。

我忘记了，所以让朋友借给我了。

借りる 音 かりる 释 借入

例 忘れたので、友達に借りた。

我忘记了，所以找朋友借的。

契約する 音 けいやくする 释 签合约

払う 音 はらう 释 支付

支払う 音 しはらう 释 支付

例 家賃の支払いが滞っている借主から、とりあえず今回は敷金から家賃を支払いますという申し出をされることはたまにあるでしょう。

偶尔会遇到不交房租的租户说：“这次就暂时从押金中支付房租吧。”

家具 音 かぐ 释 家具

家電 音 かでん 释 家电

食器 音 しょっき 释 餐具

棚 音 たな 释 架子

衣類 音 いるい 释 衣服

段ボール 音 だん～ 释 纸箱

業者 音 ぎょうしゃ 释 从业人员

搬送業 音 はんそうぎょう 释 搬运公司

運ぶ 音 はこぶ 释 搬

例 荷物を部屋に運んでもらえますか。

能不能帮我把行李搬到房间?

運搬する 音 うんぱんする 释 搬运

包む 音 つつむ 释 包

例 物を風呂敷に包む。

用包袱布把东西包起来。

詰める 音 つめる 释 填，塞

例 段ボールに服をぎっしり詰め込んだ。

纸箱里塞满了衣服。

組み立てる 音 くみたてる 释 装配，组织

例 自作パソコンを組み立てるためのパーツがそろったら、いよいよ組み立て開始だ。

电脑的组装零件配齐后，就可以开始组装了。

手伝う 音 てつだう 释 帮忙

例 私にできることがあれば喜んでお手伝いします。

有我能做的，我一定帮忙。

助ける 音 たすける 释 帮助

例 溺れているところを助けてくれた。

在快要淹死的时候救了我。

結婚 音 けっこん 释 结婚

離婚 音 りこん 释 离婚

同居 音 どうきょ 释 同居

別居 音 べっきょ 释 分居

独立 音 どくりつ 释 独立

上京 音 じょうきょう 释 去东京

例 上京して就職することは、想像以上に大変なことです。

去东京就业比想象中要难。

入学 音 にゅうがく 释 入学

卒業 音 そつぎょう 释 毕业

就職 音 しゅうしょく 释 就职

不動産屋 音 ふどうさんや 释 房地产商

保証人 音 ほしょうにん 释 保证人

大家 音 おおや 释 房东

家主 音 やぬし 释 一家之主，户主

例 家主の都合で退去してもらう場合、6ヶ月前に通知しなければならない。

因为房东原因而要求退房时，房东须提前6个月通知。

オーナー 释 房东

役場 音 やくば 释 政府机关

戸籍 音 こせき 释 户籍

住民票 音 じゅうみんひょう 释 居民登记表

补充单词

ルームシェア	合租	**家賃 やちん**	房租	**敷金 しききん**	押金
保証金 ほしょうきん	保证金	**プライベート**	隐私		

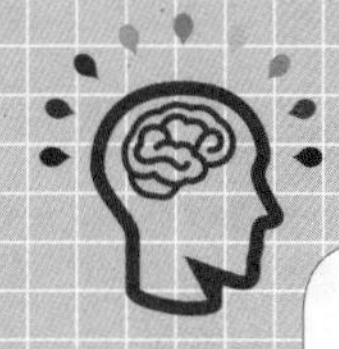

19. 梦想

19 梦想

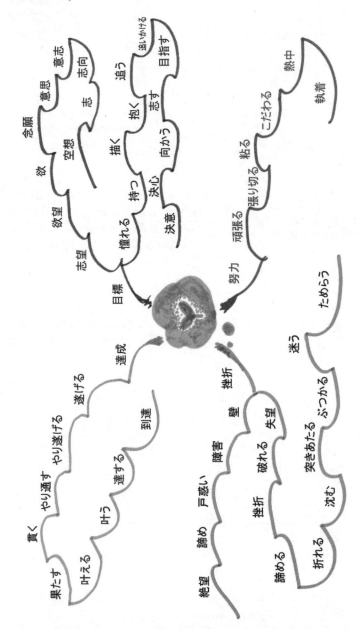

目標
志望
欲望
欲
念願
意思
意志
志向
志
空想
憧れる
持つ
描く
抱く
追う
追いかける
目指す
志す
向かう
決心
決意

努力
頑張る
張り切る
粘る
こだわる
熱中
執着

達成
遂げる
やり遂げる
やり通す
貫く
果たす
叶える
叶う
達する
到達

挫折
壁
障害
戸惑い
諦め
絶望
失望
破れる
挫折
諦める
折れる
沈む
突きあたる
ぶつかる
迷う
ためらう

单词

夢 音 ゆめ 释 梦想
例 夢を描く。
描绘梦想。

目標 音 もくひょう 释 目标

努力 音 どりょく 释 努力

挫折 音 ざせつ 释 挫折

達成 音 たっせい 释 达成
例 あまりの大きな挫折感のために、自殺をする人さえいます。
有的人甚至因为强烈的挫败感而自杀。

志望 音 しぼう 释 志愿

欲望 音 よくぼう 释 欲望

念願 音 ねんがん 释 心愿
例 長年の念願が叶った。
终于实现多年的夙愿。

意思 音 いし 释 意思，想法，打算
例 本人の意思を尊重する。
尊重本人的意志。

意志 音 いし 释 意志
例 意志あるところに道は開ける。
有志者事竟成。

志向 音 しこう 释 志向
例 節約志向の高まりは、物価の下押し要因にもなっているようだ。
节约意识的增强成为物价下降的重要因素。

空想 音 くうそう 释 空想

憧れる 音 あこがれる 释 憧憬，向往

持つ 音 もつ 释 带，持

描く 音 えがく 释 描绘

抱く 音 いだく 释 抱
例 自らの将来に夢やあこがれを抱き、志の実現に向けて努力する。
对自己的将来心怀梦想和憧憬，努力实现目标。

追う 音 おう 释 追
例 警察に追われて路地に逃げ込んだ。
被警察追着逃进了胡同。

追いかける 音 おいかける 释 追
例 おいかけてつれもどす。
追回来。

目指す 音 めざす 释 以……为目标
例 歌手を目指している。
立志成为歌手。

志す 音 こころざす 释 立志
例 作家を志して上京した。
立志成为画家来到东京。

向かう 音 むかう 释 朝着
例 目標に向かって進む。
朝着目标前进。

決心する 音 けっしんする 释 决心
例 二度と会うまいと決心した。
下决心不再见面。

決意する 音 けついする 释 决意
例 別れを決意した男を引き留める。
挽留打定主意分手的男人。

頑張る 音 がんばる 释 努力
例 負けるな、がんばれ!
别输了，加油!

張り切る 音 はりきる 释 绷紧，紧张
例 張り切った気分がゆるむ。
紧张的情绪缓和了下来。

粘る 音 ねばる
释 有粘性；有耐性，顽强到底
例 最後まで粘る。
坚持到最后。

こだわる 释 拘泥；讲究
例 ビールの銘柄にこだわる。
对啤酒品牌比较讲究。

熱中する 音 ねっちゅうする 释 热衷于
例 勉強に熱中して他は顧みない。
两耳不闻窗外事，一心只读圣贤书。

執着する 音 しゅうちゃくする 释 执着
例 相手にしつこく執着する。
纠缠对方。

壁 音 かべ 释 墙；障碍，隔阂
例 二人の間に壁ができた。
两人之间有了隔阂。

障害 音 しょうがい 释 障碍
例 障害を乗り越える。
克服障碍。

戸惑い 音 とまどい 释 困惑，不知所措
例 戸惑いこそが人生だよ。
人生就是这么迷惘。

諦め 音 あきらめ 释 放弃
例 物事にあまりこだわらず、諦めが早い。
不拖泥带水，干脆利落。

絶望 音 ぜつぼう 释 绝望

失望する 音 しつぼうする 释 失望

破れる 音 やぶれる 释 破；打破；决裂
例 夢が破れる。
梦想破灭。

挫折する 音 ざせつする 释 挫折

諦める 音 あきらめる 释 放弃
例 ぎりぎりまで諦めない。
不到黄河不死心。

折れる 音 おれる 释 折；断；屈服
例 もともと私は折れないタイプなので、相手が折れるまで喧嘩が続く。
我本就是不妥协的个性，吵架总是会吵到对方让步才罢休。

沈む 音 しずむ 释 下沉；消沉
例 悲しみに沈む。
深陷在悲伤之中。

突きあたる 音 つきあたる 释 撞；走到尽头
例 厚い壁に突き当たる。
遇到了重大困难。

ぶつかる 音 ぶつかる 释 撞
例 急いできた人にぶつかる。
撞到急匆匆走过来的人。

迷う 音 まよう 释 迷路，不知所措
例 判断に迷う。
不知如何判断。

ためらう 音 ためらう 释 犹豫
例 二つ返事とは、頼まれたことに対してためらうことなく承諾すること。
欣然同意就是指没有任何犹豫答应对方拜托的事。

遂げる 音 とげる 释 完成，达到
例 著しい発展を遂げる。
实现了显著的发展。

やり遂げる 音 やりとげる 释 做完，做到
例 言ったことはやり遂げる。
说到做到。

やり通す 音 やりとおす 释 做到最后
例 最後までやり通す。
坚持到最后。

貫く 音 つらぬく 释 贯彻，坚持
例 自分の生き方を一貫して貫く。
始终坚持自己的活法。

果たす 音 はたす 释 完成，实现
例 望みを果たす。
实现愿望。

叶える 音 かなえる 释 使实现
例 わたしの願いをかなえてください。
请满足我的愿望。

叶う 音 かなう 释 实现

達する 音 たっする 释 达成
例 ゴールに達する。
到达终点。

到達する 音 とうたつする 释 到达

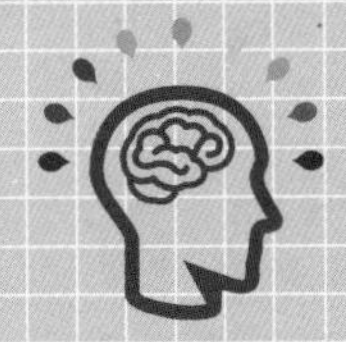

20. 烦恼

20 悩み

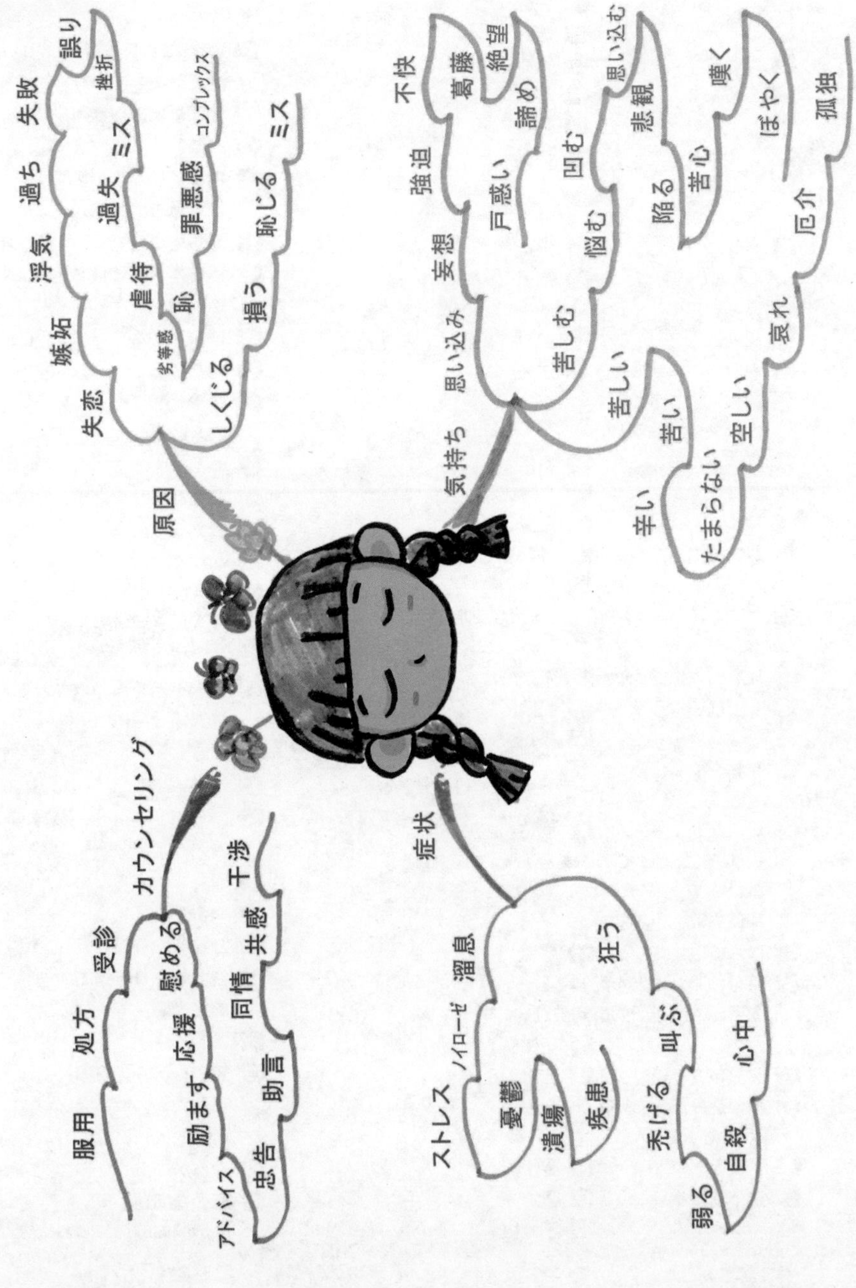

原因

失恋
嫉妬
浮気
過ち
失敗
誤り
挫折
ミス
過失
虐待
劣等感
恥
罪悪感
コンプレックス
しくじる
損う
恥じる
ミス

気持ち

思い込み
妄想
強迫
不快
葛藤
絶望
諦め
戸惑い
苦しむ
悩む
凹む
思い込む
悲観
陥る
苦心
嘆く
ぼやく
孤独
厄介
哀れ
空しい
苦しい
苦い
辛い
たまらない

症状

ストレス
ノイローゼ
溜息
狂う
憂鬱
潰瘍
疾患
叫ぶ
禿げる
心中
自殺
弱る

カウンセリング

服用
処方
受診
慰める
応援
励ます
干渉
共感
同情
助言
忠告
アドバイス

单词

悩み　音 なやみ　释 烦恼
原因　音 げんいん　释 原因
気持　音 きもち　释 心情
症状　音 しょうじょう　释 症状
カウンセリング　释 心理咨询，辅导
例 カウンセリングを受ける。
接受心理辅导。
失恋　音 しつれん　释 失恋
嫉妬　音 しっと　释 嫉妒
浮気　音 うわき　释 花心，出轨
過ち　音 あやまち　释 过错
失敗　音 しっぱい　释 失败
誤り　音 あやまり　释 错误
例 誤りを正す。
改正错误。
挫折　音 ざせつ　释 挫折
ミス　释 错误
例 ミスを犯す。
犯错。
過失　音 かしつ　释 过失
例 過失による事故。
由过失引发的事故。
虐待　音 ぎゃくたい　释 虐待
劣等感　音 れっとうかん　释 自卑感
恥　音 はじ　释 耻辱，羞耻
罪悪感　音 ざいあくかん　释 罪恶感
コンプレックス　释 自卑情结
例 コンプレックスを誰でも確実に克服できる方法。
让所有人都能克服自卑感的方法。
失敗する　音 しっぱいする　释 失败
しくじる　释 失败
例 試験をくじける。
考砸了。
損なう　音 そこなう　释 损害；错失
例 やりそこなっても、あきらめてはいけない。
即使失败，也不放弃。
恥じる　音 はじる　释 羞愧
例 自分のしたことを恥じる。
为自己的所作所为感到羞耻。
ミスする　释 犯错
思い込み　音 おもいこみ　释 自以为是
例 思い込みが激しい人。
太自以为是的人。
妄想　音 もうそう　释 妄想
強迫　音 きょうはく　释 强迫
不快　音 ふかい　释 不愉快

葛藤　音 かっとう　释 纠葛；矛盾
例 心の中に葛藤を生じる。
心里产生矛盾。
絶望　音 ぜつぼう　释 绝望
諦め　音 あきらめ　释 放弃
戸惑い　音 とまどい　释 不知所措
苦しむ　音 くるしむ　释 痛苦；苦于
悩む　音 なやむ　释 烦恼
例 迷ったり悩んだりした時は「占い」に頼ってみてもいい。
迷惘烦恼的时候可以依赖一下“占卜”。
凹む　音 へこむ　释 屈服；消沉
例 凹んでいる人を励ます。
鼓励意志消沉的人。
思い込む　音 おもいこむ　释 深信；下定决心
例 嘘を本当だと信じ込む。
信以为真。
悲観する　音 ひかんする　释 悲观
陥る　音 おちいる　释 陷入
例 膠着状態に陥っている。
陷入胶着状态。
苦心する　音 くしんする　释 煞费苦心
例 苦心して仕上げる。
费脑筋做出来。
嘆く　音 なげく　释 叹息；感叹
例 大人はよく「最近の若者ときたら」と嘆く。
大人总是感叹现在的年轻人如何如何。
ぼやく　释 嘟囔，牢骚
例 身の不遇をぼやいている。
抱怨怀才不遇。
苦しい　音 くるしい　释 痛苦
苦い　音 にがい　释 味道苦；痛苦
辛い　音 つらい　释 辛苦
たまらない　释 难以形容；受不了
例 痛くてつまらない。
痛得受不了。
空しい　音 むなしい　释 空虚；枉然
例 空しく月日を過ごす。
虚度光阴。
哀れ　音 あわれ
释 悲哀；可怜，凄惨；情趣
例 哀れな人。
可怜的人。
厄介　音 やっかい　释 麻烦
例 厄介な問題。
麻烦的问题。

孤独 音 こどく 释 孤独
溜息 音 ためいき 释 叹息
例 溜息をつく。
叹息。
ノイローゼ 释 神经过敏
ストレス 释 精神紧张
憂鬱 音 ゆううつ 释 忧郁
潰瘍 音 かいよう 释 溃疡
疾患 音 しっかん 释 疾病
狂う 音 くるう 释 发狂
例 あの人はちょっと調子が狂っている。
那个人有点精神失常。
叫ぶ 音 さけぶ 释 叫，嚷，吼
例 助けてくれと大声で叫ぶ。
大声呼喊救命。
禿げる 音 はげる 释 秃头
例 髪を染めるとハゲる、という話は聞いたことがある。
听说染发会导致秃头。
弱る 音 よわる 释 软弱；为难
例 体がだんだん弱っていく。
身体越来越弱。
自殺する 音 じさつする 释 自杀

心中する 音 しんじゅうする 释 一同自杀
例 子供と無理心中する親。
带着孩子一同自杀的父母。
受診する 音 じゅしんする 释 接受诊断
例 月に一回は受診して下さい。
请每个月来复诊一次。
処方する 音 しょほうする 释 开处方
服用する 音 ふくようする 释 服用
慰める 音 なぐさめる 释 安慰
例 彼女を慰めてあげてください。
你安慰安慰她吧。
応援する 音 おうえんする 释 支持
例 いつまでも応援しています。
永远支持你。
励ます 音 はげます 释 鼓励
例 落ち込んだとき、誰かに励ましてほしい。
消沉的时候，希望有人鼓励。
アドバイスする 释 建议
忠告する 音 ちゅうこくする 释 忠告
助言する 音 じょげんする 释 出主意
同情する 音 どうじょうする 释 同情
共感する 音 どうかんする 释 共感
干渉する 音 かんしょうする 释 干涉

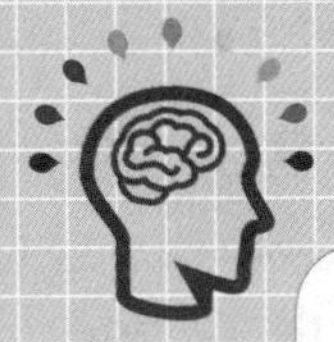

21. 学校

21.1 学校

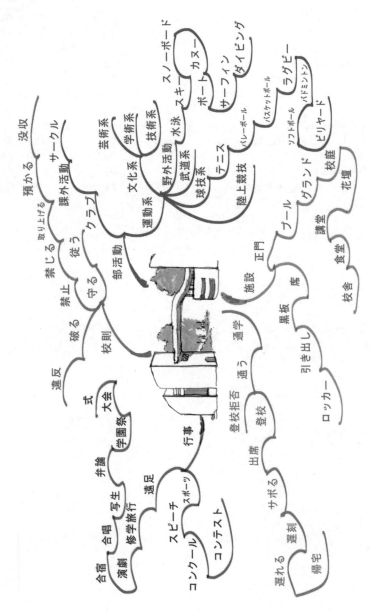

没収
預かる
取り上げる
禁じる
禁止
破る
違反
サークル
課外活動
従う
守る
校則
クラブ
部活動
芸術系
学術系
技術系
文化系
運動系
野外活動
水泳
スキー
スノーボード
カヌー
ボート
サーフィン
ダイビング
武道系
球技系
テニス
バレーボール
バスケットボール
ラグビー
バドミントン
ソフトボール
ビリヤード
陸上競技
施設
正門
プール
グランド
校庭
花壇
講堂
食堂
校舎
席
黒板
引き出し
ロッカー
通学
通う
登校拒否
登校
出席
サボる
遅刻
遅れる
帰宅
行事
式
大会
学園祭
弁論
写生
遠足
修学旅行
合唱
合宿
演劇
スピーチ
スポーツ
コンテスト
コンクール

单词

学校 音 がっこう 释 学校
施設 音 しせつ 释 设施
部活動 音 ぶかつどう 释 部活动
通学 音 つうがく 释 上学
行事 音 ぎょうじ 释 仪式，活动
校則 音 こうそく 释 校规
正門 音 せいもん 释 正门
プール 释 泳池
グランド 释 操场
校庭 音 こうてい 释 校园
花壇 音 かだん 释 花坛
講堂 音 こうどう 释 礼堂
食堂 音 しょくどう 释 食堂
校舎 音 こうしゃ 释 校舍
席 音 せき 释 座位
黒板 音 こくばん 释 黑板
引き出し 音 ひきだし 释 抽屉
ロッカー 释 储物柜
クラブ 释 俱乐部
課外活動 音 かがいかつどう 释 课外活动
サークル 释 兴趣组
例 学生会館はサークルの活動拠点のみならず、学生生活を総合的にサポートする施設です。
学生会馆不仅是兴趣组的据点，也是全面支持学生生活的设施。
運動系 音 うんどうけい 释 运动系
文化系 音 ぶんかけい 释 文化系
球技系 音 きゅうぎけい 释 球类系
武道系 音 ぶどうけい 释 武术系
野外活動 音 やがいかつどう 释 野外活动
陸上競技 音 りくじょうきょうぎ 释 田径竞技
芸術系 音 げいじゅつけい 释 艺术系
学術系 音 がくじゅつけい 释 学术系
技術系 音 ぎじゅつけい 释 技术系
テニス 释 网球
バレーボール 释 排球
バスケットボール 释 篮球
ラグビー 释 橄榄球
バドミントン 释 羽毛球
ソフトボール 释 垒球
ビリヤード 释 台球
水泳 音 すいえい 释 游泳
スキー 释 滑雪
スノーボード 释 滑雪板
カヌー 释 皮划艇
ボート 释 赛艇
サーフィン 释 冲浪
ダイビング 释 潜水
通う 音 かよう 释 上学
例 毎日電車で学校に通っている。
每天坐电车上学。
登校する 音 とうこうする 释 上学
登校拒否 音 とうこうきょひ 释 拒绝上学
例 子供が「登校拒否」になると、親や教師は戸惑ってしまいます。
孩子不上学，父母老师都束手无策了。
出席する 音 しゅっせきする 释 出席
サボる 释 逃课；旷工
例 何かの仕事に取り組んだとしても、すぐに飽きてサボってしまう。
无论做什么工作，很快就厌倦怠工了。
遅刻する 音 ちこくする 释 迟到
帰宅する 音 きたくする 释 回家
遅れる 音 おそれる 释 迟，晚
例 急がないと遅れるよ。
不抓紧就要晚了。
遠足 音 えんそく 释 郊游
修学旅行 音 しゅうがくりょこう 释 修学旅行
演劇 音 えんげき 释 戏剧
合宿 音 がっしゅく 释 集训
合唱 音 がっしょう 释 合唱
写生 音 しゃせい 释 写生
弁論 音 べんろん 释 辩论
学園祭 音 がくえんさい 释 学园文化节
大会 音 たいかい 释 大会
式 音 しき 释 式
スポーツ 释 体育
スピーチ 释 演讲
コンクール 释 比赛；会演
コンテスト 释 比赛
禁止する 音 きんしする 释 禁止
禁じる 音 きんじる 释 禁止
例 未成年の飲酒は日本の法律で禁じられている。
日本法律禁止未成年人饮酒。

取り上げる 音 とりあげる 释 举起；提出；没收
例 制服の胸ポケットに入れていたIPODが落ちてしまって、先生に取り上げられてしまいました。
装在制服胸口口袋的IPOD掉出来，被老师没收了。

預かる 音 あずかる 释 保管
例 先生、これを預かってください。
老师，请帮我保管一下。

没収する 音 ぼっしゅうする 释 没收

守る 音 まもる 释 遵守
例 これらは空港で没収される可能性がある。
这些可能会在机场被没收。

従う 音 したがう 释 遵从；跟随

破る 音 やぶる 释 打破
例 約束を破る。
爽约。

違反する 音 いはんする 释 违反
例 交通違反した覚えはなかったのに、警察官と争うのが面倒だったので、切符にサインして帰った。
我没记得违反了交通规则，但是懒得跟警察争执，就在罚款单上签字回家了。

补充单词

始末書　しまつしょ	检讨书	**反省　はんせい**	反省	**優等生　ゆうとうせい**	优等生
劣等生　れっとうせい	差生	**時間割　じかんわり**	课程表	**カンニング**	作弊
志望　しぼう	志愿	**落第　らくだい**	留级		

21.2 授業

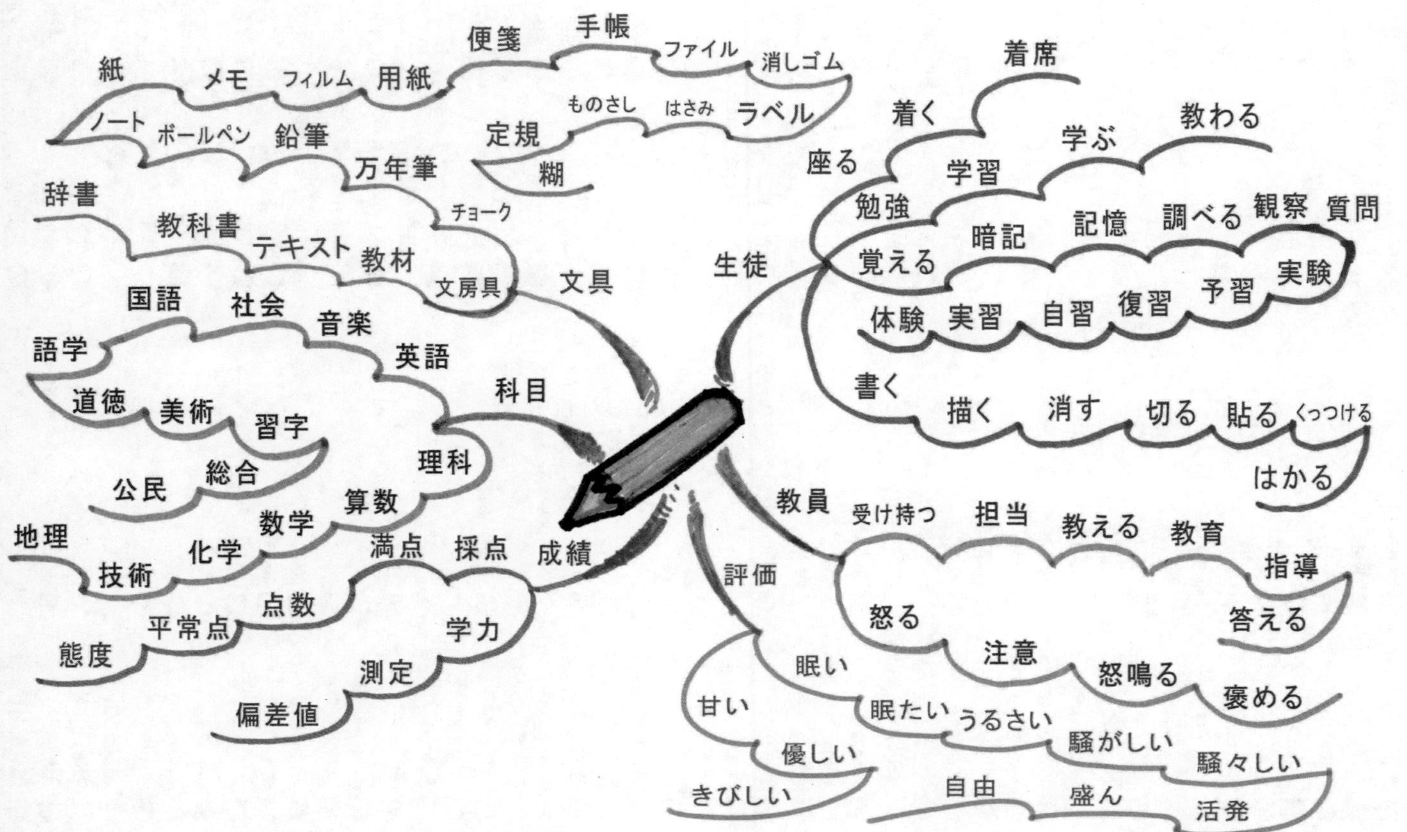
生徒
勉強
覚える
座る
着く
着席
学習
学ぶ
教わる
暗記
記憶
調べる
観察
質問
実験
予習
復習
自習
実習
体験
書く
描く
消す
切る
貼る
くっつける
はかる
教員
受け持つ
担当
教える
教育
指導
答える
怒る
注意
怒鳴る
褒める
評価
甘い
眠い
眠たい
うるさい
騒がしい
騒々しい
優しい
きびしい
自由
盛ん
活発
成績
採点
学力
満点
測定
点数
偏差値
平常点
態度
科目
理科
英語
算数
数学
化学
技術
地理
音楽
社会
国語
語学
道徳
美術
習字
総合
公民
文具
文房具
教材
テキスト
教科書
辞書
チョーク
万年筆
鉛筆
ボールペン
ノート
紙
メモ
フィルム
用紙
便箋
手帳
ファイル
消しゴム
ラベル
はさみ
ものさし
定規
糊

单词

授業 音 授業 释 上课
生徒 音 せいと 释 学生
教員 音 きょういん 释 教职人员
試験 音 しけん 释 考试
評価 音 ひょうか 释 评价
科目 音 かもく 释 科目
文具 音 ぶんぐ 释 文具
座る 音 すわる 释 坐
例 授業中はちゃんと座りなさい。
上课时请坐好。
着く 音 つく 释 到
例 早く席について、授業を始めるよ。
快点坐到座位上，开始上课了。
着席する 音 ちゃくせきする 释 就座
勉強する 音 べんきょうする 释 学习
学習する 音 がくしゅうする 释 学习
学ぶ 音 まなぶ 释 学习
例 バイオリンを学ぶ。
学小提琴。
教わる 音 おそわる 释 跟着老师学
例 この先生に教わって良かった。
跟着这个老师学太好了。
覚える 音 おぼえる 释 记
例 覚えきれない。
记不完。
暗記する 音 あんきする 释 熟记
例 全部暗記すれば、上達する。
全部背熟了，就会有进步。
記憶する 音 きおくする 释 记忆
例 あの事故のことはよく記憶している。
那次事故历历在目。
調べる 音 しらべる 释 调查，检查
例 辞書で調べる。
查字典。
観察する 音 かんさつする 释 观察
実験する 音 じっけんする 释 实验
予習する 音 よしゅうする 释 预习
復習する 音 ふくしゅうする 释 复习
自習する 音 じしゅうする 释 自习
実習する 音 じっしゅうする 释 实习
体験する 音 たいけんする 释 体验
質問する 音 しつもんする 释 提问
書く 音 かく 释 写
例 卒業論文を書く。
写毕业论文。
描く 音 えがく 释 画
例 理想像を心に描く。
在心里描绘理想。

消す 音 けす 释 擦掉
例 消しゴムで誤っている部分を消す。
用橡皮擦掉错误的地方。
切る 音 きる 释 切
例 はさみで切る。
用剪刀剪。
貼る 音 はる 释 贴
例 封筒に切手を貼りつける。
在信封上贴上邮票。
くっつける 释 粘在一起；靠近
例 のりでくっつける。
用胶水粘。
はかる 释 测量
例 はかりではかる。
用称称。
受け持つ 音 うけもつ 释 担任，掌管
例 三年生の英語の授業を受け持つ。
担任三年级的英语课。
担当する 音 たんとうする 释 担任
例 営業を担当するものです。
这是负责营业的人。
教える 音 おしえる 释 教；告诉
例 教えられたとおりにする。
按（老师）教的去做。
教育する 音 きょういくする 释 教育
指導する 音 しどうする 释 指导
答える 音 こたえる 释 回答
怒る 音 おこる 释 生气
注意する 音 ちゅういする 释 提醒
怒鳴る 音 どなる 释 发怒
褒める 音 ほめる 释 表扬
例 よくできたとほめられた。
被表扬做得好。
採点する 音 さいてんする 释 打分
例 百点満点で答案を採点する。
按满分百分制给试卷打分。
満点 音 まんてん 释 满分
点数 音 てんすう 释 分数
平常点 音 へいじょうてん 释 平时成绩
例 平常点とはどのようにしてつけられるのですか。
平时成绩是怎么打分的？
態度 音 たいど 释 态度
成績 音 せいせき 释 成绩
学力 音 がくりょく 释 学习能力
測定 音 そくてい 释 测定

偏差値 音 へんさち 释 偏差值

眠い 音 ねむい 释 困

例 もちろん寝る方も悪いとは思いますが、先生たちも眠くなるような退屈な授業をするのも悪いです。

睡觉的那一方当然是不对，但是老师上课上得太无聊，让人想睡觉也不对。

眠たい 音 ねむたい 释 想睡觉

例 講義中どうしても眠たくなります。

课堂上总是想睡觉。

うるさい 释 吵

例 子供にうるさいといわれた。

被孩子埋怨太啰唆。

騒がしい 音 さわがしい 释 吵闹

例 騒がしい物音で眠れない。

声响太大睡不着。

騒騒しい 音 そうぞうしい 释 喧嚣

例 騒々しくて勉強にならない。

太吵了，没办法学习。

活発 音 かっぱつ 释 活泼

例 授業は活発な参加が求められる。

课堂要求学生积极参与。

盛ん 音 さかん 释 繁盛；旺盛

例 盛んなディスカッションによって視野を広げる。

通过广泛的讨论来拓宽视野。

自由 音 じゆう 释 自由

甘い 音 あまい 释 甜；宽容

例 学生に甘いからいうことを聞かない。

你对学生太宽容，所以学生都不听你的。

優しい 音 やさしい 释 温柔

厳しい 音 きびしい 释 严厉

例 厳しい先生は、実は深い優しさがある。

严厉的老师其实内心深处很温柔。

英語 音 えいご 释 英语

音楽 音 おんがく 释 音乐

社会 音 しゃかい 释 社会

国語 音 こくご 释 语文

語学 音 ごがく 释 外语

道徳 音 どうとく 释 道德

美術 音 びじゅつ 释 美术

習字 音 しゅうじ 释 习字

総合 音 そうごう 释 综合

公民 音 こくみん 释 公民

理科 音 りか 释 理科

算数 音 さんすう 释 算数

数学 音 すうがく 释 数学

化学 音 かがく 释 化学

技術 音 ぎじゅつ 释 技术

地理 音 ちり 释 地理

文房具 音 ぶんぼうぐ 释 文具

教材 音 きょうざい 释 教材

テキスト 释 教科书

教科書 音 きょうかしょ 释 教科书

チョーク 释 粉笔

万年筆 音 まんねんひつ 释 钢笔

鉛筆 音 えんぴつ 释 铅笔

ボールペン 释 圆珠笔

ノート 释 笔记本

紙 音 かみ 释 纸

メモ 释 笔记

フィルム 释 薄膜

例 フィルムシート。

文件夹。

用紙 音 ようし 释 纸张

便箋 音 びんせん 释 便签

手帳 音 てちょう 释 笔记本

ファイル 释 文件袋

消しゴム 音 けしごむ 释 橡皮擦

ラベル 释 标签

はさみ 释 剪刀

ものさし 释 尺子

定規 音 じょうぎ 释 规尺

例 人をみなひとつの定規にあてようとするな。

不要用一个标准去衡量所有人。

糊 音 のり 释 浆糊

21.3 試験

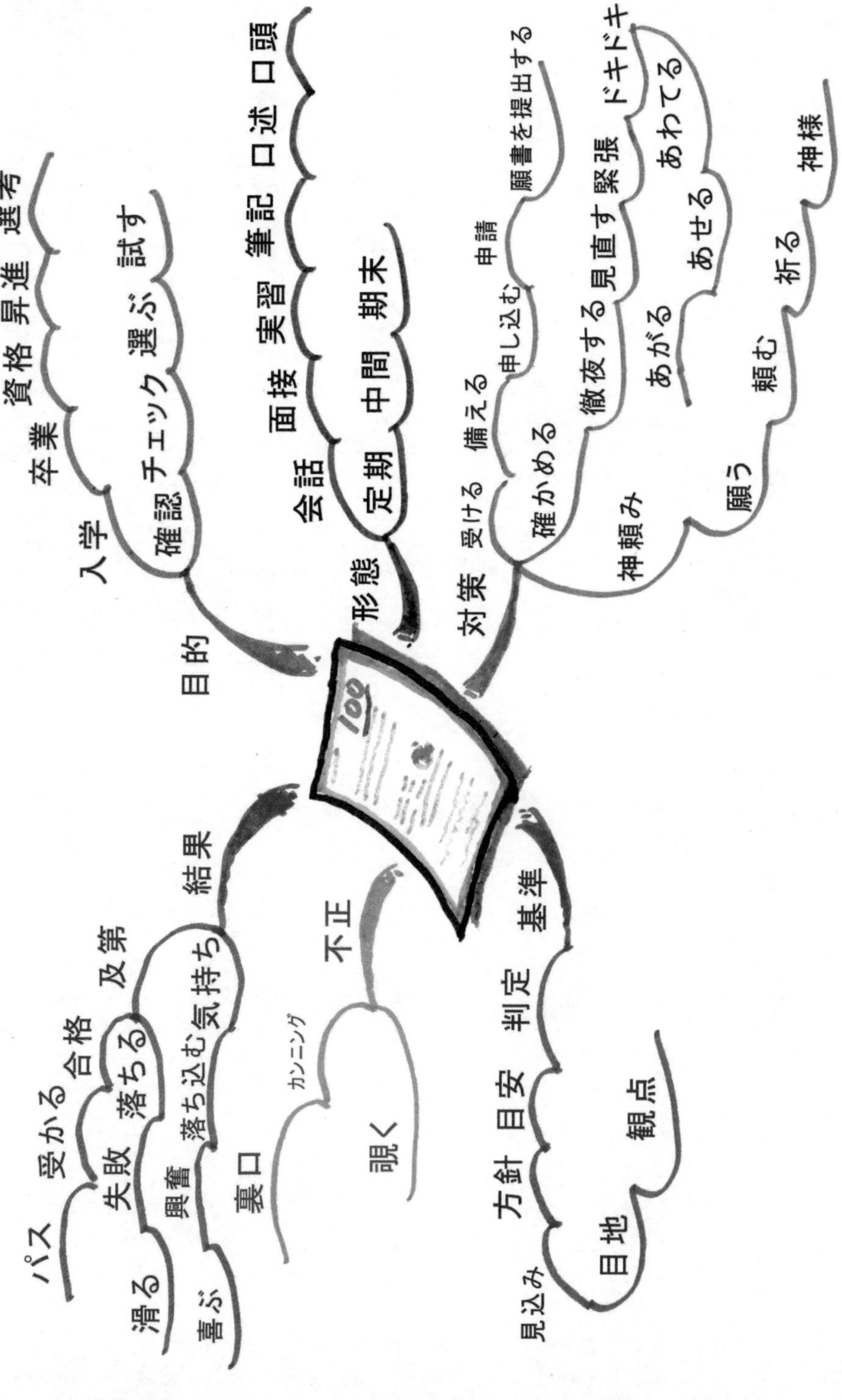

目的
入学 卒業 資格 昇進 選考
確認 チェック 選ぶ 試す

形態
会話 面接 実習 筆記 口述 口頭
定期 中間 期末

対策
受ける 備える 申し込む 申請 願書を提出する
確かめる 徹夜する 見直す 緊張 ドキドキ
神頼み あがる あせる あわてる
願う 頼む 祈る 神様

結果
及第 合格 受かる パス
落ちる 失敗 滑る
気持ち 落ち込む 興奮 喜ぶ
裏口

不正
カンニング 覗く

基準
判定 目安 方針 見込み
観点 目地

单词

試験 音 しけん 释 考试

目的 音 もくてき 释 目的

形態 音 けいたい 释 形式，形态

対策 音 たいさく 释 对策

基準 音 きじゅん 释 标准，基准

不正 音 ふせい 释 不正当

例 今回の試験で、12人がカンニングなどの不正行為を行い、この10年で最多となった。

这次考试12人有作弊等不正当的行为，是十年来最多的一次。

結果 音 けっか 释 结果

入学 音 にゅうがく 释 入学

卒業 音 そつぎょう 释 毕业

資格 音 しかく 释 资格

昇進 音 しょうしん 释 晋升

選考 音 せんこう 释 选拔

確認する 音 かくにん 释 确认

チェックする 释 确认

選ぶ 音 えらぶ 释 选择

例 ペーパーテストで人材を選ぶ。

通过笔试选拔人才。

試す 音 ためす 释 试验

例 異なる分野の知識力を試す。

测试不同领域的知识能力。

会話 音 かいわ 释 会话

面接 音 めんせつ 释 面试

実習 音 じっしゅう 释 实习

筆記 音 ひっき 释 笔记

口述 音 こうじゅつ 释 口述

口頭 音 こうとう 释 口头

定期 音 ていき 释 定期

中間 音 ちゅうかん 释 期中

期末 音 きまつ 释 期末

備える 音 そなえる 释 准备，防备

例 彼は入学試験に備えて一生懸命勉強している。

他正在努力学习，备考入学考试。

申し込む 音 もうしこむ 释 申请

申請する 音 しんせい**する** 释 申请

願書 音 がんしょ 释 申请书

例 受験する可能性のある学校の分の願書は、片っ端からご準備ください。

把所有能报考学校的入学志愿书全都准备好。

提出する 音 ていしゅつする 释 提交

例 願書を提出し忘れた。

忘了提交志愿书。

受ける 音 うける 释 接受

例 試験を受ける。

接受考试。

確かめる 音 たしかめる 释 确认

例 安全性に問題のないことを確かめる。

确认安全性没有问题。

徹夜する 音 てつやする 释 熬夜

例 徹夜してまで仕事を終わらせようとしない。

不要熬夜工作。

見直す 音 みなおす 释 重新审视

例 苦しい時こそ自分を見直してみる良い機会。

痛苦的时候正是重新审视自己的好机会。

緊張する 音 きんちょうする 释 紧张

どきどきする 释 紧张

慌てる 音 あわてる 释 慌张

例 慌てないで、落ち着いて。

别着急，冷静点。

焦る 音 あせる 释 焦虑

例 焦って失敗する。

因为急躁而失败。

あがる 释 怯场

例 試験前にめがってしまう。

考前紧张。

神頼み 音 かみだのみ 释 拜佛

例 苦しいときの神頼み。

临时抱佛脚。

願う 音 ねがう 释 祈愿

例 あなたが試験に合格することを願います。

祝愿你考试合格。

頼む 音 たのむ 释 拜托

例 頼むから、合格してくれ。

拜托了，让我合格吧。

祈る 音 いのる 释 祈祷

例 合格お祈りしています。

祈求合格。

神様 音 かみさま 释 神

判定 音 はんてい 释 判定

目安 音 めやす 释 目标，标识

例 目安を立てる。

立目标。

方針 音 ほうしん 释 方针

見込み 音 みこみ 释 希望；预估
例 卒業見込み証明書。
预计毕业证明。

見地 音 けんち 释 见解
例 この見地から見れば、これは最適なやり方かもしれない。
从这个观点看，这或许是最好的做法。

観点 音 かんてん 释 观点

カンニング 释 作弊

裏口 音 うらぐち 释 后门

覗く 音 のぞく 释 偷窥
例 隣の席のテストを横目で覗く。
斜着眼偷看旁边人的试卷。

及第 音 きゅうだい 释 合格；考上

合格する 音 ごうかする 释 合格

受かる 音 うかる 释 考上
例 国立大受かったら入学祝い 20 万あげるから好きに使いなさい。
考上国立大学就给你 20 万红包，随便你怎么用。

パスする 释 通过

落ちる 音 おちる 释 没考上
例 受験の時に「落ちる、滑る、転ぶ」と言うと、本当に落ちるのでしょうか。
考前说“落、滑、滚”这些词，真的会考不上吗？

失敗する 音 しっぱいする 释 失败

滑る 音 すべる 释 没考上

落ち込む 音 おちこむ 释 失落

興奮する 音 こうふんする 释 兴奋
例 興奮して口もきけない。
激动得话都说不出来了。

喜ぶ 音 よろこぶ 释 高兴

21.4 大学

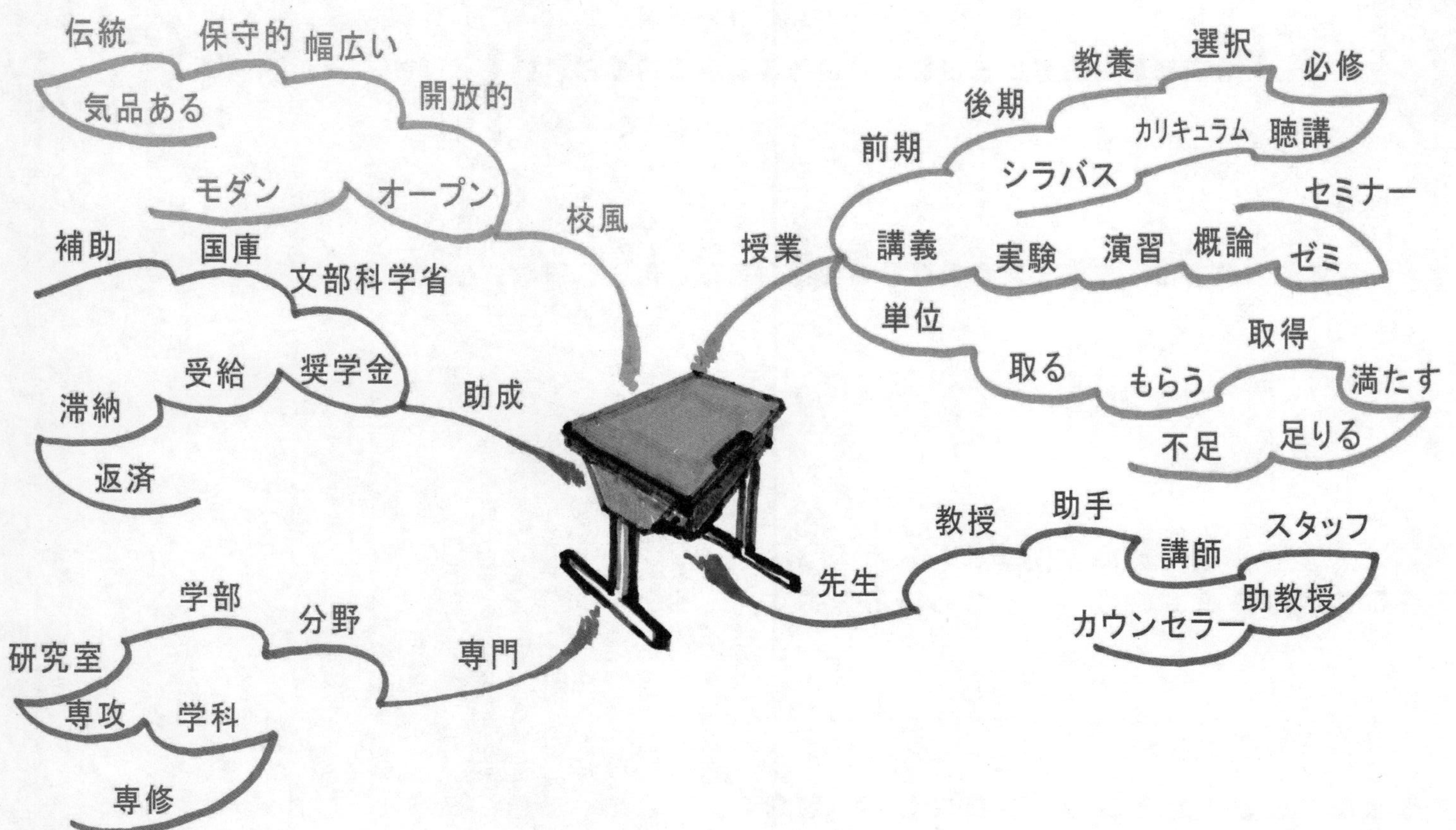
伝統
保守的
幅広い
気品ある
開放的
モダン
オープン
校風
補助
国庫
文部科学省
受給
奨学金
滞納
返済
助成
学部
分野
研究室
専門
専攻
学科
専修
授業
前期
後期
教養
選択
必修
カリキュラム
聴講
シラバス
セミナー
講義
実験
演習
概論
ゼミ
単位
取得
取る
もらう
満たす
不足
足りる
先生
教授
助手
講師
スタッフ
助教授
カウンセラー

单词

大学　音 だいがく　释 大学
授業　音 じゅぎょう　释 上课
先生　音 せんせい　释 老师
専門　音 せんもん　释 专业
助成　音 じょせい　释 扶助
校風　音 こうふう　释 校风
前期　音 ぜんき　释 上学期
後期　音 こうき　释 下学期
教養　音 きょうよう　释 文化素质修养
選択　音 せんたく　释 选修课
必修　音 ひっしゅう　释 必修课
聴講　音 ちょうこう　释 旁听
カリキュラム　释 教学大纲
シラバス　释 教学计划
講義　音 こうぎ　释 讲课
実験　音 じっけん　释 实验
演習　音 えんしゅう　释 研讨会
概論　音 がいろん　释 概论
ゼミ　释 研究讨论课
セミナー　释 研究讨论课
単位　音 たんい　释 学分
取る　音 とる　释 获取
例 卒業に必要なだけの単位をとる。
获得毕业所需学分。
もらう　释 拿到
例 必修科目出席ゼロで単位をもらっているんですよ。
必修科目出勤率为零，但还是拿到了学分。
取得する　音 しゅとくする　释 取得
例 単位を取得しやすい大学に入学したい。
想进一所容易拿到学分的大学。
満たす　音 みたす　释 满足
例 卒業の条件を満たす。
满足毕业的条件。

足りる　音 たりる　释 足够
例 本当に学費は500万で足りるのか不安になってきました。
学费真的只要500万就够了吗？我心里有点没底。
不足する　音 ふそくする　释 不足
例 あと2点なのに卒業単位が足りません。
毕业学分不够，就差2个学分。
教授　音 きょうじゅ　释 教授
助手　音 じょしゅ　释 助手
講師　音 こうし　释 讲师
スタッフ　释 工作人员
助教授　音 じょきょうじゅ　释 副教授
カウンセラー　释 辅导员
分野　音 ぶんや　释 领域
学部　音 がくぶ　释 系部
研究室　音 けんきゅうしつ　释 研究室
専攻　音 せんこう　释 专业
学科　音 がっか　释 学科
専修　音 せんしゅう　释 专攻
文部科学省　音 もんぶかがくしょう　释 文部科学省
国庫　音 こっこ　释 国库
補助　音 ほじょ　释 补助
奨学金　音 しょうがくきん　释 奖学金
受給　音 じゅきゅう　释 领取
滞納　音 たいのう　释 滞纳，拖欠
返済　音 へんさい　释 偿还
開放的　音 かいほうてき　释 开放的
幅広い　音 はばひろい　释 广泛
保守的　音 ほしゅてき　释 保守的
伝統　音 でんとう　释 传统
気品ある　音 きひん　释 有品格
例 気品あるお嬢様たちが集う学院。
这所学院全是端庄大方的大小姐。
オープン　释 开放
モダン　释 摩登，现代

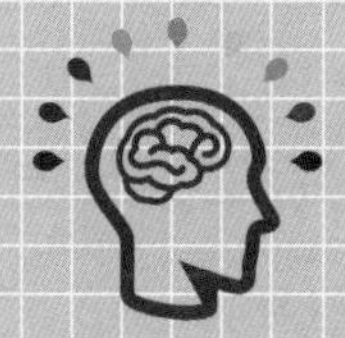

22. 兴趣

22 趣味

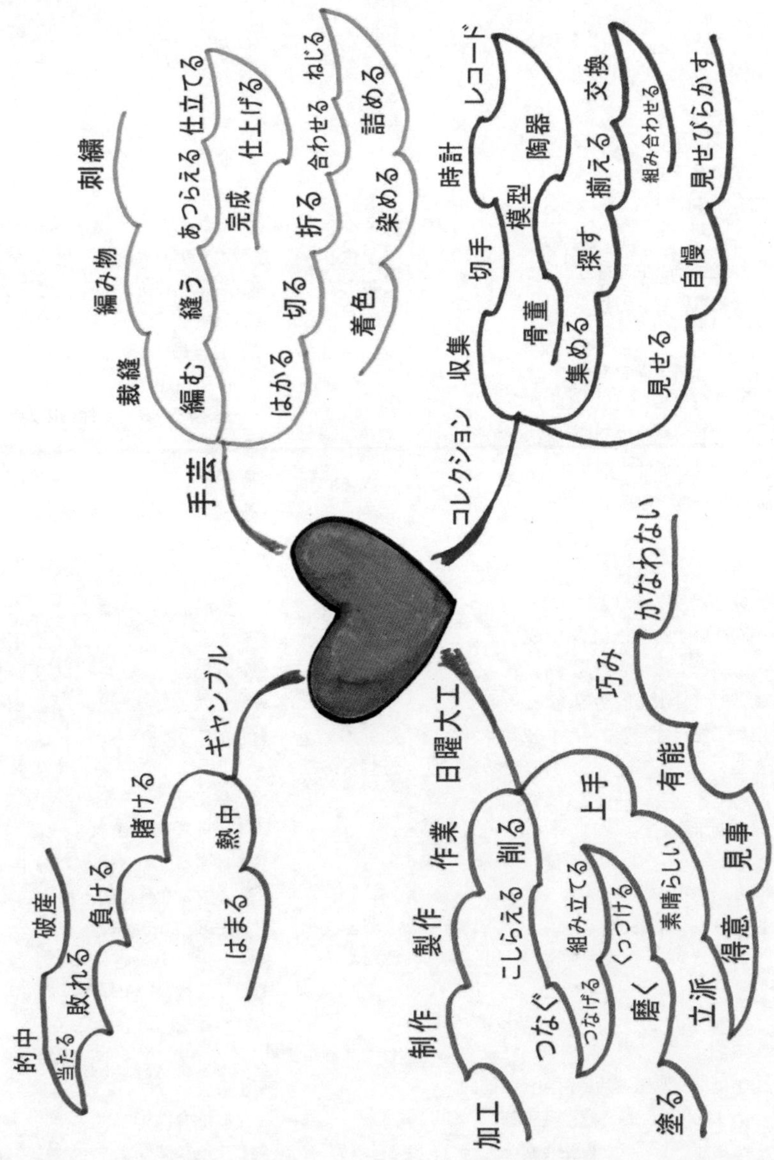

手芸
裁縫　編み物　刺繍
編む　縫う　あつらえる　仕立てる
完成　仕上げる
はかる　切る　折る　合わせる　ねじる
着色　染める　詰める

コレクション
収集　切手　時計　レコード
骨董　模型　陶器
集める　探す　揃える　交換
組み合わせる
見せる　自慢　見せびらかす

ギャンブル
賭ける　熱中　はまる
負ける　破産
敗れる
的中　当たる

日曜大工
作業　製作　制作　加工
削る　こしらえる　つなぐ
組み立てる　くっつける　つなげる
磨く　塗る
上手　素晴らしい　立派
有能　見事　得意
巧み　かなわない

单词

趣味　音 しゅみ　释 爱好
手芸　音 しゅげい　释 手工
コレクション　释 收集
日曜大工　音 にちようだいく　释 木工 DIY
例 日曜大工初心者に参考となりそうな作品を紹介します。
为木工 DIY 的初学者介绍一些可供参考的作品。
ギャンブル　释 赌博
裁縫　音 さいほう　释 裁缝
編み物　音 あみもの　释 编织
刺繍　音 ししゅう　释 刺绣
編む　音 あむ　释 编，织
例 毛糸で帽子を編む。
用毛线织帽子。
縫う　音 ぬう　释 缝
例 ミシンでニットを縫う。
用缝纫机缝制针织衫。
あつらえる　释 订做
例 オーダースーツをあつらえる。
订制西服。
仕立てる　音 したてる　释 缝纫，制作
例 着心地のいい注文服を仕立てる。
制作舒适的定制服装。
仕上げる　音 しあげる　释 完成
例 工事を仕上げる。
完成工程。
完成する　音 かんせいする　释 完成
はかる　释 测，量
例 物差しで寸法をはかる。
用尺子量尺寸。
切る　音 きる　释 剪，切
例 2 メートルほど切ってください。
请剪两米左右。
折る　音 おる　释 折
例 折り紙を折る。
折折纸。
合わせる　音 あわせる　释 合在一起
ねじる　释 扭，拧
例 髪の毛を指でクルクルとねじってゴムで留める。
用手指把头发扭卷后，再用橡皮筋固定。
詰める　音 つめる　释 填，塞
染める　音 そめる　释 染色
例 黒く染める。
染黑。

着色する　音 ちゃくしょくする　释 上色
例 着色してしまった歯を白くキレイに したい。
想把黄牙变白变亮。
収集　音 しゅうしゅう　释 收集
切手　音 きって　释 邮票
時計　音 とけい　释 手表
レコード　释 唱片
陶器　音 とうき　释 陶瓷
模型　音 もけい　释 模型
骨董　音 こっとう　释 古董
集める　音 あつめる　释 收集
例 データを集めて検討する。
收集数据进行研讨。
探す　音 さがす　释 寻找
備える　音 そなえる　释 预备，准备
交換する　音 こうかんする　释 交换
収集する　音 しゅうしゅうする　释 收集
見せる　音 みせる　释 给……看
例 自慢のコレクションを見せてもらえませんか。
能不能给我看看你引以为豪的收藏。
自慢する　音 じまんする　释 骄傲，自豪
見せびらかす　音 みせびらかす　释 炫耀，卖弄
例 やけにブログやインスタで左手の薬指の指輪を見せびらかしていた。
她经常在博客和 INSTAGRAM 炫耀左手无名指上的戒指。
作業　音 さぎょう　释 工作，操作
製作　音 せいさく　释 制造
制作　音 せいさく　释 创作
加工　音 かこう　释 加工
こしらえる　释 做；筹款
例 孫にマフラーをこしらえてやる。
给孙子织围巾。
削る　音 けずる　释 削
例 カツオを薄く削る。
把鲣鱼片削薄。
つなぐ　释 系，栓，接起来
例 手をつないで帰ろう。
牵着手回家吧。
つなげる　释 系，栓，接起来
例 心をつなげる。
心连心。
組み立てる　音 くみたてる　释 组装
例 組み立て式のクローゼットを組み立てる。
把组装式衣柜拼起来。

くっつける　释 凑到一起

例 6人いたので、テーブルを2つくっつけました。

有6个人，就拼了两桌。

磨く　音 みがく　释 磨，刷

例 磨いて光沢を出す。

打磨出光泽。

塗る　音 ぬる　释 涂

例 パンにバターを塗って食べる。

把黄油涂在面包上吃。

上手　音 じょうず　释 好，擅长

素晴らしい　音 すばらしい　释 极好，优秀

立派　音 りっぱ　释 优秀，出色，漂亮

得意　音 とくい　释 得意；擅长

見事　音 みごと　释 精彩，巧妙

例 見事に成功した。

干得漂亮。

有能　音 ゆうのう　释 能干

巧み　音 たくみ　释 精巧

例 言葉巧みにだます人を詐欺師という。

将用花言巧语骗人的人叫作“诈欺师”。

かなわない　释 比不过；受不了

例 語学力では彼にとうしてもかなわない。

在语言学习能力方面怎么也比不过他。

賭ける　音 かける　释 赌

例 マージャンに金を賭ける。

打麻将赌钱。

負ける　音 まける　释 输

例 8対11で彼に負けた。

8比11输给了他。

敗れる　音 やぶれる　释 败

例 戦に敗れる。

输了。

当たる　音 あたる　释 中

例 もし1等2億円が当ったら、皆さんは一体どんなことにお金を使う予定なのでしょうか。

要是中了1等奖两亿日元，大家打算拿去做什么呢?

的中する　音 てきちゅうする　释 击中；猜中

例 予言が的中し怖すぎる。

预言成真真是太恐怖了。

破産する　音 はさんする　释 破产

例 破産したら、分割払いの商品と住宅ローンはどうなるの?

如果破产了，分期购买的商品和房贷会怎样?

熱中する　音 ねっちゅうする　释 热衷于

はまる　释 沉迷于

例 テレビショッピングにはまっている。

沉迷于电视购物。

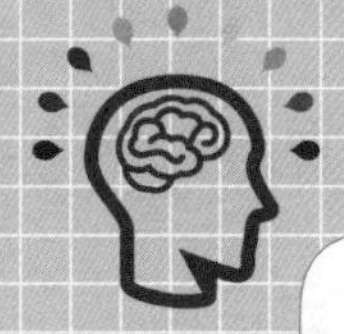

23. 芸術

23.1 音樂

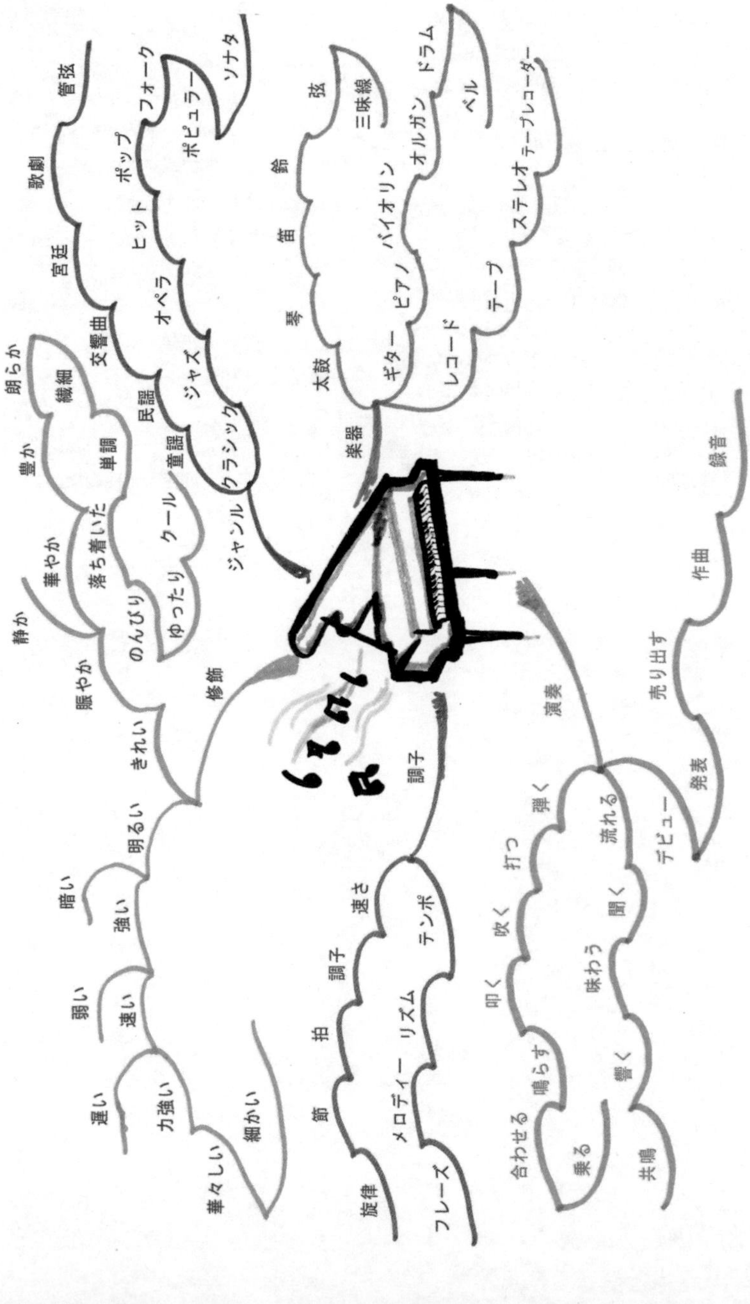

修飾：静か、華やか、落ち着いた、単調、豊か、繊細、朗らか、のんびり、ゆったり、クール、賑やか、きれい、明るい、暗い、強い、弱い、速い、遅い、力強い、華々しい、細かい

ジャンル：クラシック、童謡、民謡、交響曲、宮廷、歌劇、管弦、ジャズ、オペラ、ヒット、ポップ、フォーク、ポピュラー、ソナタ

楽器：太鼓、琴、笛、鈴、弦、三味線、ギター、ピアノ、バイオリン、オルガン、ドラム、ベル、レコード、テープ、ステレオ、テープレコーダー

調子：速さ、テンポ、調子、拍、リズム、節、メロディー、旋律、フレーズ

演奏：弾く、打つ、吹く、叩く、鳴らす、合わせる、乗る、流れる、聞く、味わう、響く、共鳴

録音：作曲、売り出す、発表、デビュー

单词

音楽 音 おんがく 释 音乐
ジャンル 释 流派
楽器 音 がっき 释 乐器
演奏 音 えんそう 释 演奏
調子 音 ちょうし 释 音调
修飾 音 しゅうしょく 释 修饰
童謡 音 どうよう 释 童谣
民謡 音 みんよう 释 民谣
交響曲 音 こうきょうきょく 释 交响曲
宮廷 音 きゅうてい 释 宫廷
歌劇 音 かげき 释 歌剧
管弦 音 かんげん 释 管弦
クラシック 释 古典
ジャズ 释 爵士
オペラ 释 歌剧
ヒット 释 最热门
ポップ 释 流行
フォーク 释 民谣
ポピュラー 释 大众，流行
ソナタ 释 奏鸣曲
太鼓 音 たいこ 释 太鼓
琴 音 こと 释 琴
笛 音 ふえ 释 笛
鈴 音 すず 释 铃
弦 音 げん 释 弦
三味線 音 しゃみせん 释 三味线
ギター 释 吉他
ピアノ 释 钢琴
バイオリン 释 小提琴
オルガン 释 风琴
ドラム 释 鼓
ベル 释 铃
レコード 释 唱片
テープ 释 磁带
ステレオ 释 立体音响
テープレコーダー 释 录音机
弾く 音 ひく 释 弹
例 これさえ読めば、ギターで曲が弾けるようになる。
只要能读懂这个，就能学会弹吉他。
打つ 音 うつ 释 打
例 打楽器とは、打つ、こする、振るなどして音を出す楽器の総称です。
打击乐器就是通过打、擦、击等能发出声响的乐器总称。
吹く 音 ふく 释 吹
例 口笛を吹く。
吹口哨。

叩く 音 たたく 释 敲，拍
例 幸せなら手を叩こう。
如果觉得幸福你就拍拍手。
鳴らす 音 ならす 释 奏响
例 町は今眠りの中、あの鐘を鳴らすのはあなた。（和田アキ子）
整个城市还在沉睡，敲响钟声的人是你。（和田秋子）
合わせる 音 あわせる 释 和，配
例 音楽に合わせて踊る。
配着音乐起舞。
乗る 音 のる 释 乘，附，和
例 流れる音楽のリズムに乗って歩く。
踩着音乐的节奏前进。
流れる 音 ながれる 释 流淌
例 ラジオから流れてくるこの音楽は誰がうたってるの?
收音机里播放的音乐是谁唱的?
聞く（聴く） 音 きく 释 听
例 音楽を聞きながら勉強する。
边听音乐边学习。
味わう 音 あじわう 释 鉴赏，品味
例 ベートーヴェンの名曲を味わう。
欣赏贝多芬的名曲。
響く 音 ひびく 释 回响
例 心に響く泣ける曲を紹介します。
介绍打动人心的歌曲。
共鳴する 音 きょうめいする 释 共鸣
例 心が共鳴し合える関係だから崩れない。
我们心有灵犀，关系不会被破坏。
デビューする 释 出道
例 デビューして1年経ちました。
出道已1年。
発表する 音 はっぴょうする 释 发表
例 紅白歌合戦出場歌手の曲目を発表する。
发布红白歌战出场歌手的曲目。
売り出す 音 うりだす 释 上市；出名
例 音楽マーケットが縮小するなかで、新人アーティストを大々的に売り出すのは至難の業。
音乐市场在缩小，新人要想大卖难于上青天。
作曲する 音 さきょくする 释 作曲
録音する 音 ろくおんする 释 录音机
速さ 音 はやさ 释 速度
拍 音 はく 释 拍
節 音 せつ；ふし 释 调子
旋律 音 せんりつ 释 旋律
テンポ 释 速度

リズム 释 节奏
メロディー 释 旋律
フレーズ 释 小段
明るい 音 あかるい 释 明亮
例 ノリがよくアップテンポかつ明るい歌を学園祭で使いたい。
想在学园祭上用一首朗朗上口又明快的歌。
暗い 音 くらい 释 阴暗
例 落ち込んだ時に聴くと暗い気分にどっぷり浸れそうな曲。
在心情低落的时候听这首曲子很容易沉浸在阴郁的气氛里无法自拔。
強い 音 つよい 释 强
例 強い選手は相手のリズムを崩す。
强劲的对手会打乱对方的节奏。
弱い 音 よわい 释 弱
例 リズム感が弱い。
节奏感不强。
速い 音 はやい 释 快
例 テンポが遅かったり速かったりで飽きがこないんです。
速度时快时慢让人不会觉得沉闷单调。
遅い 音 おそい 释 慢
力強い 音 ちからづよい 释 有力
例 力強い指揮でオーケストラを率いた。
实力强硬的指挥率领交响乐团。
華々しい 音 はなばなしい 释 华丽
例 まさに主役二人の登場する華々しいシーンです！
这就是两位主角华丽登场的场景！
細かい 音 こまかい 释 细腻
例 細かい声の使い分けが魅力的な名曲です。
这首名曲在处理细腻声音时很到位，非常有魅力。
きれい 释 漂亮
賑やか 音 にぎやか 释 热闹
例 結婚式で人気が高い曲は賑やかな曲調だったり、華やかな曲調だったりするのでしょう。
结婚典礼上人气很高的歌曲大概都是那些又热闹又华丽的曲调吧。
静か 音 しずか 释 安静
華やか 音 はなやか 释 华丽
例 華やかな舞台を演出した。
营造出华丽的舞台。
豊か 音 ゆたか 释 丰富
例 このアルバムはバラエティ豊かなラブソング集です。
这张唱片是具有丰富娱乐性的情歌集。
朗らか 音 ほがらか 释 开朗；嘹亮
例 明るい曲調で、みなさん朗らかな顔になります。
伴着明快的曲调，大家的表情都很生动。
繊細 音 せんさい 释 纤细
例 哀愁おびる繊細な声が、胸を刺す。
带有哀愁的纤细声音，打动了人心。
単調 音 たんちょう 释 单调
落ち着いた 音 おちついた 释 平稳
例 落ち着いたメロディーの曲は、リラックスしながら運転するのにピッタリです。
旋律平稳的歌曲适合边放松边开车的时候听。
のんびり 释 悠闲
例 時間に追われることなく、のんびり、ゆったりとしたイベントを目指している。
不用赶时间，活动追求的是悠闲、舒适。
ゆったり 释 舒适
クール 释 冷静，沉着

补充单词

五線譜	**ごせんふ**	五线谱	**エゴ**	利己主义	**バラード**	抒情歌
交響楽	**こうきょうがく**	交响乐	**スタンバイ**	做好准备	**ハーモニー**	和声

23.2 映画

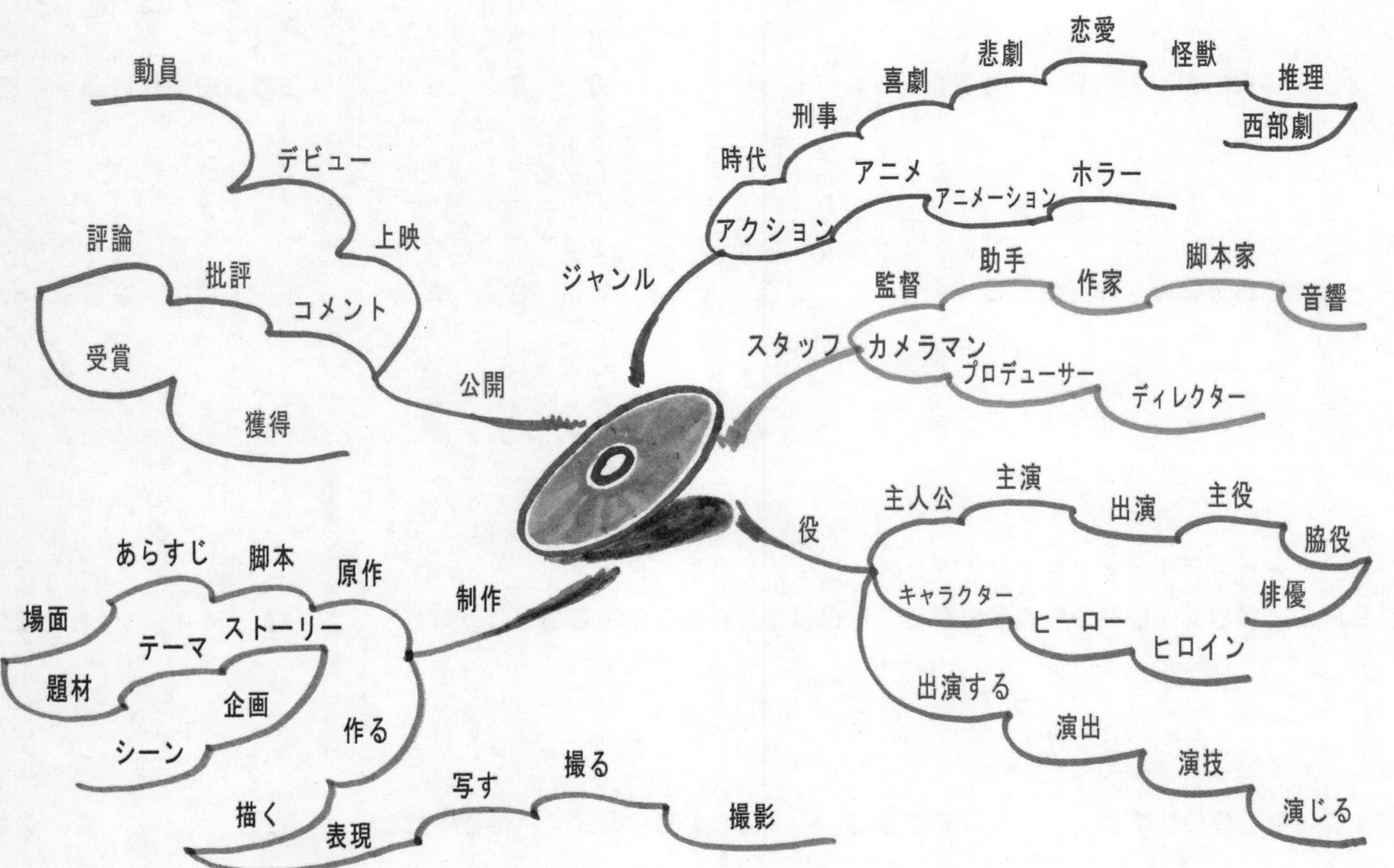
ジャンル
アクション
時代
刑事
喜劇
悲劇
恋愛
怪獣
推理
西部劇
アニメ
アニメーション
ホラー
スタッフ
監督
カメラマン
助手
プロデューサー
作家
ディレクター
脚本家
音響
役
主人公
主演
出演
主役
脇役
俳優
キャラクター
ヒーロー
ヒロイン
出演する
演出
演技
演じる
制作
原作
脚本
あらすじ
場面
ストーリー
テーマ
題材
企画
シーン
作る
表現
描く
写す
撮る
撮影
公開
上映
デビュー
動員
コメント
批評
評論
受賞
獲得

单词

映画 音 えいが 释 电影
ジャンル 释 流派
スタッフ 释 工作人员
役 音 やく 释 角色
制作 音 せいさく 释 制作
公開 音 こうかい 释 公演
時代 音 じだい 释 时代
刑事 音 けいじ 释 刑事
喜劇 音 きげき 释 喜剧
悲劇 音 ひげき 释 悲剧
恋愛 音 れんあい 释 恋爱
怪獣 音 かいじゅう 释 怪兽
推理 音 すいり 释 推理
西部劇 音 せいぶげき 释 西部剧
アクション 释 动作
アニメ 释 动漫
アニメーション 释 动漫
ホラー 释 恐怖
監督 音 かんとく 释 导演
助手 音 じょしゅ 释 助手
作家 音 さっか 释 作家
脚本家 音 きゃくほんか 释 剧本家
音響 音 おんきょう 释 音响
カメラマン 释 摄像
プロデューサー 释 制作人
ディレクター 释 导演
主人公 音 しゅじんこう 释 主人公
主演 音 しゅえん 释 主演
出演 音 しゅつえん 释 出演
主役 音 しゅやく 释 主角
脇役 音 わきやく 释 配角
俳優 音 はいゆう 释 演员
キャラクター 释 人物，角色
ヒーロー 释 男主
ヒロイン 释 女主
主演する 音 しゅえんする 释 主演
例 彼女が出演している映画は全部見ています。
看过她出演的所有电影。
演出する 音 えんしゅつする 释 营造；编导
例 ホームパーティーで、弾む会話や和やかな雰囲気を演出する。
在家庭聚会中营造出大家能愉快聊天的和谐气氛。
演技する 音 えんぎする 释 演
例 人は意識的または無意識的に、誰かと接するときに少しぐらいの演技をしてしまいますよね。
不管有意无意，人在和别人接触时都会多少带有表演的成分。
演じる 音 えんじる 释 演
例 薬物中毒患者を演じてアカデミー賞ゲット。
饰演一名吸毒者而获得了奥斯卡奖。
原作 音 げんさく 释 原作
脚本 音 きゃくほん 释 剧本家

あらすじ 释 故事大纲
場面 音 ばめん 释 场面
題材 音 だいざい 释 题材
テーマ 释 主题
ストーリー 释 故事大纲
企画 音 きかく 释 策划
シーン 释 场景
作る 音 つくる 释 制作
描く 音 えがく 释 描绘
表現する 音 ひょうげんする 释 表现
写す 音 うつす 释 拍摄
例 写真を写す。
拍照。
撮る 音 とる 释 拍摄
撮影する 音 さつえいする 释 摄影
例 スカイツリーを撮影している人を撮影した。
拍那些在拍天空树的人。
上映する 音 じょうえいする 释 上映
デビューする 释 出道
動員する 音 どういんする 释 发动，调动
例 海外における動員数で70万人以上、興行収入で6億円を突破した。
海外观众人数达到70多万人，上映收入突破6亿日元。
コメントする 释 评论
例 映画レビューに投稿したコメントが削除されました。
给电影评论投稿的评论被删除了。
批評する 音 ひひょうする 释 评论
例 批評する価値がない。
没有评价的价值。
評論する 音 ひょうろんする 释 评论
例 新人の小説を評論する。
评论新人的小说。
受賞する 音 じゅしょうする 释 获奖
例 カヌー映画祭で出演女優賞を受賞した。
获得戛纳电影节最佳女演员奖。
獲得する 音 かくとくする 释 获得
例 観客の投票で最多の票を獲得し、チャンピオンに輝いた。
在观众投票环节获得最多票数，登上冠军的荣耀宝座。
出演料 音 しゅつえんりょう 释 出场费
ギャラ 释 出场费
公開本数 音 こうかいほんすう 释 上映数量
配給 音 はいきゅう 释 配额
興行収入 音 こうぎょうしゅうにゅう 释 上映收入
邦画 音 ほうが 释 日本电影
洋画 音 ようが 释 外国电影
入場者数 音 にゅうじょうしゃすう 释 入场人数
リリース 释 上映

23.3 写真

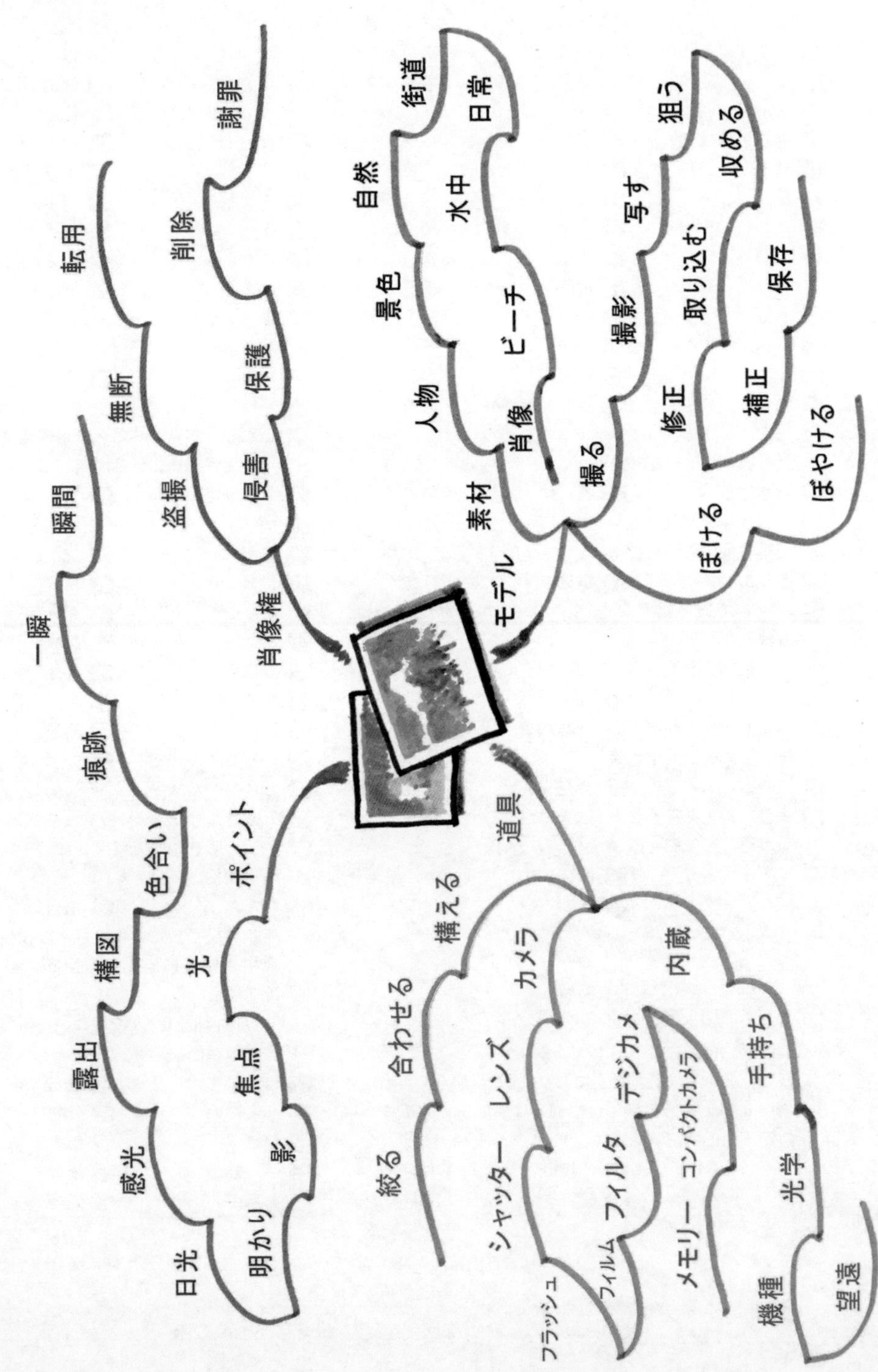
肖像権
侵害
保護
謝罪
削除
盗撮
無断
転用
一瞬
瞬間
痕跡
色合い
構図
露出
感光
日光
明かり
影
焦点
光
ポイント
道具
構える
合わせる
絞る
カメラ
レンズ
シャッター
フラッシュ
フィルム
フィルタ
デジカメ
コンパクトカメラ
メモリー
内蔵
手持ち
光学
機種
望遠
モデル
素材
人物
景色
自然
街道
日常
水中
ビーチ
肖像
撮る
撮影
写す
狙う
収める
取り込む
修正
補正
保存
ぼける
ぼやける

单词

写真 音 しゃしん 释 照片
モデル 释 模特
道具 音 どうぐ 释 道具
ポイント 释 重点
肖像権 音 しょうぞうけん 释 肖像权
素材 音 そざい 释 素材
人物 音 じんぶつ 释 人物
景色 音 けしき 释 景色
自然 音 しぜん 释 自然
街道 音 かいどう 释 街道
日常 音 にちじょう 释 日常
水中 音 すいちゅう 释 水里
ビーチ 释 海滩
撮る 音 とる 释 拍摄
撮影する 音 さつえいする 释 拍摄
写す 音 うつす 释 拍摄
狙う 音 ねらう 释 瞄准；等待机会
例 決定的瞬間を狙ってシャッターを切ろう。
瞄准决定性的一刻按下快门。
収める 音 おさめる 释 收；纳
例 事故現場を写真に収める。
把事故现场用照片拍下来。
取り込む 音 とりこむ 释 拿进来
例 スマホで撮った写真をパソコンに取り込む。
把手机拍的照片导入到电脑。
修正する 音 しゅうせい 释 修正
例 修正しすぎて逆に笑えてしまう。
修正得太过反而惹人笑。
補正する 音 ほせい 释 补充改正
例 細かい補正を行うことができます。
可以进行细微的补改。
保存する 音 ほぞんする 释 保存
ぼける 释 模糊
例 ピントがぼける。
没对焦。
ぼやける 释 模糊
例 iPhone のカメラで写真撮影をすると、写真がぼやけていたり、ピントが上手く合っていない症状が、たまにあります。
老用 iphone 拍照，偶尔会出现照片模糊、焦距不对的情况。
カメラ 释 照相机
レンズ 释 镜头

シャッター 释 快门
フラッシュ 释 闪光
フィルム 释 胶卷
フィルタ 释 滤镜
デジカメ 释 数码相机
コンパクトカメラ 释 便携相机
メモリー 释 记忆卡
内蔵 音 ないぞう 释 内置
手持ち 音 てもち 释 手拿
光学 音 こうがく 释 光学
機種 音 きしゅ 释 机型
望遠 音 ぼうえん 释 望远；长焦
構える 音 かまえる 释 摆姿势
例 構えて撮ることから解放する。
从摆拍中解放出来。
合わせる 音 あわせる 释 合，配
絞る 音 しぼる 释 拧；集中，缩小
例 虫眼鏡で焦点を絞ると紙が燃えます。
用放大镜对焦，纸会燃烧。
焦点 音 しょうてん 释 焦点
影 音 かげ 释 阴影
明かり 音 あかり 释 光线
日光 音 にっこう 释 日光
感光 音 かんこう 释 感光
露出 音 ろしゅつ 释 曝光
構図 音 こうず 释 构图
色合い 音 いろあい 释 色彩配合
痕跡 音 こんせき 释 痕迹
一瞬 音 いっしゅん 释 一瞬
瞬間 音 しゅんかん 释 瞬间
盗撮 音 とうさつ 释 偷拍
例 一瞬の隙をついて盗撮した。
伺机偷拍。
無断 音 むだん 释 擅自
例 無断で撮影した人物の写真の投稿は、肖像権の侵害に当たり、訴訟に発展する可能性もある。
刊登擅自拍摄的人物写真，有可能会因侵害肖像权而被起诉。
転用 音 てんよう 释 转载
侵害 音 しんがい 释 侵害
保護 音 ほご 释 保护
削除 音 さくじょ 释 删除
謝罪 音 しゃざい 释 谢罪

23.4 茶道

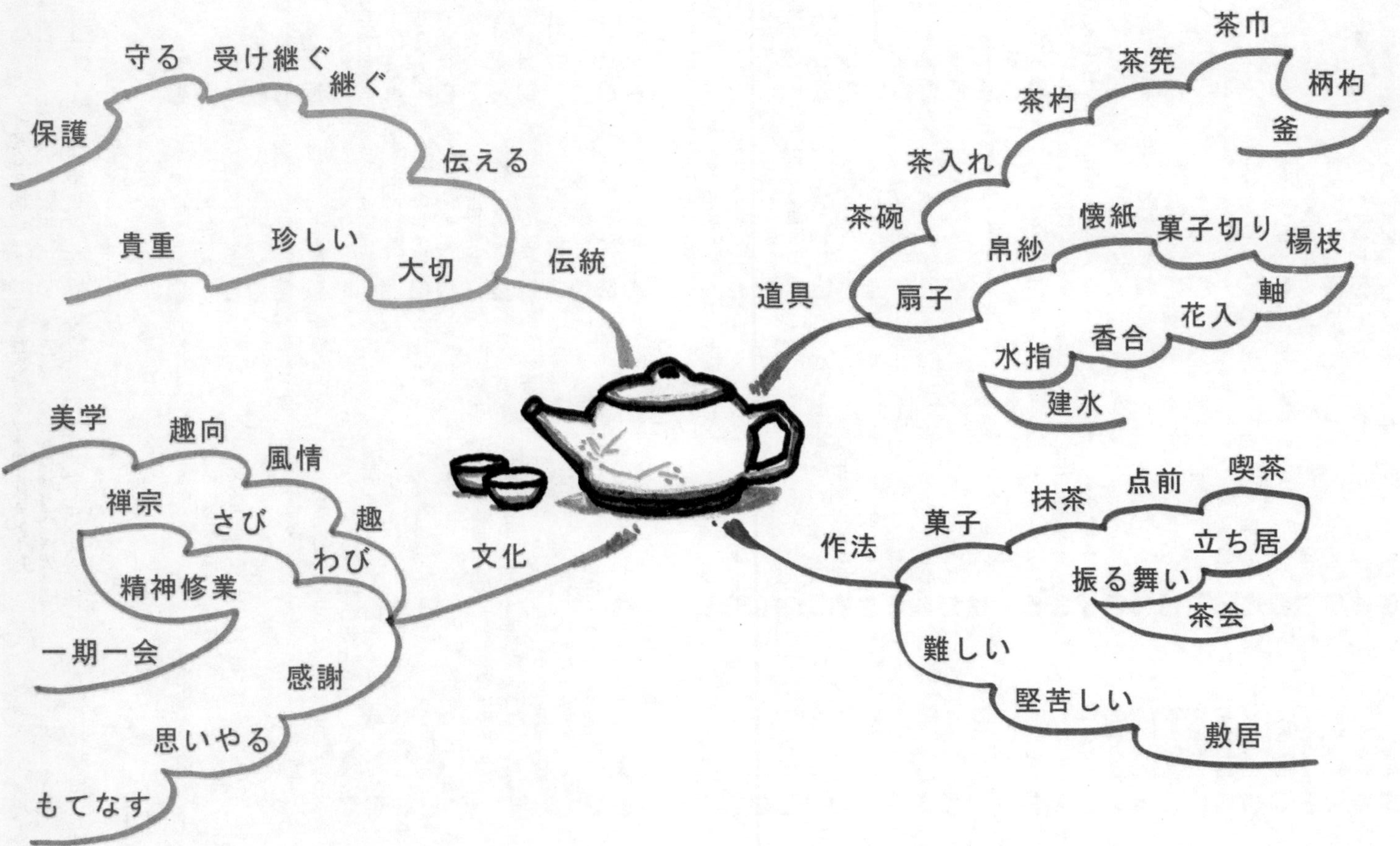
伝統
保護
守る
受け継ぐ
継ぐ
伝える
貴重
珍しい
大切
文化
美学
趣向
風情
趣
禅宗
さび
わび
精神修業
一期一会
感謝
思いやる
もてなす
道具
茶巾
茶筅
柄杓
茶杓
釜
茶入れ
茶碗
懐紙
菓子切り
楊枝
帛紗
扇子
軸
花入
香合
水指
建水
作法
菓子
抹茶
点前
喫茶
立ち居
振る舞い
茶会
難しい
堅苦しい
敷居

单词

茶道 音 さどう 释 茶道
道具 音 どうぐ 释 道具
作法 音 さほう 释 作法
文化 音 ぶんか 释 文化
伝統 音 でんとう 释 传统
茶碗 音 ちゃわん 释 茶碗
茶入れ 音 ちゃいれ 释 茶叶筒
茶杓 音 ちゃしゃく 释 小茶勺
茶筅 音 ちゃせん 释 圆筒竹刷
茶巾 音 ちゃきん 释 擦茶具的抹布
柄杓 音 ひしゃく 释 长把舀子
釜 音 かま 释 锅
扇子 音 せんす 释 扇子
帛紗 音 ふくさ 释 接茶碗的小绸巾
懐紙 音 かいし 释 分食点心的用纸
菓子切り 音 かしきり 释 分点心的工具，木片
楊枝 音 ようじ 释 牙签
軸 音 じく 释 画轴
花入 音 はないれ 释 花瓶
香合 音 こうごう 释 香盒
水指 音 みずさし 释 装水容器
建水 音 けんすい 释 倒洗茶碗水的容器
抹茶 音 まっちゃ 释 抹茶
点前 音 てまえ；たてまえ 释 点茶的方式
喫茶 音 きっさ 释 喝茶
立ち居 音 たちい 释 举止动作
例 立ち居に気を配ってください。
请注意你的言行举止。
振る舞い 音 ふるまい 释 举止动作
例 お茶の点て方から立ち座りの振る舞いまで、茶道の知識を修得することで、日頃の暮らしの中でも意識が変わってくる。
从茶的点法到起立坐下的举止动作，通过学习这些茶道知识，日常生活的意识也会发生变化。
茶会 音 ちゃかい 释 茶会
難しい 音 むずかしい 释 难
堅苦しい 音 かたくるしい 释 严格，死板，拘谨
例 茶道といえば、「難しい」、「堅苦しい」、「正座が辛い」などのように、かなり固定的なイメージで捉えている方が多いのではないでしょうか。
一说起茶道，很多人都会有一些先入为主的观念，比如“很难”“拘谨死板”“忍受不了正座”等。

敷居 音 しきい 释 门槛
例 敷居が高い。
门槛高。
趣 音 おもむき 释 风趣，韵味
例 趣のある住まい。
高雅的住宅。
風情 音 ふぜい 释 情趣，风格
例 風情のある眺め。
幽雅的风致。
趣向 音 しゅこう
释 风情，趣味；下功夫
例 若い皆さんが趣向を凝らし本当に和やかで楽しいお茶会でした。
这次茶会年轻人下了很多功夫，是一次和谐愉快的茶会。
美学 音 びがく 释 美学
わび 释 闲寂
さび 释 古雅
禅宗 音 ぜんしゅう 释 禅宗
精神 音 せいしん 释 精神
修業 音 しゅぎょう 释 修行
一期一会 音 いちごいちえ 释 一期一会
感謝する 音 かんしゃする 释 感谢
思いやる 音 おもいやる 释 体贴
例 「茶道」の根底にあるのは、相手を思いやり、尊重し、そして最大限におもてなしをする心です。
“茶道”的真谛就在于有一颗为对方着想、尊敬对方、尽全力热忱款待对方的心。
もてなす 释 款待
伝える 音 つたえる 释 传达
継ぐ 音 つぐ 释 接继
例 家業を継ぐ。
继承家业。
受け継ぐ 音 うけつぐ 释 继承
例 伝統を受け継ぐ。
继承传统。
守る 音 まもる 释 守护，遵守
例 緑茶にはコレステロールを体外に排出して血管を守る成分がある。
绿茶里有一种成分可以将血脂排出体外来保护血管。
保護する 音 ほごする 释 保护
大切 音 たいせつ 释 重要
珍しい 音 めずらしい 释 珍贵
例 珍しいお客さんが来た。
来了稀客。
貴重 音 きちょう 释 贵重

补充单词

茶馬古道　ちゃばこどう	茶马古道	**シルクルート**	丝绸之路	**抹茶　まっちゃ**	抹茶
ジャスミン茶～ちゃ	茉莉花茶	**緑茶　りょくちゃ**	绿茶	**紅茶　こうちゃ**	红茶
烏龍茶　うぶろんちゃ	乌龙茶	**プーアル茶～ちゃ**	普洱茶	**湯呑　ゆのみ**	茶杯

24. 宗教

24.1 仏教

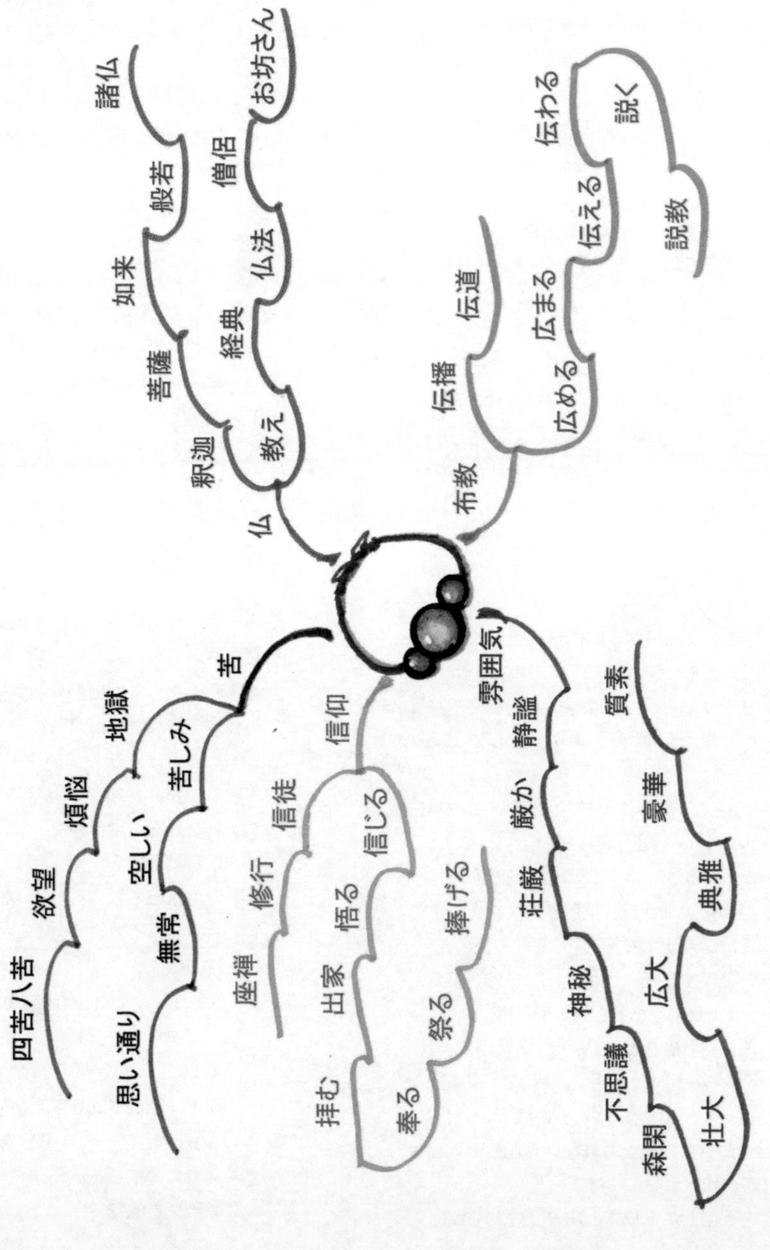

仏
教え
釈迦
菩薩
経典
如来
仏法
般若
僧侶
諸仏
お坊さん

布教
伝播
広める
伝道
広まる
伝える
伝わる
説教
説く

苦
苦しみ
地獄
煩悩
空しい
欲望
無常
四苦八苦
思い通り

信仰
信徒
信じる
修行
悟る
座禅
出家
捧げる
祭る
拝む
奉る

雰囲気
静謐
厳か
質素
荘厳
豪華
典雅
神秘
広大
不思議
壮大
森閑

单词

仏教 音 ぶっきょう 释 佛教
仏 音 ほとけ 释 佛
布教 音 ふきょう 释 传教，布道
雰囲気 音 ふんいき 释 氛围
信仰 音 しんこう 释 信仰
苦 音 く 释 苦
釈迦 音 しゃか 释 释迦牟尼
菩薩 音 ぼさつ 释 菩萨
如来 音 にょらい 释 如来
般若 音 はんにゃ 释 般若
諸仏 音 しょぶつ 释 诸佛
教え 音 おしえ 释 教诲
経典 音 きょうてん 释 经典
仏法 音 ぶっぽう 释 佛法
僧侶 音 そうりょ 释 僧侣
お坊さん 音 おぼうさん 释 和尚
伝播 音 でんぱ 释 传播
伝道 音 でんどう 释 传道
広める 音 ひろめる 释 扩大；普及；宣扬
例 鑑真は奈良時代に、日本に仏教を正しく広めるため唐からやってきた僧です。
鉴真是奈良时代为正确传播佛法从唐朝来到日本的和尚。
広まる 音 ひろまる 释 扩大；传播；蔓延
例 この教えは、日本全土に大きく広まっていきました。
这个教义在日本全国广泛传播。
伝える 音 つたえる 释 传达；传到
例 『マザー・テレサの宗教観を伝える―神と信仰、この世　と来世、そしてミッション』。
《讲述特蕾莎修女的宗教观—— 神与信仰、今生与来世以及任务》。
伝わる 音 つたわる 释 传；流传
例 盛んに読誦され、開版されて、今日まで伝わる経典は数多い。
有很多经典被广泛诵读、出版并流传至今。
説く 音 とく 释 说；讲
例 人を見て法を説く。
见人说法。
説教する 音 せっきょうする 释 说教
例 この世に説教をされない可能性ゼロで生きられる人なんてほぼいません。
这个世上几乎没有人从来没被人说教过。

静謐 音 せいひつ 释 静谧
厳か 音 おごそか 释 庄严，肃穆
例 124年の歴史を感じさせる厳かな式典が催されました。
召开了庄严肃穆的仪式，让人感受到124年的历史沉淀。
荘厳 音 そうごん 释 庄严
神秘 音 しんぴ 释 神秘
不思議 音 ふしぎ 释 不可思议
森閑 音 しんかん 释 万籁俱寂
例 濃い緑の山々に囲まれ、森閑としておる。
被绿水青山环绕，寂静幽深。
壮大 音 そうだい 释 庄伟
広大 音 こうだい 释 宏大
典雅 音 てんが 释 典雅
豪華 音 ごうか 释 豪华
質素 音 しっそ 释 质朴
例 きわめて質素な暮らし。
极其简朴的生活。
信徒 音 しんと 释 信徒
修行 音 しゅぎょう 释 修行
座禅 音 ざぜん 释 坐禅
信じる 音 しんじる 释 信
例 自分が信じているものをなぜ他人にも信じさせようとするのか。
自己相信的东西为什么也要让别人相信?
悟る 音 さとる 释 悟
例 悟るためには出家が必要でしょうか。
为了开悟需要出家吗?
出家する 音 しゅっけする 释 出家
拝む 音 おがむ 释 拜
例 神仏を敬って拝む。
敬拜神佛。
奉る 音 たてまつる 释 奉，献
例 貢ぎ物を奉る。
奉上贡品。
祭る 音 まつる 释 祭祀，供奉
例 この神社は何の神様をお祭りしているのか。
这个神社供奉的是哪个神仙?
捧げる 音 ささげる 释 奉献
例 死者に捧げる花。
献给死者的花。

地獄　音 じごく　释 地狱

煩悩　音 ぼんのう　释 烦恼

欲望　音 よくぼう　释 欲望

四苦八苦　音 しくはっく　释 四苦八苦

例 遠回りをしながら四苦八苦している道中にこそ、偉大なエネルギーが生み出される。

在迂回辗转历经无数苦痛中，才能获取伟大的能量。

苦しみ　音 くるしみ　释 苦痛

例 人生の苦しみを味わう。

尝尽人生的痛苦。

空しい　音 むなしい　释 空

例 仏教が説く「苦」は、「苦しい」というより、「空しい」という意味です。

佛教所说的“苦”，不是一般意义的“辛苦”，而是“空”的意思。

無常　音 むじょう　释 无常

思い通り　音 おもいどおり　释 如愿

例 世の中は思い通りにならないから面白い。

世事不尽如人意，所以才有意思。

补充单词

観音　かんのん	观音	**文殊　もんじゅ**	文殊
三蔵法師　さんぞうほうし	三藏法师	**孫悟空　そんごくう**	孙悟空
妖怪　ようかい	妖怪	**お化け　おばけ**	怪物
輪廻　りんね	轮回	**涅槃　ねはん**	涅槃
往生　おうじょう	往生	**済度　さいど**	超度
地獄　じごく	地狱	**導く　みちびく**	引导
悟る　さとる	觉悟	**覚醒　かくせい**	觉醒
住職　じゅしょく	住持	**羅漢　らかん**	罗汉
施す　ほどこす	施舍	**極楽世界　ごくらくせかい**	极乐世界
浄土　じょうど	净土	**拝礼　はいれい**	礼拜

24.2 神社

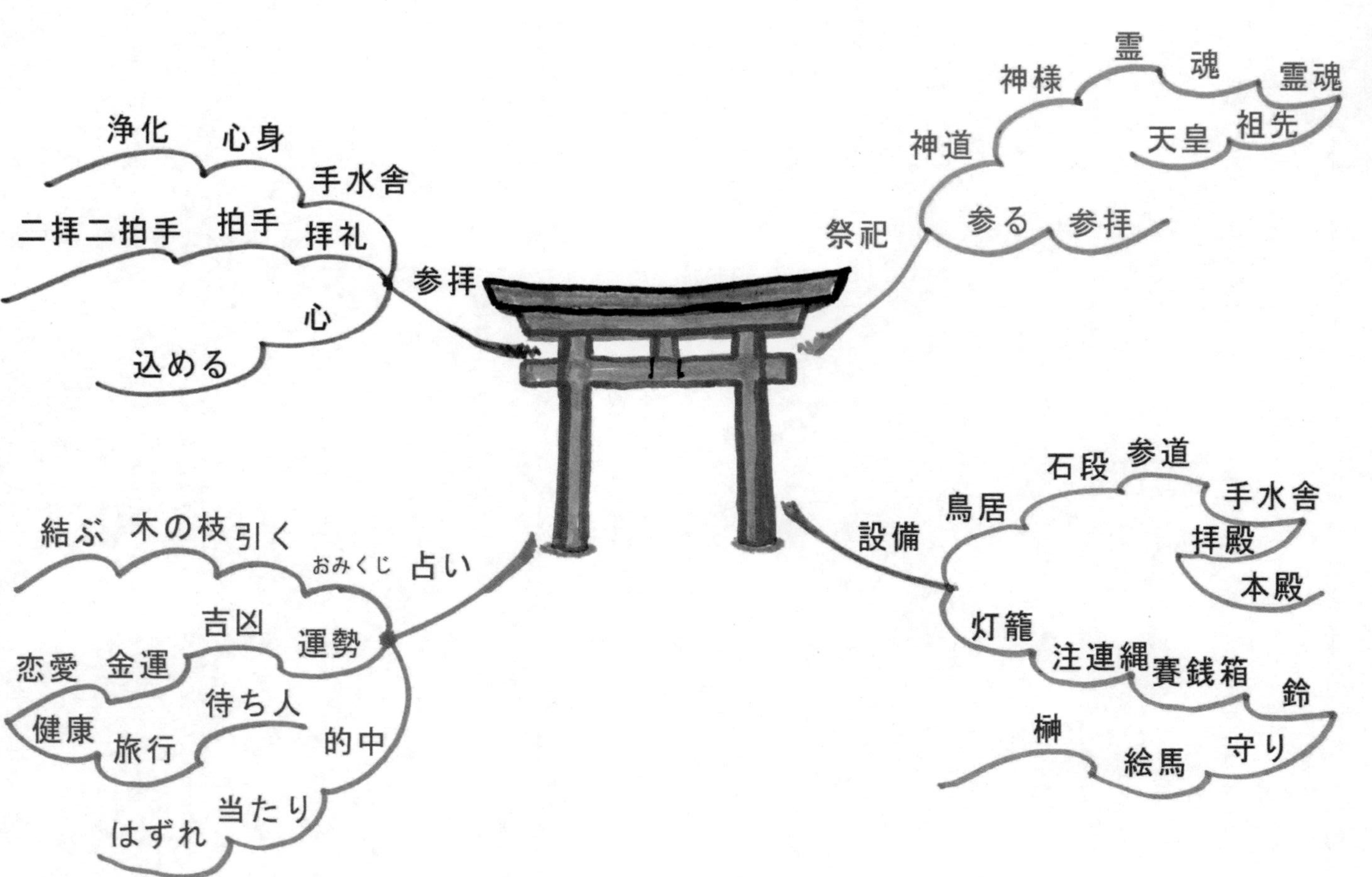
祭祀
神道
神様
霊
魂
霊魂
天皇
祖先
参る
参拝
設備
鳥居
石段
参道
手水舎
拝殿
本殿
灯籠
注連縄
賽銭箱
鈴
榊
絵馬
守り
参拝
手水舎
心身
浄化
拝礼
拍手
二拝二拍手
心
込める
占い
おみくじ
運勢
木の枝
引く
結ぶ
吉凶
金運
恋愛
待ち人
旅行
健康
的中
当たり
はずれ

单词

神社 音 じんじゃ 释 神社

祭祀 音 さいし 释 祭祀

設備 音 せつび 释 设备

占い 音 うらない 释 占卜

参拝 音 さんぱい 释 参拜

神道 音 しんとう 释 神道

神 音 かみ 释 神

神様 音 かみさま 释 神

霊 音 れい 释 灵魂

魂 音 たましい 释 灵魂

霊魂 音 れいこん 释 灵魂

祖先 音 そせん 释 祖先

天皇 音 てんのう 释 天皇

参る 音 まいる 释 参拜

例 お盆に帰省したときにお墓に参る。
盂兰盆节回家时会去扫墓。

参拝する 音 さんぱいする 释 参拜

鳥居 音 とりい 释 牌坊，华表

石段 音 いしだん 释 石阶

参道 音 さんどう 释 参拜道路

手水舎 音 ちょうずや 释 净手池

拝殿 音 はいでん 释 前殿

本殿 音 ほんでん 释 本殿

灯籠 音 とうろう 释 灯笼

注連縄 音 しめなわ 释 挂的绳索；界绳

賽銭箱 音 さいせんばこ 释 随喜功德箱

鈴 音 すず 释 铃

守り 音 まもり 释 护身符

例 不安いっぱいで自信のない受験生に合格祈願のお守りは心の支えになるかもしれません。
对于忐忑不安缺乏自信的备考学生来说，护身符或许也是一种心灵的支撑吧。

絵馬 音 えま 释 祈福牌

例 絵馬にお願い事を書く。
在祈福牌上写下心愿。

榊 音 さかき 释 供奉用的常绿树

おみくじ 释 抽签

例 見事におみくじで凶を引いてしまいましたが。
“华丽丽地”抽了一个凶卦。

引く 音 ひく 释 抽

木 音 き 释 数

枝 音 えだ 释 枝

結ぶ 音 むすぶ 释 系，结

例 おみくじを寺社の境内の木の枝に結ぶ。
把签系在神社内的树枝上。

運勢 音 うんせい 释 运势

吉凶 音 きっきょう 释 凶吉

金運 音 きんうん 释 财运

恋愛 音 れんあい 释 恋爱

健康 音 けんこう 释 健康

旅行 音 りょこう 释 旅行

待ち人 音 まちびと 释 等待的人

的中 音 てきちゅう 释 命中

当り 音 あたり 释 中

外れ 音 はずれ 释 没中

例 おみくじの結果が外れた人も結構いるのです。
也有很多人抽签的结果并没有灵验。

心身 音 しんしん 释 身心

浄化 音 じょうか 释 净化

拝礼 音 はいれい 释 叩拜，礼拜

拍手 音 はくしゅ 释 拍手

二拝二拍手 音 にはいにはくしゅ 释 两拜两拍手

心 音 こころ 释 心

込める 音 こめる 释 倾注，包含

例 心を込めて作った料理。
用心制作的料理。

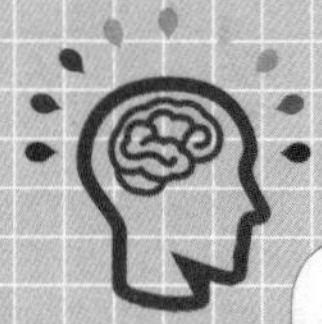

25. 历史

25.1 日本歴史

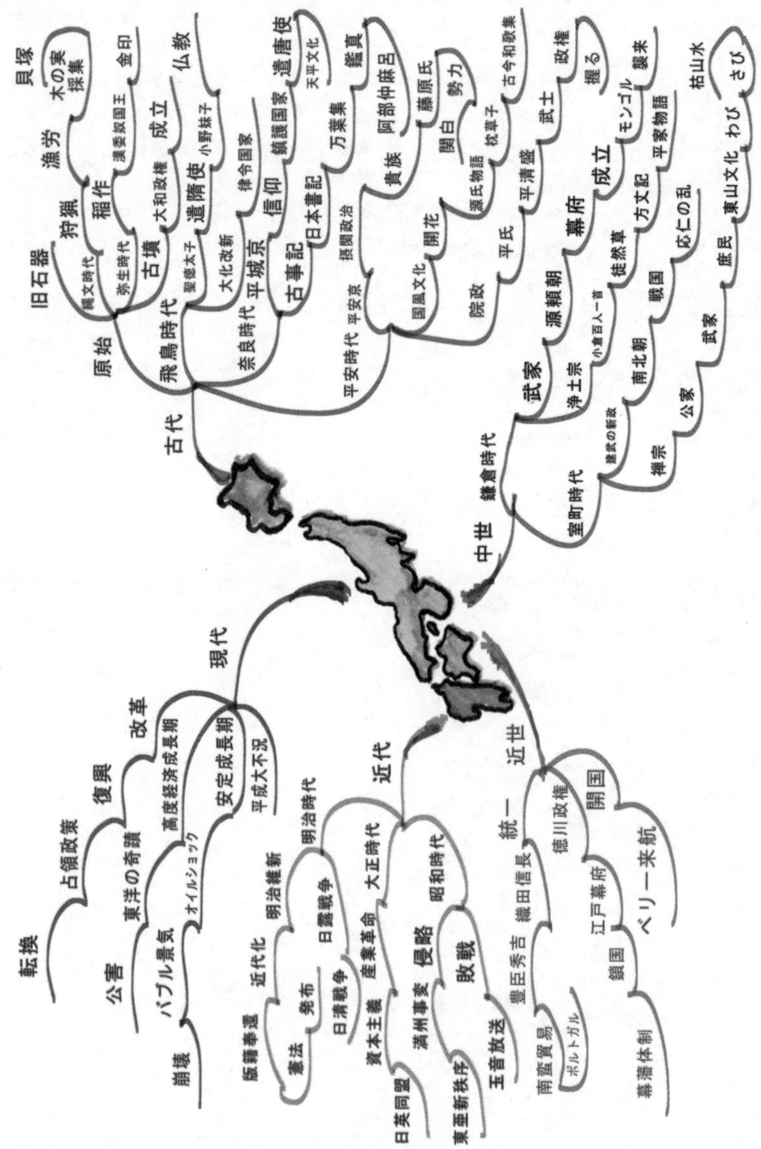

古代
原始
旧石器
縄文時代
狩猟
漁労
貝塚
木の実採集
弥生時代
稲作
漢委奴国王
金印
古墳
大和政権
成立
飛鳥時代
聖徳太子
遣隋使
小野妹子
仏教
大化改新
奈良時代
平城京
律令国家
信仰
鎮護国家
遣唐使
古事記
日本書記
天平文化
万葉集
鑑真
平安時代
平安京
摂関政治
貴族
阿部仲麻呂
藤原氏
国風文化
開花
関白
勢力
院政
源氏物語
枕草子
古今和歌集
平氏
平清盛
武士
政権
握る

中世
鎌倉時代
武家
源頼朝
幕府
成立
モンゴル
襲来
浄土宗
小倉百人一首
徒然草
方丈記
平家物語
室町時代
建武の新政
南北朝
戦国
応仁の乱
禅宗
公家
武家
庶民
東山文化
わび
さび
枯山水

近世
統一
織田信長
豊臣秀吉
南蛮貿易
ポルトガル
徳川政権
江戸幕府
鎖国
幕藩体制
開国
ペリー来航

近代
明治時代
明治維新
近代化
版籍奉還
憲法
発布
日露戦争
日清戦争
大正時代
産業革命
資本主義
日英同盟
昭和時代
侵略
満州事変
東亜新秩序
敗戦
玉音放送

現代
改革
復興
占領政策
転換
高度経済成長期
東洋の奇蹟
公害
オイルショック
安定成長期
バブル景気
崩壊
平成大不況

单词

单词	音	释
日本歴史	にほんれきし	日本历史
古代	こだい	古代
中世	ちゅうせい	中世纪
近世	きんせい	近世
近代	きんだい	近代
現代	げんだい	现代
原始	げんし	原始
旧石器	きゅうせっき	旧石器
縄文時代	じょうもんじだい	绳文时代
狩猟	しゅりょう	狩猎
漁労	ぎょろう	捕鱼
木の実	きのみ；このみ	果实
採集	さいしゅう	采集
貝塚	かいづか	贝冢
弥生時代	やよいじだい	弥生时代
稲作	いなさく	种稻子
漢委奴国王	かんのわのなのこくおう	汉倭奴国王
金印	きんいん	金印
古墳	こふん	古坟
大和政権	やまとせいけん	大和政权
成立	せいりつ	成立
飛鳥時代	あすか	飞鸟时代
聖徳太子	せいとくたいし	圣德太子
遣隋使	けんずいし	遣隋使
小野妹子	おののいもこ	小野妹子
仏教	ぶっきょう	佛教
大化改新	たいかのかいしん	大化革新
律令国家	りつりょうこっか	律令国家
奈良時代	ならじだい	奈良时代
平城京	へいじょうきょう	平城京
信仰する	しんこう	信仰
鎮護国家	ちんごこっか	镇护国家
遣唐使	けんとうし	遣唐使
天平文化	てんぴょうぶんか	天平文化
古事記	こじき	古事记
日本書記	にほんしょき	日本书记
万葉集	まんようしゅう	万叶集
鑑真	がんじん	鉴真
阿部仲麻呂	あべのなかまろ	阿倍仲麻吕
平安時代	へいあんじだい	平安时代
平安京	へいあんきょう	平安京
摂関政治	せっかんせいじ	摄关政治
貴族	きぞく	贵族
藤原氏	ふじはらし	藤原氏
勢力	せいりょく	实力
関白	かんぱく	关白；势力大
国風文化	こくふうぶんか	国风文化
開花	かいか	开花；繁盛
源氏物語	げんじものがたり	源氏物语
枕草子	まくらのそうし	枕草子
古今和歌集	こきんわかしゅう	古今和歌集
院政	いんせい	院政，太上皇代替天皇执政
平氏	へいし	平氏
平清盛	たいらのきよもり	平清盛
武士	ぶし	武士
政権	せいけん	政权
握る	にぎる	捏；掌握
鎌倉時代	かまくらじだい	镰仓时代
武家	ぶけ	武士门第
源頼朝	みなもとのよりとも	源赖朝
幕府	ばくふ	幕府
成立	せいりつ	成立
モンゴル襲来	しゅうらい	蒙古来袭
浄土宗	じょうどしゅう	净土宗
小倉百人一首	おぐらひゃくにんいっしゅ	小仓百人一首
徒然草	つれづれぐさ	徒然草
方丈記	ほうじょうき	方丈记
平家物語	へいけものがたり	平家物语
室町時代	むろまちじだい	室町时代
建武の新政	けんむのしんせい	建武新政
南北朝	なんぼくちょう	南北朝
戦国	せんごく	战国
応仁の乱	おうにんのらん	应仁之乱
禅宗	ぜんしゅう	禅宗
公家	くげ	朝臣
庶民	しょみん	庶民
東山文化	ひがしやまぶんか	东山文化
わび		闲寂
さび		古雅
枯山水	かれさんすい	枯山水
統一	とういつ	统一
織田信長	おだのぶなが	织田信长
豊臣秀吉	とよとみひでよし	丰臣秀吉
南蛮貿易	なんばんぼうえき	南蛮贸易
ポルトガル		葡萄牙
徳川政権	とくがわせいけん	德川政权
江戸幕府	えどばくふ	江户幕府

鎖国 音 さこく 释 闭关锁国
幕藩体制 音 ばくはんたいせい 释 幕藩体制
開国 音 かいこく 释 打开国门
ペリー来航 音 らいこう 释 贝利来航
明治時代 音 めいじじだい 释 明治时代
明治維新 音 めいじいしん 释 明治维新
近代化 音 きんだいか 释 近代化
版籍奉還 音 はんせきほうかん 释 版籍奉还
憲法 音 けんぽう 释 宪法
発布する 音 はっぷ 释 颁布
大正時代 音 たいしょうじだい 释 大正时代
日露戦争 音 にちろせんそう 释 日俄战争
日清戦争 音 にっしんせんそう 释 日清战争（即中日甲午战争）
昭和時代 音 しょうわじだい 释 昭和时代
侵略 音 しんりゃく 释 侵略
満州事変 音 まんしゅうじへん 释 满洲事变（即“九・一八事变”）
東亜新秩序 音 とうあしんちつじょ 释 东亚新秩序
敗戦 音 はいせん 释 败战
玉音放送 音 ぎょくおんほうそう 释 玉音广播
改革 音 かいかく 释 改革
復興 音 ふっこう 释 复兴
占領政策 音 せんりょうせいさく 释 占领政策
転換 音 てんかん 释 转换
高度経済成長期 音 こうどけいざいせいちょうき 释 高度经济成长期
東洋の奇蹟 音 とうようのきせき 释 东洋奇迹
公害 音 こうがい 释 公害
安定成長期 音 あんていせいちょうき 释 安定成长期
オイルショック 释 石油危机
バブル景気 音 けいき 释 泡沫经济
崩壊 音 ほうかい 释 破灭，崩坏
平成大不況 音 へいせいだいふきょう 释 平成大萧条
産業革命 音 さんぎょうかくめい 释 产业革命
資本主義 音 しほんしゅぎ 释 资本主义
日英同盟 音 にちえいどうめい 释 英日同盟

25.2 戦争

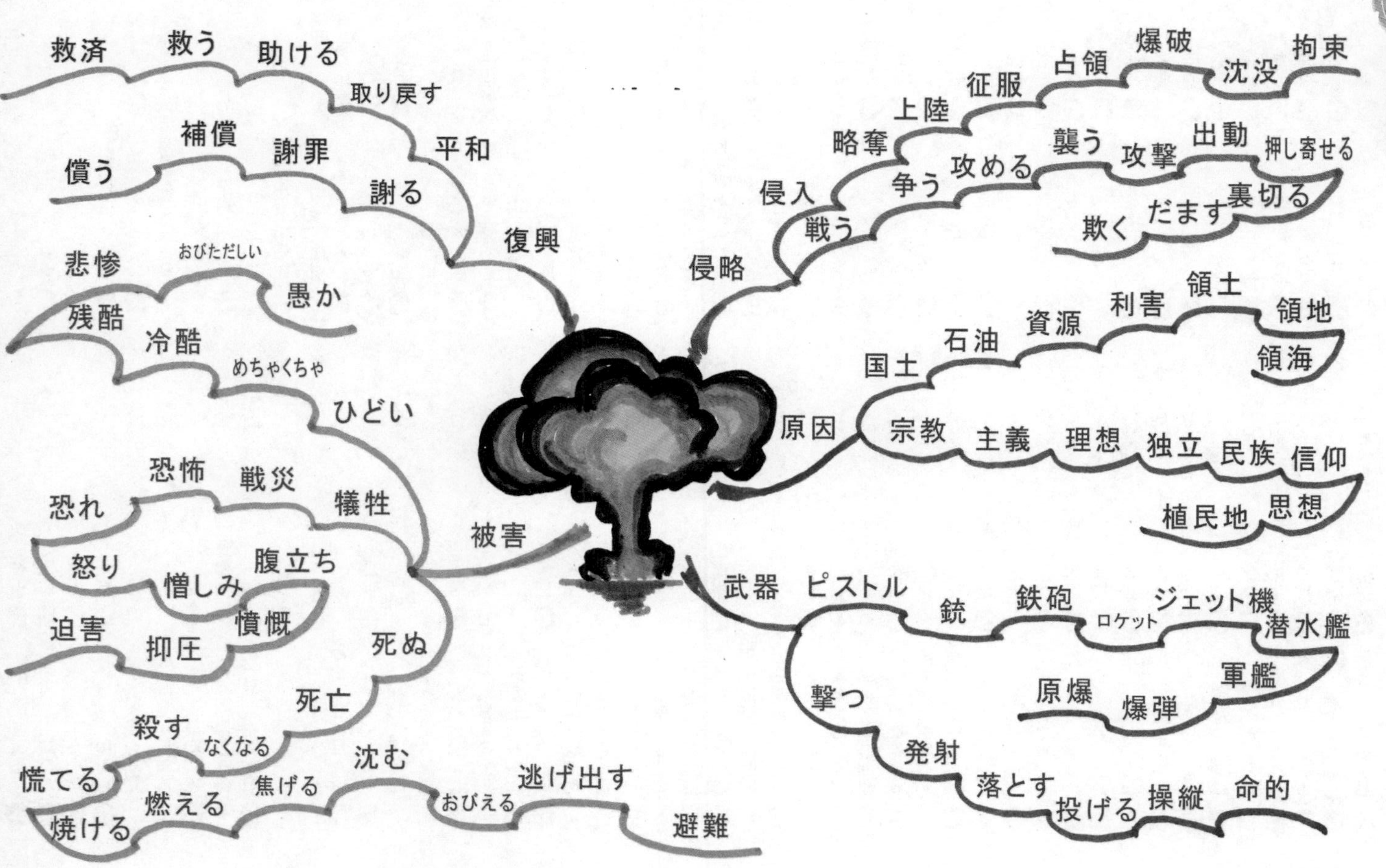

侵略
侵入
戦う
略奪
争う
上陸
攻める
征服
襲う
占領
攻撃
爆破
出動
沈没
拘束
押し寄せる
裏切る
だます
欺く
原因
国土
石油
資源
利害
領土
領地
領海
宗教
主義
理想
独立
民族
信仰
植民地
思想
武器
ピストル
銃
鉄砲
ロケット
ジェット機
潜水艦
軍艦
爆弾
原爆
撃つ
発射
落とす
投げる
操縦
命的
復興
平和
取り戻す
謝る
謝罪
補償
償う
助ける
救う
救済
ひどい
愚か
めちゃくちゃ
おびただしい
冷酷
残酷
悲惨
被害
犠牲
戦災
恐怖
恐れ
腹立ち
憎しみ
怒り
憤慨
抑圧
迫害
死ぬ
死亡
なくなる
殺す
沈む
焦げる
燃える
焼ける
慌てる
おびえる
逃げ出す
避難

单词

戦争 音 せんそう 释 战争
侵略 音 しんりゃく 释 侵略
原因 音 げんいん 释 原因
武器 音 ぶき 释 武器
被害 音 ひがい 释 被害
復興 音 ふっこう 释 复兴
侵入 音 しんにゅう 释 侵入
略奪 音 りゃくだつ 释 掠夺
上陸 音 じょうりく 释 登陆
征服 音 せいふく 释 征服
占領 音 せんりょう 释 占领
爆破 音 ばくは 释 爆破，炸毁
沈没 音 ちんぼつ 释 沉没
拘束 音 こうそく 释 束缚，约束
戦う 音 たたかう 释 战斗，竞争
例 世界選手権 6 連覇のために戦う。
为实现世锦赛 6 连胜奋战。
争う 音 あらそう 释 争夺
例 最後の勝利を勝ち取るまで。
为争取最后胜利斗争到底。
攻める 音 せめる 释 攻击
例 攻めてくる敵を真っ向から迎え撃つ。
正面迎击攻过来的敌人。
襲う 音 おそう 释 来袭
例 嵐に襲われた。
被暴风雨侵袭。
攻撃する 音 こうげきする 释 攻击
例 敵軍の背後を攻撃する。
攻击敌人后方。
出動する 音 しゅつどうする 释 出动
例 救急車を出動する。
出动救护车。
押し寄せる 音 おしよせる 释 涌来
例 津波が押し寄せる。
海啸涌来。
裏切る 音 うらぎる 释 背叛
例 恋人に裏切られる。
被恋人背叛。
だます 释 欺骗
例 だましてもうけた金。
骗来的钱。
欺く 音 あざむく 释 欺诈
例 悪質商人に欺かれた。
被黑心商人欺诈。
国土 音 こくど 释 国土
石油 音 せきゆ 释 石油
資源 音 しげん 释 资源
利害 音 りがい 释 利害
領土 音 りょうど 释 领土

領地 音 りょうち 释 领地
領海 音 りょうかい 释 领海
宗教 音 しゅうきょう 释 宗教
主義 音 しゅぎ 释 主义
理想 音 りそう 释 理想
独立 音 どくりつ 释 独立
民族 音 みんぞく 释 民族
信仰 音 しんこう 释 信仰
思想 音 しそう 释 思想
植民地 音 しょくみんち 释 殖民地
ピストル 释 手枪
銃 音 じゅう 释 枪
鉄砲 音 てっぽう 释 步枪；枪炮
ロケット 释 火箭
ジェット機 音 き 释 喷气飞机
潜水艦 音 せんすいかん 释 潜水艇
軍艦 音 ぐんかん 释 军舰
爆弾 音 ばくだん 释 炸弹
原爆 音 げんばく 释 原子弹
撃つ 音 うつ 释 射击
例 ピストルを撃つ。
用手枪打。
発射する 音 はっしゃする 释 发射
例 ミサイルを発射する。
发射导弹。
落とす 音 おとす 释 攻陷
例 城を落とす。
攻陷城池。
投げる 音 なげる 释 投射
例 手投げ弾を投げる。
投掷手榴弹。
操縦する 音 そうじゅうする 释 驾驶；操作
例 飛行機を操縦する。
开飞机。
犠牲 音 ぎせい 释 牺牲
戦災 音 せんさい 释 战争灾害
恐怖 音 きょうふ 释 恐怖
例 恐怖の色を見せる。
露出恐怖的神色。
恐れ 音 おそれ 释 畏惧，恐怕
例 果たして恐れを手放すことが、解消につながっていくのでしょうか。
放下恐惧真的就能带来解脱吗？
怒り 音 いかり 释 生气，怒气
例 相手の怒りを買う。
招致对方发怒。
憎しみ 音 くるしみ 释 憎恶
例 憎しみをいだく。
抱着憎恶之意。

腹立ち　音 はらだち　释 生气，愤怒
例 お腹立ちはごもっともですが
您生气也是理所当然的

憤慨　音 ふんがい　释 愤慨

抑圧　音 よくあつ　释 压制，压迫

迫害　音 はくがい　释 迫害

死ぬ　音 しぬ　释 死
例 死んだつもりになればどんなことでもできる。
只要敢豁出去，什么事情都办得到。

死亡する　音 しぼうする　释 死亡
例 事故により死亡した。
因事故死亡。

なくなる　释 死亡
例 彼の父が亡くなったと聞いてびっくりした。
听说父亲死去，他大吃一惊。

殺す　音 ころす　释 杀死
例 殺してやる。
我要杀了你。

荒れる　音 あれる　释 荒废
例 道は相当荒れていると想像はしていましたが、予想以上ひどい状況でした。
虽然想过道路一定非常不好走，没想到比想象中还要糟糕许多。

焼ける　音 やける　释 燃烧
例 終戦間際に焼けた城も多い。
有很多城市是在战争快结束的时候被烧毁的。

燃える　音 もえる　释 烧起来
例 夢と希望に燃え始めました。
开始燃起梦想和希望。

焦げる　音 こげる　释 烧焦
例 アイロンで服が焦げた。
把衣服熨焦了。

沈む　音 しずむ　释 下沉
例 沈む瀬あれば浮かぶ瀬あり。
人生荣枯无常。

おびえる　释 害怕，胆怯
例 不安におびえる。
因不安而胆怯。

逃げ出す　音 にげだす　释 逃出
例 こんないやな男から早く逃げ出したい。
想赶快从这种讨厌的男人身边溜掉。

避難する　音 ひなんする　释 避难

ひどい　释 过分
例 雨に降られてひどい目に合う。
被雨淋了，真是倒霉透了。

めちゃくちゃ　释 胡乱
例 相手をめちゃくちゃになぐる。
把对方狠狠揍了一顿。

冷酷　音 れいこく　释 冷酷

残酷　音 ざんこく　释 残酷

悲惨　音 ひさん　释 悲惨

おびただしい　释 大量
例 第二次世界大戦は、過去500年間の全戦争での死者を上回るおびただしい死者を出した。
第二次世界大战中有无数人死去，死亡人数超过过去500年所有战争死亡人数之和。

愚か　音 おろか　释 愚蠢
例 あんなことに手を出したのは君も愚かだった。
那种事你也插手去干，真是够糊涂的。

平和　音 へいわ　释 和平

取り戻す　音 とりもどす　释 取回；挽回；恢复
例 陣地を取り戻す。
夺回阵地。

助ける　音 たすける　释 帮助

救う　音 すくう　释 救
例 危ないところを救われた。
危难时刻得救了。

救済する　音 きゅうさいする　释 救济

謝る　音 あやまる　释 道歉
例 謝って済むなら警察はいらない。
道歉就可以解决问题的话，就不需要警察了。

謝罪する　音 しゃざいする　释 谢罪

補償する　音 ほしょうする　释 补偿

償う　音 つぐなう　释 补偿
例 法律で裁かれ、罪を償いました。
得到法律的制裁，偿还了罪孽。

补充单词

解放　かいほう	解放	**ゲリラ**	游击	**作戦　さくせん**	作战
戦力　せんりょく	战斗力	**戦略　せんりゃく**	战略	**ヒトラー**	希特勒
鎮圧　ちんあつ	镇压	**侍　さむらい**	日本武士	**再建　さいけん**	重建

26. 媒体

26.1 ツイッター

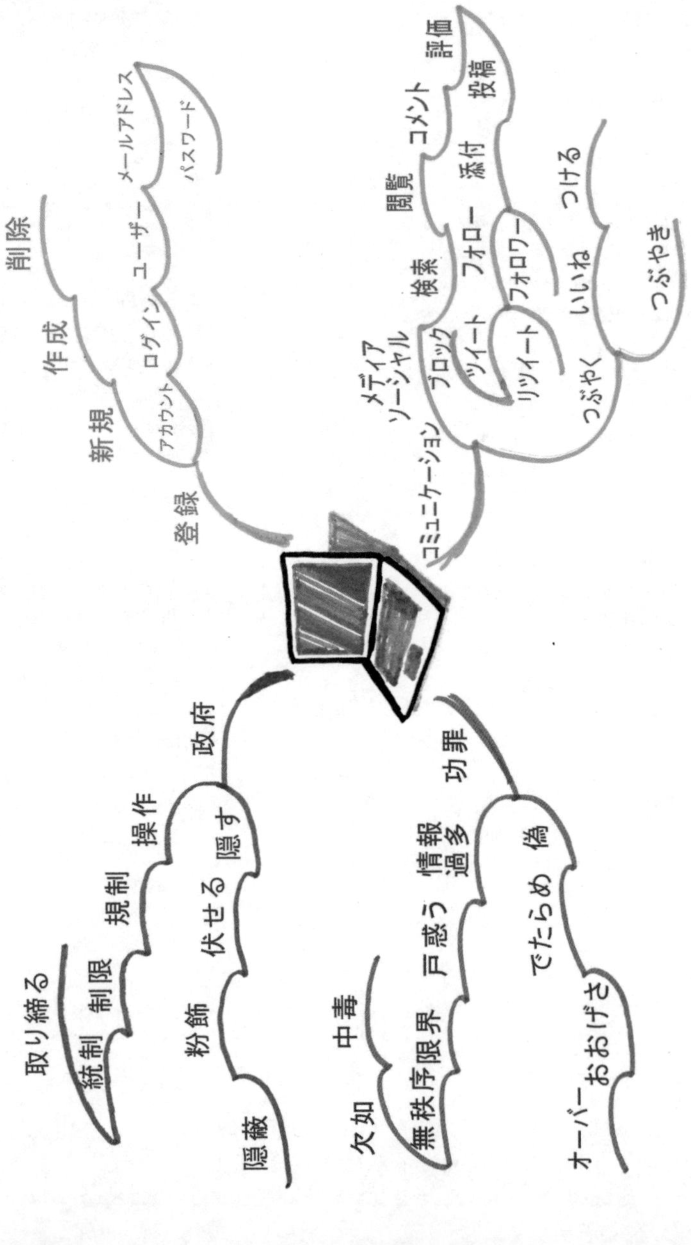

登録
新規
作成
削除
アカウント
ログイン
ユーザー
メールアドレス
パスワード

コミュニケーション
ソーシャル
メディア
検索
閲覧
コメント
評価
ブロック
ツイート
フォロー
添付
投稿
リツイート
フォロワー
つぶやく
いいね
つける
つぶやき

政府
操作
規制
制限
統制
取り締る
隠す
伏せる
粉飾
隠蔽

功罪
情報
過多
戸惑う
無秩序
限界
中毒
欠如
偽
でたらめ
おおげさ
オーバー

单词

ツィッター 释 推特
登録 音 とうろく 释 登录
コミュニケーション 释 交流
功罪 音 こうざい 释 功罪
政府 音 せいふ 释 政府
アカウント 释 账户
新規 音 しんき 释 新的
作成 音 さくせい 释 写
削除 音 さくじょ 释 删除
ログイン 释 登录
ユーザー 释 用户
メールアドレス 释 邮箱
パスワード 释 密码
ソーシャル 释 社交
メディア 释 媒体
検索 音 けんさく 释 检索
閲覧 音 えつらん 释 阅览，浏览
コメント 释 评价
評価 音 ひょうか 释 评价
投稿 音 とうこう 释 投稿
添付 音 てんぷ 释 添加
フォロー 释 关注
フォロワー 释 粉丝
ツイート 释 发文
リツイート 释 转帖
ブロック 释 博客
つぶやく 释 发文
つぶやき 释 发的文
いいね 释 点赞
例 気に入った投稿の左下のハートマークをタップ して、「いいね！」を付けられます。
点击你所喜欢的投稿左下的心形图标，就能点赞了。
つける 释 安上；附上
情報 音 じょうほう 释 信息
過多 音 かた 释 过多
戸惑う 音 とまどう 释 徘徊；不知所措
限界 音 げんかい 释 界限；极限
無秩序 音 むちつじょ 释 无秩序
欠如 音 けつじょ 释 缺乏
中毒 音 ちゅうどく 释 中毒
偽 音 にせ 释 假冒，伪劣
でたらめ 释 荒唐；胡闹
例 でたらめであてにならない。
荒唐不可靠。

おおげさ 释 夸张
例 いつもおおげさにものをいう。
总是说大话。
オーバー 释 超过；夸张
例 やり方がオーバーだ。
做法有点夸张了。
操作する 音 そうさする 释 操作
例 一定時間パソコンを操作しないと、ログオン画面が表示されます。
一段时间内不操作电脑，屏幕就会出现锁定画面。
規制する 音 きせいする 释 限制；控制
例 この法が規制する対象は、ネット上の有害情報である。
这个法律的管制对象是网络上的有害信息。
制限する 音 せいげんする 释 限制；控制
例 子供のインターネットの閲覧サイトを制限する。
限制孩子在网络上浏览网页。
統制する 音 とうせいする 释 统管
例 この共有は統制しなければ、無秩序な状態に陥る場合があります。
不管制共享的话，有可能会陷入无秩序的状态。
取り締まる 音 とりしまる 释 管束；约束
例 交通違反を取り締まる。
取缔违反交规的行为。
隠す 音 かくす 释 隐藏
例 不正を隠せば隠すほど発覚時に会社は信用を失い窮地に追い込まれます。
越是隐瞒不正当的行为，当被发觉时，公司就越会陷入丧失信誉的窘境。
伏せる 音 ふせる 释 瞒
例 名前を伏せて匿名で他人を中傷する。
不露名，匿名中伤他人。
粉飾する 音 ふんしょくする 释 粉饰
例 事実を粉飾して話す。
说话掩饰事实。
隠蔽する 音 いんぺいする 释 隐瞒
例 警察の不祥事が隠蔽された。
隐瞒警察的丑闻。

26.2 新聞記事

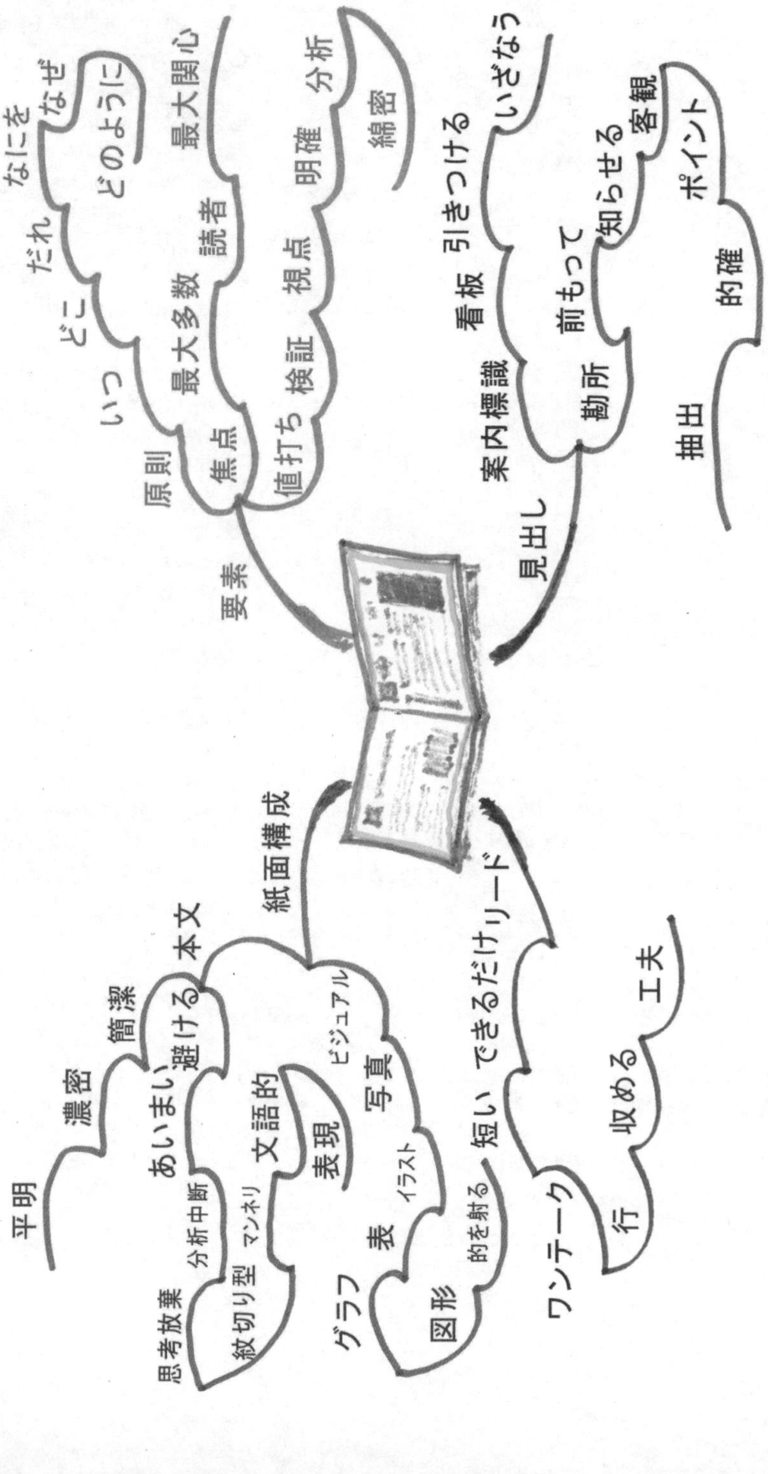

- 要素
  - 原則
    - いつ
    - どこ
    - だれ
    - なにを
    - なぜ
    - どのように
  - 焦点
    - 最大多数
    - 読者
    - 最大関心
  - 値打ち
    - 検証
    - 視点
    - 明確
    - 分析
    - 綿密
- 見出し
  - 案内標識
    - 看板
    - 引きつける
    - いざなう
  - 勘所
    - 前もって
    - 知らせる
    - 客観
  - 抽出
    - 的確
    - ポイント
- 紙面構成
  - 本文
    - 平明
    - 濃密
    - 簡潔
    - 思考放棄
    - 紋切り型
    - 分析中断
    - マンネリ
    - あいまい
    - 避ける
    - 文語的
    - 表現
  - ビジュアル
    - グラフ
    - 表
    - 図形
    - 写真
    - イラスト
    - 的を射る
- リード
  - できるだけ
    - 短い
  - ワンテーク
    - 行
    - 収める
    - 工夫

单词

新聞記事 音 しんぶんきじ 释 新闻报道
要素 音 ようそ 释 要素
見出し 音 みだし 释 标题
リード 释 引言
紙面構成 音 しめんこうせい 释 版面构成
原則 音 げんそく 释 原则
いつ 释 何时
どこ 释 何地
だれ 释 谁
なにを 释 做什么
なぜ 释 为何
どのように 释 如何
焦点 音 しょうてん 释 焦点
最大多数 音 さいだいたすう 释 最大多数
読者 音 どくしゃ 释 读者
最大関心 音 さいだいかんしん 释 最关心
値打ち 音 ねうち 释 估价；价格；价值
例 やってみる値打ちがある。
值得一试。
検証 音 けんしょう 释 验证
例 芸能人の整形疑惑を画像で検証してみた。
用图像验证艺人是否整容。
視点 音 してん 释 视点
明確 音 めいかく 释 明确
分析 音 ぶんせき 释 分析
綿密 音 めんみつ 释 周密，详尽
例 綿密な教え方で逐字的解釈をする。
用细致的讲解，逐字逐句地解释。
案内標識 音 あんないひょうしき 释 引导标识
看板 音 かんばん 释 招牌
引きつける 音 ひきつける 释 吸引
例 人を引き付ける力がある。
有着吸引人心的力量。
いざなう 释 邀请；劝诱
例 歴史の世界へといざなう。
欢迎来到历史的世界。
勘所 音 かんどころ 释 要点；关键
例 映画ファンの勘所を押さえています。
抓住了影迷的心。
前もって 音 まえもって 释 提前
例 後から苦情の出ないように前もって断っておく。
提前说好，避免以后有抱怨。
知らせる 音 しらせる 释 通知
例 あらかじめファクスで人に知らせる。
提前用传真通知。
客観 音 きゃっかん 释 客观
ポイント 释 要点；关键
的確 音 てきかく 释 准确
例 新たな時代のニーズに的確に対応する。
准确应对新时代的需求。

抽出する 音 ちゅうしゅつする 释 抽出
例 一部の対象だけを抽出して調査する。
只抽取出一部分对象来调查。
できるだけ 释 尽量
例 できるだけ職歴を一枚に収めるようにすること。
尽量把工作经历写到一张纸上面。
短い 音 みじかい 释 短
例 爪を短く切る。
剪短指甲。
行 音 ぎょう 释 行
収める 音 おさめる 释 收纳
工夫する 音 くふうする 释 下功夫
例 ストレスを溜めないように工夫している。
想尽各种办法减缓压力。
本文 音 ほんぶん 释 本文
簡潔 音 かんけつ 释 简洁
濃密 音 のうみつ 释 浓厚而细腻
例 濃密な色彩。
浓密的色彩。
平明 音 へいめい 释 简明浅显
例 平明な解説でわかりやすい。
解说浅显易懂。
避ける 音 さける 释 避免
例 人目を避けるように電話に出る。
为了避人耳目而出去接电话。
あいまい 释 暧昧
分析中断 音 ぶんせきちゅうだん 释 中断分析
思考放棄 音 しこうほうき 释 放弃思考
紋切り型 音 もんきりがた 释 千篇一律
例 紋切り型でなく、オリジナルの言い回しで表現する。
不要千篇一律，要用独创的方式去表达。
マンネリ 释 墨守成规；老一套
例 交際3年目以上にもなってくると、どんなカップルにもマンネリが訪れます。
当交往时间超过3年，任何情侣都会开始缺少变化和激情。
文語的 音 ぶんごてき 释 文言文的
表現 音 ひょうげん 释 表达
ビジュアル 释 视觉的
写真 音 しゃしん 释 写真
イラスト 释 插图
表 音 ひょうげん 释 表
グラフ 释 图表
図形 音 ずけい 释 图形
的を射る 音 まとをいる 释 击中目标；抓住要害
例 的を射る批評。
一针见血的评论。

27. 演艺圈

27 スキャンダル

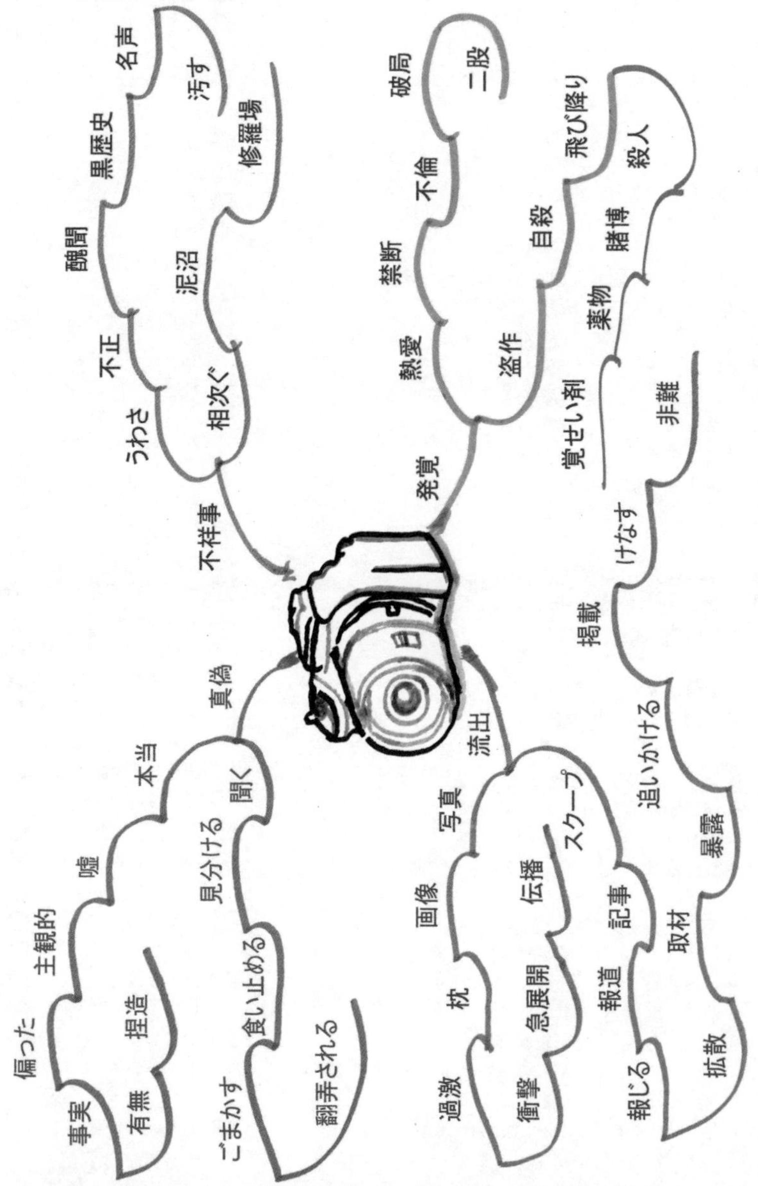

- 不祥事
  - うわさ　不正　醜聞　黒歴史　名声
  - 相次ぐ　泥沼　汚す　修羅場
- 発覚
  - 熱愛　禁断　不倫　破局　二股
  - 盗作　自殺　飛び降り
  - 覚せい剤　薬物　賭博　殺人
  - 非難
- 掲載
  - けなす　追いかける
  - 暴露　取材　拡散
  - 報じる　報道　記事
- 流出
  - 写真　画像　枕　過激
  - スクープ　伝播　急展開　衝撃
- 真偽
  - 本当　嘘　主観的　偏った　事実
  - 捏造　有無
  - 聞く　見分ける　食い止める　ごまかす
  - 翻弄される

单词

スキャンダル 释 丑闻
不祥事 音 ふしょうじ 释 丑闻
発覚 音 はっかく 释 暴露
流出 音 りゅうしゅつ 释 流出；外流
例 芸能人同士の熱愛画像が流出している。
传出艺人之间的热恋场景。
真偽 音 しんぎ 释 真假
うわさ 释 传言
不正 音 ふせい 释 不正当；非法；坏事
醜聞 音 しゅうぶん 释 丑闻
黒歴史 音 くろれきし 释 黑历史
名声 音 めいせい 释 名声
汚す 音 よごす 释 污染；玷辱
例 年を取ってから失態を演じて、晩節を汚すということをしばしば目にしてきた。
经常可以看到一些人上了年纪之后做一些很不光彩的事情，晚节不保。
相次ぐ 音 あいつぐ 释 相继
例 事件が次々と相次いでいる。
接二连三发生事件。
泥沼 音 どろぬま 释 泥沼
例 妻も、不倫相手も訴訟を起こすという泥沼の法廷闘争に発展した。
妻子和出轨对象都提起诉讼，最后争执到了法庭上，真是一场恶战。
修羅場 音 しゅらば 释 战斗场面
例 夫と浮気相手と二人が家にいる時に、彼の両親、自分の両親を呼び、浮気現場に行って、その場で修羅場を味合わせた。
丈夫和出轨对象两个人在家的时候，把他的双亲、自己的双亲都叫到出轨现场来，让丈夫感受一下战场的血雨腥风。
熱愛 音 ねつあい 释 热爱
禁断 音 きんだん 释 严禁，禁止
不倫 音 ふりん 释 出轨
破局 音 はきょく 释 破裂
二股 音 ふたまた 释 劈腿
例 二股かけられ破局。
被劈腿，关系破裂。
盗作 音 とうさく 释 剽窃
自殺 音 じさつ 释 自杀
飛び降り 音 とびおり 释 跳楼
殺人 音 さつじん 释 杀人
賭博 音 とばく 释 赌博
薬物 音 やくぶつ 释 毒品
覚せい剤 音 かくせいざい 释 毒品
写真 音 しゃしん 释 写真
画像 音 がぞう 释 画像
枕 音 まくら 释 枕头
過激 音 かげき 释 过激

衝撃 音 しょうげき 释 冲击
急展開 音 きゅうてんかい 释 急剧发展
例 急展開の恋愛で1ヶ月で友達に戻ろうと言われました。
恋情急剧发展，可1个月后就听说两人恢复成了朋友关系。
伝播 音 でんぱ 释 传播
スクープ 释 特快，特讯
記事 音 きじ 释 新闻，报道
報道 音 ほうどう 释 报道
報じる 音 ほうじる 释 报道
例 そのニュースは主要な放送網で報じられた。
这个新闻在多个媒体都被播报了。
拡散 音 かくさん 释 扩散
取材する 音 しゅざいする 释 采访
例 特集を企画して取材する。
策划特集，进行采访。
追いかける 音 おいかける 释 追踪；追赶
例 世の中の動向を追いかけていきます。
追踪世间动态。
暴露する 音 ばくろする 释 暴露
掲載する 音 けいさいする 释 刊登
けなす 释 贬低
例 陰で人をけなす。
暗地里损人。
非難する 音 ひなんする 释 非难
本当 音 ほんとう 释 真的
嘘 音 うそ 释 撒谎
主観的 音 しゅかんてき 释 主观
偏った 音 かたよった 释 偏颇
例 他人を偏った見方で見ていませんか。
你有没有带着偏见看人？
事実 音 じじつ 释 事实
有無 音 うむ 释 有无
例 有無を言わせず彼女を追い出した。
不由分说把她赶了出去。
捏造 音 ねつぞう 释 捏造
聞く 音 きく 释 听
見分ける 音 みわける 释 辨别
例 真偽を見分ける。
辨别真伪。
食い止める 音 くいとめる 释 阻止住
例 広がるのを食い止める。
阻止扩散。
ごまかす 释 欺瞒；蒙蔽，掩盖
例 不祥事をごまかす卑劣な手口。
掩盖丑闻的卑劣手段。
翻弄される 音 ほんろう 释 被愚弄
例 政治に翻弄される。
被政治所玩弄。

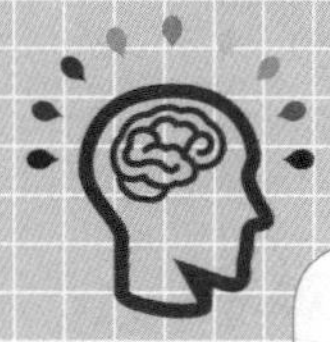

28. 移动设备

28.1 携帯

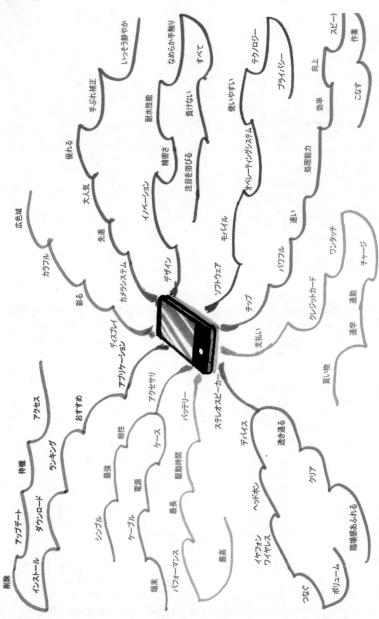

ディスプレイ
彩る
カラフル
広色域
カメラシステム
先進
大人気
優れる
手ぶれ補正
いっそう鮮やか
デザイン
イノベーション
精密さ
耐水性能
なめらかな手触り
注目を浴びる
負けない
すべて
ソフトウェア
モバイル
オペレーティングシステム
使いやすい
テクノロジー
プライバシー
チップ
パワフル
速い
処理能力
効率
向上
スピード
こなす
作業
支払い
クレジットカード
ワンタッチ
チャージ
通勤
通学
買い物
ステレオスピーカー
デバイス
透き通る
クリア
臨場感あふれる
ヘッドホン
イヤフォン
ワイヤレス
つなぐ
ボリューム
バッテリー
駆動時間
最長
最高
パフォーマンス
アクセサリ
ケース
電源
ケーブル
端末
相性
最強
シンプル
アプリケーション
おすすめ
ランキング
アクセス
ダウンロード
待機
アップデート
インストール
削除

单词

スマートフォン 释 智能手机
進化 音 しんか 释 升级
デザイン 释 设计
ソフトウェア 释 软件
チップ 释 芯片
支払い 音 しはらい 释 支付
ステレオスピーカー 释 外放音响
バッテリー 释 电池
アクセサリ 释 饰品
アプリケーション 释 APP
ディスプレイ 释 显示器
カメラシステム 释 拍照系统
イノベーション 释 新技术
精密さ 音 せいみつさ 释 精密性
耐水 音 たいすい 释 防水
性能 音 せいのう 释 性能
なめらか 释 光滑
手触り 音 てざわり 释 触感
すべて 释 全部，所有
負けない 音 まけない 释 不输给
例 誰にも負けない。
不输给任何人。
注目 音 ちゅうもく 释 关注
浴びる 音 あびる 释 沐浴；受到
例 外国人からも注目を浴びる。
甚至受到外国人的关注。
モバイル 释 移动
オペレーティング 释 操作
使いやすい 音 つかいやすい 释 使用方便
例 ホーム画面を使いやすく変更する。
把主页改得更好用。
テクノロジー 释 科技
プライバシー 释 隐私
パワフル 释 强有力
速い 音 はやい 释 快速
処理 音 しょり 释 处理
能力 音 のうりょく 释 能力
効率 音 こうりつ 释 效率
向上 音 こうじょう 释 提高
スピード 释 速度
作業 音 さぎょう 释 操作
こなす 释 运用自如
例 英語も日本語も上手に使いこなせる。
能灵活运用英语和日语。
クレジットカード 释 信用卡
ワンタッチ 释 触摸一次
チャージ 释 充值
例 初めてクレジットチャージをご利用になる場合は、クレジットカードの事前登録が必要です。
第一次用信用卡充值，需要事前登录信用卡。

通勤 音 つうきん 释 上班
通学 音 つうがく 释 上学
買い物 音 かいもの 释 购物
デバイス 释 设备
ヘッドホン 释 耳机（头戴式）
ワイヤレス 释 无线
イヤフォン 释 耳机（入耳式）
つなぐ 释 连，系
ボリューム 释 音量
透き通る 音 すきとおる 释 清脆，清澈
クリア 释 干净
臨場感 音 りんじょうかん 释 临场感
あふれる 释 充满
駆動 音 くどう 释 驱动
時間 音 じかん 释 时间
最長 音 さいちょう 释 最长
パフォーマンス 释 表现
最高 音 さいこう 释 最高
相性 音 あいしょう 释 配合度
最強 音 さいきょう 释 最强
シンプル 释 简洁
ケース 释 套，盒
電源 音 でんげん 释 电源
ケーブル 释 线缆
端末 音 たんまつ 释 终端
おすすめ 释 推荐
ランキング 释 排行
ダウンロード 释 下载
インストール 释 安装
削除 音 さくじょ 释 删除
アップデート 释 升级
待機 音 たいき 释 待机
アクセス 释 点击
彩る 音 いろどる 释 上色；点缀，装饰
例 花が季節を彩る。
鲜花装扮了季节。
カラフル 释 彩色
広色域 音 ひろしきいき 释 高画质
先進 音 せんしん 释 先进
大人気 音 だいにんき 释 大受欢迎
優れる 音 すぐれる 释 优秀
例 私よりずっと優れている。
比我优秀多了。
手ぶれ 音 てぶれ 释 手抖
補正 音 ほせい 释 修正
いっそう 释 更加
例 皆さんのなお一層のご尽力をお願い致します。
望各位能再接再厉。
鮮やか 音 あざやか 释 鲜艳

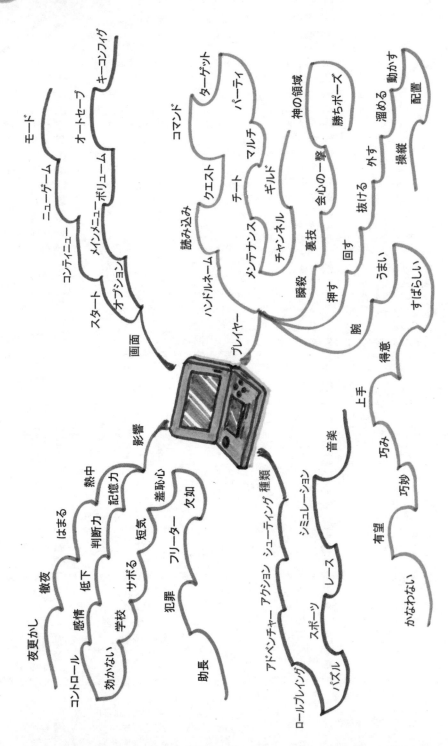

画面
スタート
オプション
コンティニュー
メインメニュー
ボリューム
ニューゲーム
モード
オートセーブ
キーコンフィグ

プレイヤー
ハンドルネーム
読み込み
クエスト
コマンド
ターゲット
パーティ
マルチ
チート
メンテナンス
ギルド
チャンネル
神の領域
勝ちポーズ
会心の一撃
裏技
瞬殺
押す
回す
抜ける
外す
溜める
動かす
配置
操縦

腕
うまい
すばらしい
得意
上手
巧み
巧妙
有望
かなわない

種類
シミュレーション
音楽
シューティング
アクション
アドベンチャー
ロールプレイング
スポーツ
レース
パズル

影響
熱中
はまる
徹夜
夜更かし
記憶力
判断力
低下
感情
コントロール
効かない
羞恥心
短気
サボる
学校
欠如
フリーター
犯罪
助長

单词

ゲーム 释 游戏
画面 音 がめん 释 画面
プレイヤー 释 玩家
種類 音 しゅるい 释 种类
影響 音 えいきょう 释 影响
スタート 释 开始
コンティニュー 释 继续
ニューゲーム 释 新游戏
モード 释 模式
オプション 释 设定
メインメニュー 释 主菜单
ボリューム 释 音量
オートセーブ 释 自动保存
キーコンフィグ 释 按键设置
ハンドルネーム 释 网名
読み込み 音 よみこみ 释 读取
クエスト 释 任务
コマンド 释 指令
ターゲット 释 目标
パーティ 释 队伍
マルチ 释 组队
チート 释 游戏作弊
メンテナンス 释 维护
チャンネル 释 频道
ギルド 释 公会
瞬殺 音 しゅんさつ 释 秒杀
裏技 音 うらわざ 释 秘密绝招
会心の一撃 音 かいしんのいちげき 释 得意的一击
神の領域 音 かみのりょういき 释 神操作
勝ちポーズ 音 かち 释 胜利时的姿势
押す 音 おす 释 按，压
例 スタートボタンを押すと、実行できるようにする。
按下开始键就可以操作。
回す 音 まわす 释 转；传
例 バンドルを左右に回して操縦する。
左右扳动方向盘来操控。
抜ける 音 ぬける 释 退出；溜走
例 役立たずの人にさっさとチームを抜けてほしい。
希望没有用的人早点退队。
外す 音 はずす 释 去掉；离开
例 上司に9月で今の仕事から外すと言われました。
上司让我9月开始就不要做这个工作了。
溜める 音 ためる 释 积蓄
例 こつこつ金を溜めて家を買う。
一点点地攒钱买房。
動かす 音 うごかす 释 动；转动
例 モーターを動かす。
启动马达。
配置する 音 はいちする 释 配置
例 沿道に警察を配置する。
在沿途配置警察。

操縦する 音 そうじゅうする 释 操作
腕 音 うで 释 本事
例 腕を磨く。
磨炼本领。
うまい 释 好
すばらしい 释 非常优秀
得意 音 とくい 释 拿手；得意
上手 音 じょうず 释 好；高明；擅长
巧み 音 たくみ 释 巧妙
巧妙 音 こうみょう 释 巧妙
有望 音 ゆうぼう 释 有希望
例 前途有望な青年。
大有前途的青年。
かなわない 释 比不过；受不了
シューティング 释 射击
アクション 释 动作
アドベンチャー 释 冒险
ロールプレイング 释 角色扮演
パズル 释 拼图
スポーツ 释 运动
レース 释 竞速
シミュレーション 释 模拟
音楽 音 おんがく 释 音乐
熱中する 音 ねっちゅうする 释 热衷于
はまる 释 沉迷于
徹夜する 音 てつやする 释 熬夜
夜更かしする 音 よふかしする 释 熬夜
例 夜更かしの朝寝坊。
晚睡晚起。
記憶力 音 きおくりょく 释 记忆力
判断力 音 はんだんりょく 释 判断力
低下する 音 ていかする 释 低下
感情 音 かんじょう 释 感情
コントロール 释 控制
効かない 音 きかない 释 无效
例 ちっとも睡眠薬が効かないものだから、だんだん量が増えてきた。
安眠药一点用也没有，所以在不断地增大剂量。
学校 音 がっこう 释 学校
サボる 释 旷
短気 音 たんき 释 急躁，没耐性
例 短気は損気。
急性子容易吃亏。
羞恥心 音 しゅうちしん 释 羞耻心
欠如 音 けつじょ 释 缺乏
例 責任感が欠如している。
缺乏责任心。
フリーター 释 自由职业者
犯罪 音 はんざい 释 犯罪
助長する 音 じょちょうする 释 助长
例 人殺しのゲームは現実の殺人行為を助長して いる。
杀人游戏助长了现实中的杀人行为。

29. 购物

29 アウトレット

Sale

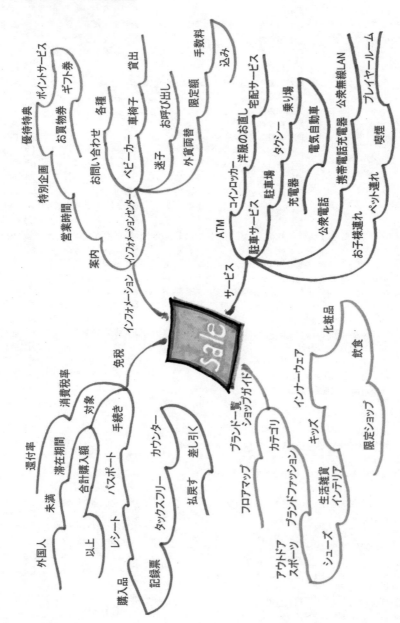

インフォメーション
案内
営業時間
特別企画
優待特典
お買物券
ポイントサービス
ギフト券
インフォメーションセンター
お問い合わせ
各種
ベビーカー
車椅子
貸出
迷子
お呼び出し
外貨両替
限定額
手数料
込み

サービス
ATM
コインロッカー
洋服のお直し
宅配サービス
駐車サービス
駐車場
タクシー
乗り場
充電器
電気自動車
公衆電話
携帯電話充電器
公衆無線LAN
お子様連れ
ペット連れ
喫煙
プレイヤールーム

免税
対象
消費税率
還付率
滞在期間
未満
外国人
手続き
合計購入額
以上
パスポート
レシート
購入品
記録票
カウンター
タックスフリー
差し引く
払戻す

ショップガイド
ブランド一覧
フロアマップ
カテゴリ
ブランドファッション
アウトドア
スポーツ
生活雑貨
インテリア
シューズ
キッズ
インナーウェア
化粧品
飲食
限定ショップ

单词

单词	音	释
アウトレット		奥特莱斯
インフォメーション		信息，问讯处
サービス		服务
ショップ		店铺
ガイド		向导
免税	めんぜい	免税
案内	あんない	介绍
営業時間	えいぎょうじかん	营业时间
特別	とくべつ	特别
企画	きかく	策划，规划
優待	ゆうたい	优惠
特典	とくてん	优惠
ポイントサービス		积分服务
ギフト券	けん	赠券
お買物券	おかいものけん	购物券
インフォメーションセンター		问询中心
お問い合わせ	おといあわせ	咨询
各種	かくしゅ	各种
ベビーカー		婴儿车
車椅子	くるまいす	轮椅
貸出	かしだし	出借
迷子	まいご	迷路
お呼び出し	およびだし	呼叫
外貨両替	がいかりょうがえ	外币兑换
限定額	げんていがく	限额
手数料	てすうりょう	手续费
込み	こみ	包含
ATM		ATM
コインロッカー		投币储物柜
洋服	ようふく	服装
お直し	おなおし	修改
宅配	たくはい	配送
駐車	ちゅうしゃ	停车
駐車場	ちゅうしゃじょう	停车场
タクシー		出租车
乗り場	のりば	上客点
電気自動車	でんきじどうしゃ	电动车
充電器	じゅうでんき	充电器
公衆電話	こうしゅうでんわ	公共电话
携帯電話充電器	けいたいでんわじゅうでんき	手机充电器
公衆無線 LAN	こうしゅうむせん	公共无线网络
お子様連れ	おこさまづれ	带小孩的
ペット連れ	づれ	带宠物的
喫煙	きつえん	吸烟
プレイヤー		祷告
ルーム		房间
ブランド		品牌
一覧	いちらん	一览
フロアマップ		楼层地图
カテゴリ		分类
ブランドファッション		时尚品牌
スポーツ		运动
アウトドア		户外
シューズ		鞋
インテリア		室内用品
生活雑貨	せいかつざっか	生活杂物
キッズ		儿童
インナーウェア		内衣
化粧品	けしょうひん	化妆品
飲食	いんしょく	饮食
限定ショップ	げんてい	限定商店，专卖店
消費税率	しょうひぜいりつ	消费税
還付率	かんぷりつ	返还率
対象	たいしょう	对象
滞在期間	たいざいきかん	滞留期间
未満	みまん	不到
外国人	がいこくじん	外国人
合計	ごうけい	合计
購入額	こうにゅうがく	购买金额
以上	いじょう	以上
手続き	てつづき	手续
パスポート		护照
レシート		收银小票
購入品	こうにゅうひん	购入商品
記録票	きろくひょう	登记票
タックスフリー		免税
カウンター		柜台
差し引く	さしひく	扣除

例 振込金額と手数料をご指定の口座から引き落とします。
转账金额和手续费从指定的银行户头里扣除。

单词	音	释
払戻す	はらいもどす	返还

例 新幹線が遅れたら切符を払い戻してもらえませんか。
新干线如果晚点，可以要求退票吗？

30. 就业

30.1 就活

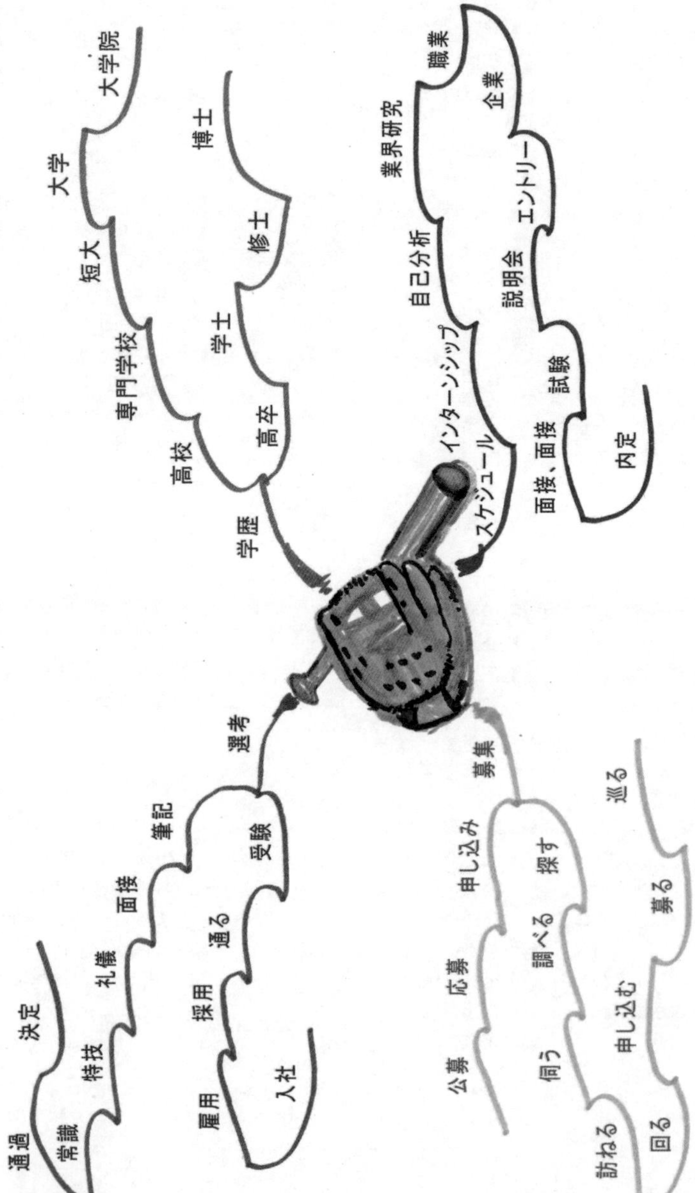

学歴
高校
専門学校
短大
大学
大学院
高卒
学士
修士
博士

スケジュール
インターンシップ
自己分析
業界研究
職業
企業
エントリー
説明会
試験
面接、面接
内定

選考
筆記
面接
礼儀
特技
決定
常識
通過
受験
通る
採用
雇用
入社

募集
申し込み
応募
公募
探す
調べる
伺う
巡る
募る
申し込む
訪ねる
回る

单词

就活 音 しゅうかつ 释 就职活动
学歴 音 がくれき 释 学历
スケジュール 释 日程安排
募集 音 ぼしゅう 释 招聘
選考 音 せんこう 释 选拔
高校 音 こうこう 释 高中
大学 音 だいがく 释 大学
短大 音 たんだい 释 短期大学
大学院 音 だいがくいん 释 研究生院
専門学校 音 せんもんがっこう 释 专门学校
高卒 音 こうそつ 释 高中毕业
学士 音 がくし 释 学士
修士 音 しゅうし 释 硕士
博士 音 はかせ 释 博士
インターンシップ 释 实习
自己分析 音 じこぶんせき 释 自我分析
業界 音 ぎょうかい 释 业界
研究 音 けんきゅう 释 研究
職業 音 しょくぎょう 释 职业
企業 音 きぎょう 释 企业
エントリー 释 报名应聘
説明会 音 せつめいかい 释 说明会
試験 音 しけん 释 考试
面接 音 めんせつ 释 面试
内定 音 ないてい 释 内定
申し込み 音 もうしこみ 释 申请
応募 音 おうぼ 释 应聘
公募 音 こうぼ 释 公招
探す 音 さがす 释 找
調べる 音 しらべる 释 调查
伺う 音 うかがう 释 拜访；请教
例 もうひとつ伺いたいことがあります。
还想再请教您一件事。
訪ねる 音 たずねる 释 访问
例 出し抜けに訪ねる。
突然拜访。
回る 音 まわる 释 巡回，到各处
例 1日で10社以上回って情報収集をする学生もいるようです。
好像有的学生一天要跑十多家公司，到处收集招聘信息。
申し込む 音 もうしこむ 释 申请
募る 音 つのる 释 招募
例 自分の勤務する会社が希望退職を募る。
自己任职的公司在招募自愿离职。
巡る 音 めぐる 释 围绕；巡回
例 日本全国のいろんなお城を巡ってみたいなと思っています。
想去逛逛日本全国各地的城堡。
筆記 音 ひっき 释 笔记
面接 音 めんせつ 释 面试
礼儀 音 れいぎ 释 礼仪
特技 音 とくぎ 释 特长
常識 音 じょうしき 释 常识
通過 音 つうか 释 通过
決定 音 けってい 释 决定
受験する 音 じゅけんする 释 备考
通る 音 とおる 释 通过
採用する 音 さいようする 释 采用，录用
例 企業は採用するか否かを決めるために、できるだけ多くの情報を欲しいと思っている。
我想公司在决定是否录用一个人的时候，都尽可能地想多了解些信息。
雇用する 音 こようする 释 雇佣
例 従業員を50人以上雇用している。
雇用员工人数超过50人。
入社する 音 にゅうしゃする 释 入社
例 入社してかれこれ半年になろうとしている。
入社快要半年了。

30.2 服装のマナー（男）

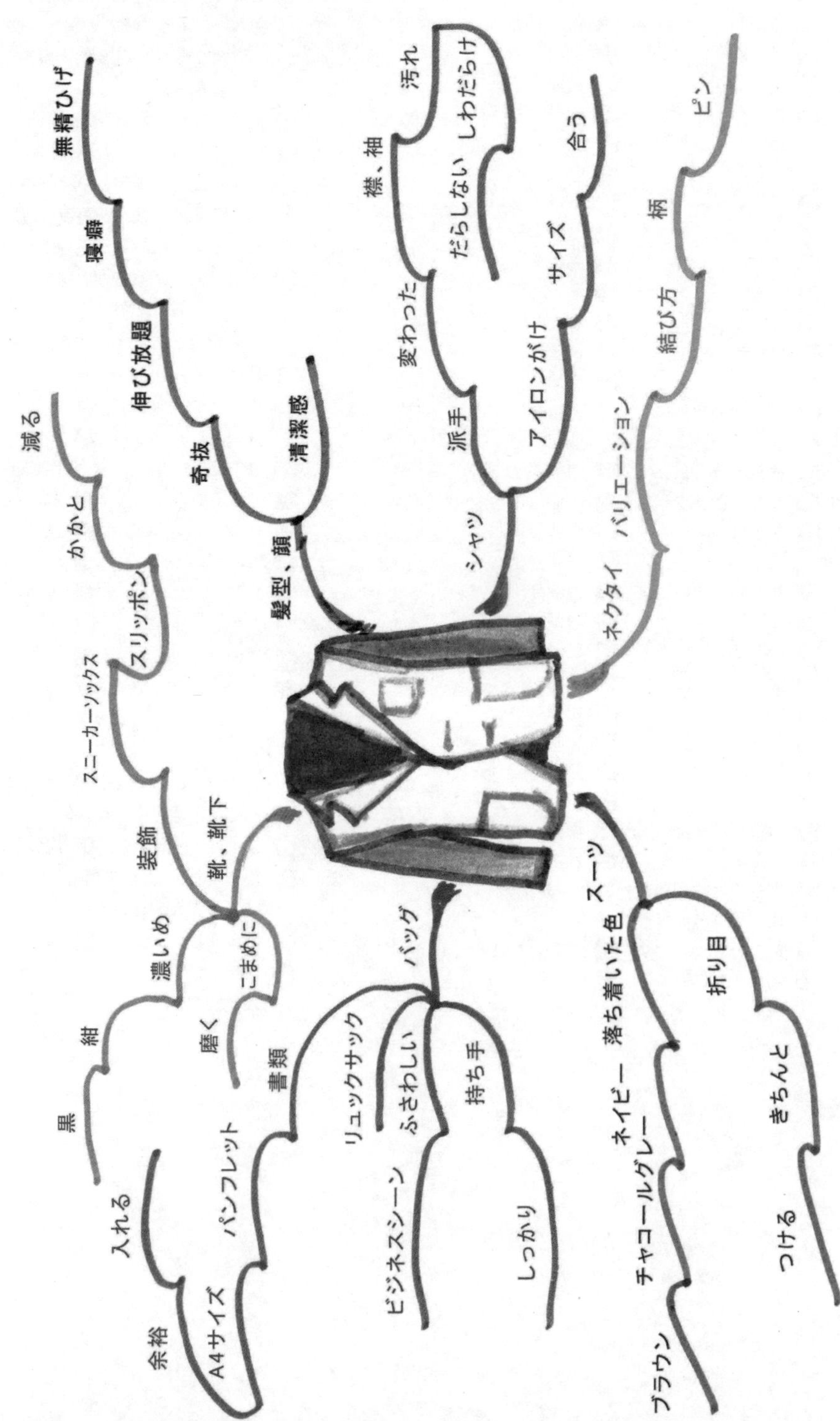
髪型、顔
清潔感
奇抜
伸び放題
寝癖
無精ひげ
シャツ
派手
変わった
襟、袖
汚れ
だらしない
しわだらけ
アイロンがけ
サイズ
合う
ネクタイ
バリエーション
結び方
柄
ピン
スーツ
落ち着いた色
ネイビー
チャコールグレー
ブラウン
折り目
きちんと
つける
バッグ
ふさわしい
ビジネスシーン
リュックサック
持ち手
しっかり
書類
パンフレット
A4サイズ
余裕
入れる
靴、靴下
装飾
スニーカーソックス
スリッポン
かかと
減る
こまめに
磨く
濃いめ
紺
黒

单词

服装 音 ふくそう 释 服装
マナー 释 礼节；规矩
男 音 おとこ 释 男
髪型 音 かみがた 释 发型
顔 音 かお 释 脸
シャツ 释 衬衣
ネクタイ 释 领带
スーツ 释 西装
バッグ 释 包
靴 音 くつ 释 鞋
靴下 音 くつした 释 袜子
NG 释 NG
奇抜 音 きばつ 释 奇异
例 奇抜な服装。
奇装异服。
伸び放題 音 のびほうだい 释 任其生长
例 旅で伸び放題になった髪を切る。
剪掉在旅途中任意生长的头发。
寝癖 音 ねぐせ 释 睡翘的头发
例 寝癖を直す。
整理睡翘的头发。
無精ひげ 音 ぶしょうひげ 释 邋遢胡子
清潔感 音 せいけつかん 释 清洁感
派手 音 はで 释 华丽
変わった 音 かわった 释 不同寻常
例 変わったことが好きです。
喜欢新奇的事物。
襟 音 えり 释 领口
袖 音 そで 释 袖口
汚れ 音 よごれ 释 污渍
しわだらけ 释 满是褶皱
だらしない 释 吊儿郎当；放荡，没规矩
例 夫はお酒を飲むとだらしない。
丈夫喝了酒就没个规矩样。
アイロンがけ 释 熨烫
サイズ 释 尺寸
合う 音 あう 释 合适

バリエーション 释 变化
結び方 音 むすびかた 释 系法
柄 音 がら 释 花色
ピン 释 领带夹
落ち着いた色 音 おちついたいろ 释 沉稳的颜色
ネイビー 释 深蓝色
チャコールグレー 释 深咖灰
ブラウン 释 深棕
折り目 音 おりめ 释 折痕，裤线
例 アイロンで折り目をきちんとズボンにつける。
用熨斗烫出裤子的裤线。
きちんと 释 整洁；恰当
つける 释 系，结，带
リュックサック 释 背包
ビジネスシーン 释 商务场面
ふさわしい 释 适合
持ち手 音 もちて 释 把手
しっかり 释 牢固
例 両手でしっかり持って。
两手拿稳。
書類 音 しょるい 释 文件
パンフレット 释 册子
A4 サイズ 释 A4 大小
余裕 音 よゆう 释 宽裕
入れる 音 いれる 释 放入
装飾 音 そうしょく 释 装饰
スリッポン 释 乐福鞋
スニーカーソックス 释 船袜
かかと 释 后跟
減る 音 へる 释 减少；磨损
濃いめ 音 こいめ 释 略浓厚的
紺 音 こん 释 深蓝色
黒 音 くろ 释 黑色
こまめに 释 仔细；勤恳
例 こまめな靴磨きは、靴の寿命を延ばします。
勤刷鞋，会延长鞋的寿命。
磨く 音 みがく 释 刷

30.3 服装のマナー(女)

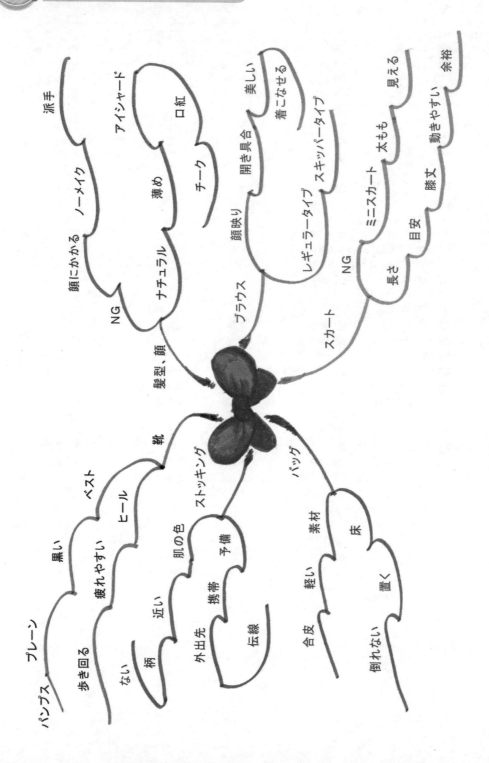

- 髪型、顔
  - NG
    - 顔にかかる
    - ノーメイク
    - 派手
  - ナチュラル
    - 薄め
    - アイシャドー
    - 口紅
    - チーク
- ブラウス
  - 顔映り
    - 開き具合
    - 美しい
    - 着こなせる
  - レギュラータイプ
  - スキッパータイプ
- スカート
  - NG
    - ミニスカート
    - 太もも
    - 見える
  - 長さ
    - 目安
    - 膝丈
    - 動きやすい
    - 余裕
- 靴
  - パンプス
    - プレーン
    - 黒い
    - ベスト
  - ヒール
    - 歩き回る
    - 疲れやすい
- ストッキング
  - 肌の色
    - 近い
    - 柄
    - ない
  - 予備
    - 携帯
    - 外出先
    - 伝線
- バッグ
  - 素材
    - 軽い
    - 合皮
  - 床
    - 置く
    - 倒れない

单词

服装 音 ふくそう 释 服装
マナー 释 礼节；规矩
女 音 おんな 女
髪型 音 かみがた 释 发型
顔 音 かお 释 脸
ブラウス 释 罩衫；衬衫
スカート 释 裙子
バッグ 释 包
ストッキング 释 长筒袜
靴 音 くつ 释 鞋
NG 释 NG
かかる 释 挂
ノーメイク 释 素颜
派手 音 はで 释 华丽
ナチュラル 释 自然
薄め 音 うすめ 释 薄些；淡些
アイシャード 释 眼影
口紅 音 くちべに 释 口红
チーク 释 腮红
顔映り 音 かおうつり 释 映衬脸色
例 顔映りがよくなる洋服を選ぶ。
选一件衬得脸色好看的衣服。
開き具合 释 开口
美しい 释 美
着こなせる 释 穿得合适
例 20代前半から30代後半まで幅広く着こなせる。
20岁出头到30多岁的人穿着都很合适。
レギュラータイプ 释 正式款式
スキッパータイプ 释 V型开领
ミニスカート 释 迷你裙
太もも 音 ふともも 释 大腿
見える 音 みえる 释 看得见
例 今夜は星も見えない。
今夜看不到星星。
長さ 音 ながさ 释 长度
目安 音 めやす 释 目标
例 60点を目安とする。
以60分为目标。

膝丈 音 ひざたけ 释 膝盖长度
動きやすい 音 うごきやすい 释 方便行动
例 スーツではなく、動きやすい服装で来るよう求められる。
要求不要穿正装，要穿方便行动的衣服。
余裕 音 よゆう 释 宽裕
素材 音 そざい 释 素材
軽い 音 かるい 释 轻
合皮 音 ごうひ 释 合成皮革
床 音 ゆか 释 地板
例 バッグを床に置くとすぐ倒れちゃうんです。
包放在地板上马上就倒了。
置く 音 おく 释 放置
倒れない 音 たおれない 释 不倒
肌の色 音 はだのいろ 释 肤色
近い 音 ちかい 释 接近
柄 音 がら 释 花色
ない 释 没有
予備 音 よび 释 预备
携帯する 音 けいたいする 释 携带
外出先 音 がいしゅつさき 释 要去的地方
伝線 音 でんせん 释 绽线，跳线
例 外出中に、ストッキングが何かにひっかけてしまい伝線してしまった。
外出时，长筒袜不知道被什么挂跳线了。
ベスト 释 最佳
黒い 音 くろい 释 黑色
プレーン 释 平坦；平淡
パンプス 释 女用浅口无扣无带皮鞋
ヒール 释 鞋跟
疲れやすい 音 つかれやすい 释 容易累
歩き回る 音 あるきまわる 释 到处走
例 一日中歩き回ってもうくたくただ。
一天都在走来走去累死了。

31. 经济

31.1 バブル景気

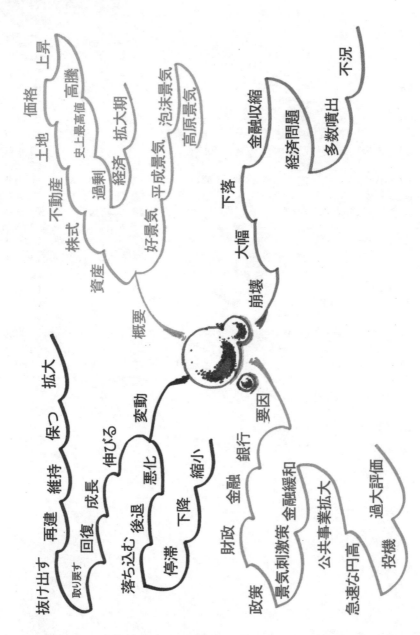

概要
資産
株式
不動産
土地
価格
上昇
高騰
史上最高値
過剰
経済
拡大期
好景気
平成景気
泡沫景気
高原景気

崩壊
大幅
下落
金融収縮
経済問題
多数噴出
不況

要因
銀行
金融
財政
政策
景気刺激策
金融緩和
公共事業拡大
急速な円高
過大評価
投機

変動
悪化
後退
落ち込む
停滞
下降
縮小
伸びる
成長
回復
取り戻す
抜け出す
再建
維持
保つ
拡大

单词

バブル景気 音 けいき 释 泡沫经济
概要 音 がいよう 释 概要
崩壊 音 ほうかい 释 崩坏
要因 音 よういん 释 要因
変動 音 へんどう 释 变动
資産 音 しさん 释 资产
株式 音 かぶしき 释 股份；股票
不動産 音 ふどうさん 释 不动产
土地 音 とち 释 土地
価格 音 かかく 释 价格
上昇 音 じょうしょう 释 上升
高騰 音 こうとう 释 高涨
史上 音 しじょう 释 史上
最高値 音 さいたかね 释 最高值
過剰 音 かじょう 释 过剩
経済 音 けいざい 释 经济
拡大期 音 かくだいき 释 扩大期
好景気 音 こうけいき 释 好景气；繁荣
平成景気 音 へいせいけいき 释 平成景气
泡沫景気 音 ほうまつけいき 释 泡沫景气
高原景気 音 こうげんけいき 释 高原景气
大幅 音 おおはば 释 大幅度
下落 音 げらく 释 下落
金融 音 きんゆう 释 金融
収縮 音 しゅうしゅく 释 收缩
経済問題 音 けいざいもんだい 释 经济问题
多数 音 たすう 释 多数
噴出 音 ふんしゅつ 释 喷出
例 溶岩が噴出する。
岩浆喷出。
不況 音 ふきょう 释 不景气；萧条
銀行 音 ぎんこう 释 银行
財政 音 ざいせい 释 财政
政策 音 せいさく 释 政策
景気刺激策 音 けいきしげきさく 释 经济刺激政策
金融緩和 音 きんゆうかんわ 释 金融放缓
公共事業 音 こうきょうじぎょう 释 公共事业
拡大 音 かくだい 释 扩大
急速 音 きゅうそく 释 急速
円高 音 えんだか 释 日元升值
投機 音 とうき 释 投机
過大 音 かだい 释 过大
評価 音 ひょうか 释 评价
伸びる 音 のびる 释 伸长
例 売り上げが伸びる。
销售额增长。

成長する 音 せいちょうする 释 成长
回復する 音 かいふくする 释 恢复
例 景気が回復する。
恢复经济。
取り戻す 音 とりもどす 释 拿回
例 彼は容易に仕事の遅れを取り戻すことができた。
他很轻松地追回了工作上的延误。
抜け出す 音 ぬけだす 释 溜出；脱离
例 貧困から抜け出した。
脱离贫困。
再建する 音 さいけんする 释 重建
例 落ち目の政党を再建する。
重建颓败的政党。
維持する 音 いじする 释 维持
例 現状を維持することのリスクと新しいことに挑戦するリスク。
维持现状的风险和挑战新事物的风险。
保つ 音 たもつ 释 保持
例 今後の課題は現在の地位をいかにして保つかということになる。
今后的课题是如何保住现有的地位。
拡大する 音 かくだいする 释 扩大
例 クリックして文字を拡大する。
点击扩大文字。
悪化する 音 あっかする 释 恶化
例 そのままにしておくと、どんどん事態が悪化していきます。
就这样搁置的话，事态会不断恶化。
後退する 音 こうたいする 释 后退
例 統合の歩みを後退させる。
统一向后退。
落ち込む 音 おちこむ 释 陷入；跌落
例 これを受けてエネルギー需要が落ち込むとの懸念が浮上した。
有人担心认为受此影响能源需求会不会就此滑落。
停滞する 音 ていたいする 释 停滞
例 停滞する日本をいかに建て直したか。
如何重建停滞不前的日本？
下降する 音 かこうする 释 下降
例 2日以上連続して下降し続けている株。
连续超过两天不停下跌的股票。
縮小する 音 しゅくしょうする 释 缩小
例 不景気で経営規模の縮小を余儀なくされた。
因为经济不景气不得不缩小经营规模。

31.2 株初心者

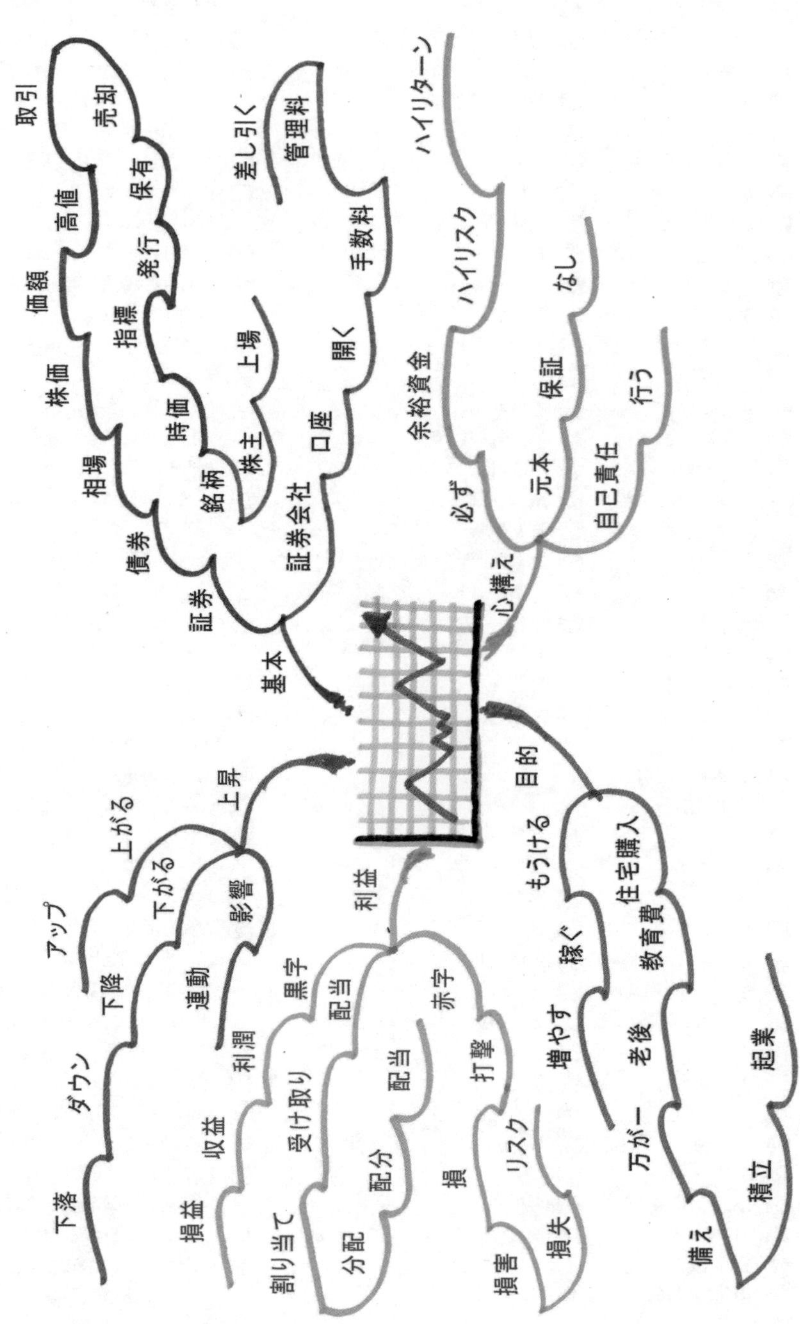
基本
証券
債券
相場
株価
価額
高値
取引
売却
保有
発行
指標
時価
銘柄
株主
上場
証券会社
口座
開く
手数料
管理料
差し引く
心構え
必ず
余裕資金
ハイリスク
ハイリターン
元本
保証
なし
自己責任
行う
上昇
影響
下がる
上がる
アップ
連動
下降
ダウン
下落
利益
黒字
配当
利潤
収益
損益
受け取り
割り当て
分配
配分
赤字
打撃
損
リスク
損害
損失
目的
もうける
稼ぐ
住宅購入
教育費
増やす
老後
万が一
備え
積立
起業

单词

株 音 かぶ 释 股票
初心者 音 しょしんしゃ 释 初学者
基本 音 きほん 释 基本
心構え 音 こころがまえ 释 思想准备
例 万一のときの心構えをしておく。
做好最坏的思想准备。
目的 音 もくてき 释 目的
利益 音 りえき 释 利润；利益
上昇 音 じょうしょう 释 上升
証券 音 しょうけん 释 证券
債券 音 さいけん 释 债券
相場 音 そうば 释 行情；市价
株価 音 かぶか 释 股价
価額 音 かがく 释 价格
高値 音 たかね 释 高价
例 株を安値で買って高値で売る。
股票低价购买高价出售。
取引 音 とりひき 释 交易
例 取引に使った証券口座は 200 口以上に及んだ。
用于交易的户头已经超过 200 个。
売却 音 ばいきゃく 释 出售
例 相続した土地を売却して、譲渡代金を相続人で分割する。
出售继承的土地，转让费由继承人来分。
保有 音 ほゆう 释 持有
例 保有している株の株価は毎日チェックしています。
每天查看持有股票的股价。
発行 音 はっこう 释 发行；发售
指標 音 しひょう 释 指标
時価 音 じか 释 时价
銘柄 音 めいがら 释 商标；品种
例 相場低迷で売られた銘柄を選出する。
挑选出在市场低迷时仍能卖出的股票。
株主 音 かぶぬし 释 股东
上場 音 じょうじょう 释 上市
例 多くのベンチャー企業はまず株式を上場する事を目的としている場合が多い。
大多数风投企业首要目的就是股票上市。
証券会社 音 しょうけんかいしゃ 释 证券公司
口座 音 こうざ 释 户头
例 口座を開いて株を始める。
开户炒股。
開く 音 ひらく 释 开

手数料 音 てすうりょう 释 手续费
管理料 音 かんりりょう 释 管理费
差し引く 音 さしひく 释 扣除
例 管理料として毎月 25 日に銀行口座から差し引かれる。
每月 25 日从银行户头扣除管理费。
必ず 音 かならず 释 必须，必然
例 世の中、「必ずもうかる」投資話はまずあり得ません。
这个世上，哪有什么"肯定赚钱"的事。
余裕資金 音 よゆうしきん 释 空闲资金
ハイリスク 释 高风险
ハイリターン 释 高回报
元本 音 がんぽん 释 本金
保証 音 ほしょう 释 保证
なし 释 没有
自己責任 音 じこせきにん 释 责任自负
行う 音 おこなう 释 行使；实行
例 改革を行う。
实行改革。
もうける 释 赚了，发了
例 もうけるなんて、簡単よ。
赚钱实在太简单了。
稼ぐ 音 かせぐ 释 挣钱
例 稼ぐに追いつく貧乏なし。
勤劳者不受穷。
増やす 音 ふやす 释 增加
住宅購入 音 じゅうたくこうにゅう 释 购房
教育費 音 きょういくひ 释 教育费用
老後 音 ろうご 释 晚年
万が一 音 まんがいち 释 万一，不测，意外
例 万が一失敗したらどうしよう。
万一失败了可怎么办？
備え 音 そなえ 释 准备，预备
例 備えあれば憂いなし。
有备无患。
積立 音 つみたて 释 积存，积累
例 まとまったお金がなくても、積立で将来必要なお金を準備できます。
即使没有一笔整钱，也要一点点地积累，为将来做准备。
起業 音 きぎょう 释 创业
黒字 音 くろじ 释 盈余
利潤 音 りじゅん 释 利润
収益 音 しゅうえき 释 收益

损益　音 そんえき　释 盈亏

配当　音 はいとう　释 分红；红利

受け取り　音 うけとり　释 收取

割り当て　音 わりあて　释 分配，分摊

分配　音 ぶんぱい　释 分配，分给

配分　音 はいぶん　释 分配

赤字　音 あかじ　释 赤字，亏损

打撃　音 だげき　释 打击

損害　音 そんがい　释 损害

損失　音 そんしつ　释 损失

リスク　释 奉献

上がる　音 あがる　释 风险

例 朝食を抜くと、糖尿病リスクが上がる。
不吃早饭，会增加糖尿病风险。

上昇する　音 じょうしょうする　释 上升

アップする　释 上升；上传；更新

例 客単価が20%アップする。
提高20%的客单价。

下がる　音 さがる　释 下降

例 株価が下がり続ける。
股价持续下滑。

下降する　音 かこうする　释 下降

ダウンする　释 下降

下落する　音 げらくする　释 下落

例 相場が大きく下落している。
市场行情大幅下跌。

影響する　音 えいきょうする　释 影响

連動する　音 れんどうする　释 连动，联动

例 伊勢丹と連動したシステムを構築し、新たなショッピング体験を共同で提供すると発表した。
发表称，要和伊势丹构建联动系统，共同提供新的购物体验。

32. 工业

32.1 自動車

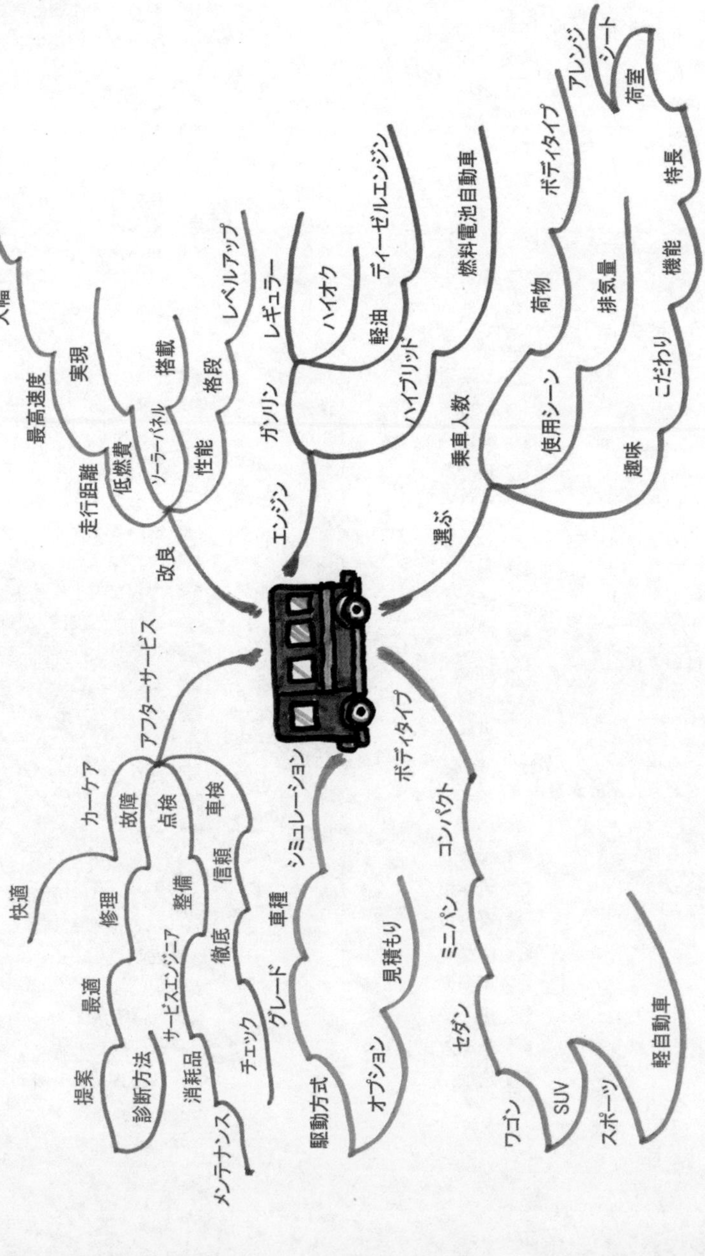

改良
走行距離
低燃費
ソーラーパネル
性能
最高速度
実現
大幅
向上
搭載
格段
レベルアップ

エンジン
ガソリン
レギュラー
ハイオク
軽油
ディーゼルエンジン
ハイブリッド
燃料電池自動車

選ぶ
乗車人数
使用シーン
荷物
ボディタイプ
アレンジ
シート
荷室
特長
排気量
機能
こだわり
趣味

ボディタイプ
コンパクト
ミニバン
セダン
ワゴン
SUV
スポーツ
軽自動車

シミュレーション
車種
グレード
見積もり
オプション
駆動方式

アフターサービス
カーケア
快適
故障
修理
最適
提案
点検
整備
サービスエンジニア
診断方法
消耗品
車検
信頼
徹底
チェック
メンテナンス

单词

自動車 音 じどうしゃ 释 汽车
エンジン 释 引擎
ボディタイプ 释 车身类型
選ぶ 音 えらぶ 释 选择
例 新車の選び方には、メーカーで選ぶ人も多いと思います。
在选新车时，很多人是选厂家。
シミュレーション 释 模拟
アフターサービス 释 售后服务
改良 音 かいりょう 释 改良
ガソリン 释 汽油
レギュラー 释 常规
ハイオク 释 高辛烷
軽油 音 けいゆ 释 轻油
ディーゼルエンジン 释 柴油发动机
ハイブリッド 释 混合
燃料電池自動車 音 ねんりょうでんちじどうしゃ 释 燃料电池汽车
コンパクト 释 紧凑型轿车
ミニバン 释 微型面包车
セダン 释 三厢轿车
ワゴン 释 旅行车
SUV 释 SUV
スポーツ 释 运动款
軽自動車 音 けいじどうしゃ 释 小型汽车
乗車人数 音 じょうしゃにんずう 释 乘车人数
荷物 音 にもつ 释 行李
使用シーン 音 しよう 释 使用场合
排気量 音 はいきりょう 释 排气量
趣味 音 しゅみ 释 爱好
こだわり 释 讲究，拘泥
例 恋人選びにこだわりはいらない。
选恋人，不要太过讲究。
機能 音 きのう 释 机能
特長 音 とくちょう 释 特长
荷室 音 にしつ 释 行李箱
シート 释 安全带
アレンジ 释 配置
車種 音 しゃしゅ 释 车型
グレード 释 ……型，……版
駆動方式 音 くどうほうしき 释 驱动方式
オプション 释 选项

見積もり 音 みつもり 释 报价；预估
例 見積書をメールで送る場合は、見積書を見なくても内容が分かるように本文に見積もりの内容を記載しましょう。
在用邮件发送报价表的时候，在正文里面也应该写上报价的内容，以便让对方不看报价表也能知道内容。
カーケア 释 汽车维护
快適 音 かいてき 释 舒适
例 狭くても快適に暮らしています。
虽然窄，但是生活很舒适。
故障 音 こしょう 释 故障
修理 音 しゅうり 释 修理
最適 音 さいてき 释 最佳
提案 音 ていあん 释 提案
診断方法 音 しんだんほうほう 释 诊断方法
点検 音 てんけん 释 检查
整備 音 せいび 释 齐备
サービスエンジニア 释 技师
消耗品 音 しょうもうひん 释 消耗品
メンテナンス 释 维护，保养
車検 音 しゃけん 释 车检
信頼 音 しんらい 释 信赖
徹底 音 てってい 释 彻底
チェック 释 检查，检验
走行距離 音 そうこうきょり 释 行驶距离
最高速度 音 さいこうそくど 释 最高速度
大幅 音 おおはば 释 大幅度
例 大幅な人事異動を行う。
进行大幅度的人事调动。
向上 音 こうじょう 释 提高
低燃費 音 ていねんぴ 释 油耗低
実現する 音 じつげんする 释 实现
ソーラーパネル 释 太阳能板
搭載 音 とうさい 释 装载
性能 音 せいのう 释 性能
格段 音 かくだん 释 特别，格外
例 いろんな店で食べたが、チーズケーキはこの店が格段においしい。
吃过很多家店，这家店的芝士蛋糕格外好吃。
レベルアップ 释 提升水平
例 効率的なレベルアップのための基礎知識を伝授します。
传授你快速升级的基础知识。

32.2 工業

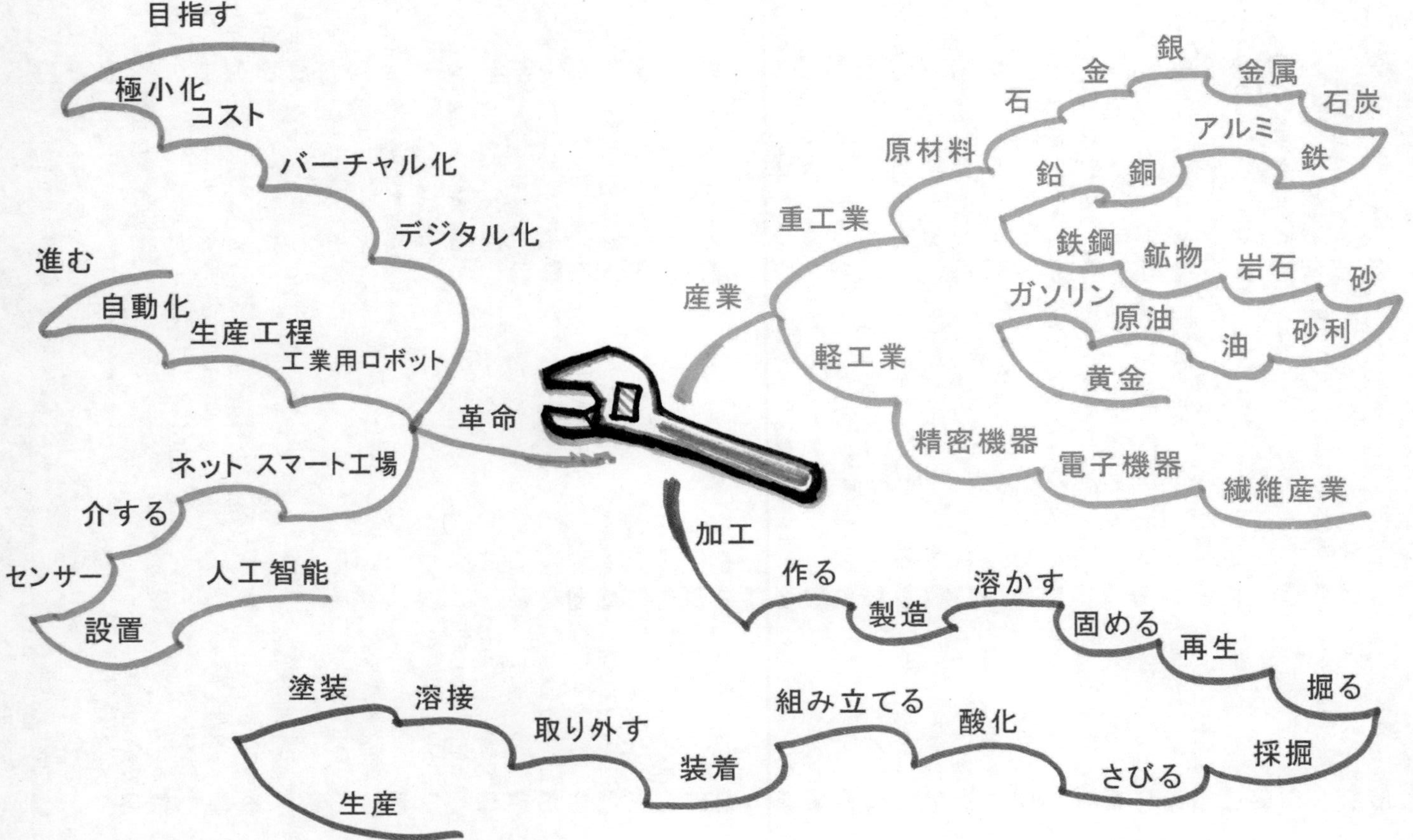

目指す
極小化
コスト
バーチャル化
デジタル化
進む
自動化
生産工程
工業用ロボット
革命
ネット
スマート工場
介する
センサー
人工智能
設置
産業
重工業
原材料
石
金
銀
金属
石炭
アルミ
鉄
鉛
銅
鉄鋼
鉱物
岩石
砂
ガソリン
原油
油
砂利
黄金
軽工業
精密機器
電子機器
繊維産業
加工
作る
製造
溶かす
固める
再生
掘る
塗装
溶接
取り外す
装着
組み立てる
酸化
さびる
採掘
生産

单词

工業	音 こうぎょう	释 工业
産業	音 さんぎょう	释 产业
加工	音 かこう	释 加工
革命	音 かくめい	释 革命
重工業	音 じゅうこうぎょう	释 重工业
原材料	音 げんざいりょう	释 原材料
石	音 いし	释 石
金	音 きん	释 金
銀	音 ぎん	释 银
金属	音 きんぞく	释 金属
石炭	音 せきたん	释 煤炭
鉄	音 てつ	释 铁
	例 鉄は熱いうちに打て。 趁热打铁。	
アルミ		释 铝
銅	音 どう	释 铜
鉛	音 なまり	释 铅
鉄鋼	音 てっこう	释 钢铁
鉱物	音 こうぶつ	释 矿物
岩石	音 がんせき	释 岩石
砂	音 すな	释 砂
砂利	音 じゃり	释 砾石
油	音 あぶら	释 油
原油	音 げんゆ	释 原油
ガソリン		释 汽油
黄金	音 おうごん	释 黄金
軽工業	音 けいこうぎょう	释 轻工业
精密機器	音 せいみつきき	释 精密仪器
電子機器	音 でんしきき	释 电子仪器
繊維産業	音 せんいさんぎょう	释 纤维产业
作る	音 つくる	释 制造
製造する	音 せいぞうする	释 制造
溶かす	音 とかす	释 溶化
	例 製鉄所で鉄を溶かす。 在钢铁厂化铁。	
固める	音 かためる	释 凝固
	例 石膏を固める。 凝固石膏。	
再生する	音 さいせいする	释 再生
	例 ゴムを再生する。 把废胶重制为新胶。	
掘る	音 ほる	释 挖掘
	例 トンネルを掘る。 挖隧道。	
採掘する	音 さいくつする	释 开采
	例 石油を採掘する。 开采石油。	
さびる		释 生锈
	例 刀がさびた。 刀生锈了。	
酸化する	音 さんかする	释 氧化
	例 鉄が酸化してさびが生じた。 铁氧化后生锈了。	
組み立てる	音 くみたてる	释 组装
	例 部品を組み立てる。 组装配件。	
装着する	音 そうちゃくする	释 安装；穿着
	例 心拍センサーを装着する。 佩戴心率检测器。	
取り外す	音 とりはずす	释 卸下，拆下
	例 ねじを取り外す。 卸下螺丝。	
溶接する	音 ようせつする	释 焊接
	例 心棒の破片を溶接する。 把轴的碎片焊接起来。	
塗装する	音 とそうする	释 涂饰，涂抹
	例 色を替えて気分転換のために白ペンキで塗装する。 涂上白漆，换个颜色，换个心情。	
デジタル化	音 か	释 电子化
バーチャル化	音 か	释 虚拟化
コスト		释 成本
	例 コストの極小化を目指す。 以成本最小化为目标。	
極小化	音 きょくしょうか	释 最小化
目指す	音 めざす	释 以……为目标
工業用ロボット	音 こうぎょうよう	释 工业用机器人
生産工程	音 せいさんこうてい	释 生产工程
自動化	音 じどうか	释 自动化
進む	音 すすむ	释 前进，先进
	例 生産工程の自動化が進む中で、製造・検査ラインにおける仕分けや外観検査等は、依然として人間の目視に頼っている場合が多い。 在生产工程不断自动化的过程中，制造和检查线上，还是有不少区分和外观检查等项目得倚靠人眼的观察。	
スマート工場	音 こうじょう	释 智能工厂
ネット		释 网络
介する	音 かいする	释 通过
	例 ネットを介してパソコンに侵入するウイルス。 通过网络入侵电脑的病毒。	
センサー		释 感应，探知
設置する	音 せっちする	释 设置，安装
人工智能	音 じんこうちのう	释 人工智能

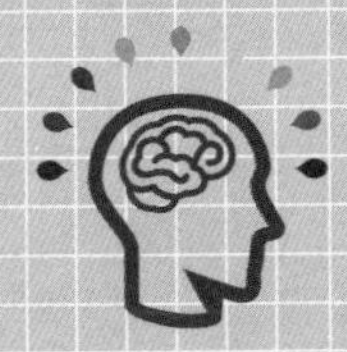

33. 建筑

33 建筑

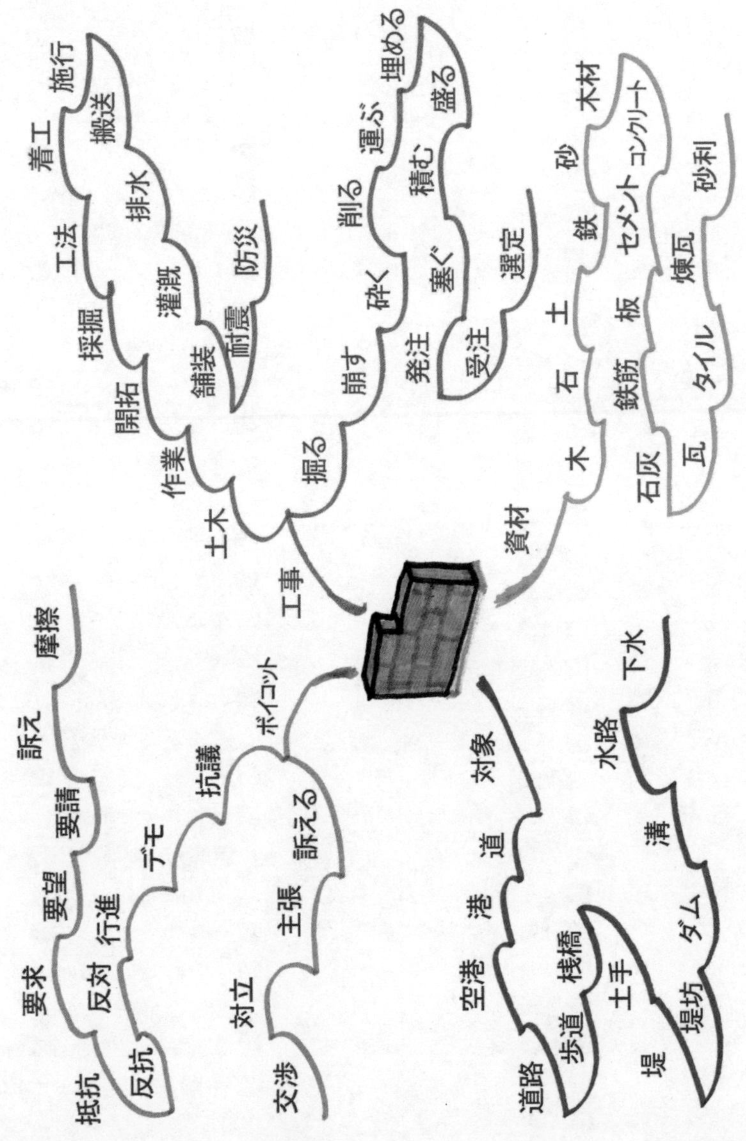

工事
土木
作業
開拓
採掘
工法
着工
施行
搬送
排水
灌漑
舗装
耐震
防災
掘る
崩す
砕く
削る
運ぶ
埋める
盛る
積む
塞ぐ
発注
受注
選定

資材
木
石
土
鉄
砂
木材
コンクリート
セメント
板
鉄筋
石灰
瓦
タイル
煉瓦
砂利

ボイコット
抗議
デモ
行進
反対
反抗
抵抗
要求
要望
要請
訴え
摩擦
訴える
主張
対立
交渉

対象
道
港
空港
道路
歩道
桟橋
土手
堤
堤坊
ダム
溝
水路
下水

单词

建设 音 けんせつ 释 建设
資材 音 しざい 释 材料，资材
対象 音 たいしょう 释 对象
工事 音 こうじ 释 工程
ボイコット 释 抵制
木 音 き；もく 释 树，木
石 音 いし 释 石
土 音 つち 释 土
鉄 音 てつ 释 铁
砂 音 すな 释 砂
木材 音 もくざい 释 木材
コンクリート 释 混凝土
煉瓦 音 れんが 释 砖
セメント 释 水泥
タイル 释 瓷砖
板 音 いた 释 板
鉄筋 音 てっきん 释 钢筋
石灰 音 せっかい 释 石灰
瓦 音 かわら 释 瓦
例 瓦もみがけば玉となる。
废弃之石，可以成玉。
砂利 音 じゃり 释 砂砾
道 音 みち 释 道路
港 音 みなと 释 港口
空港 音 くうこう 释 机场
道路 音 どうろ 释 道路
歩道 音 ほどう 释 人行道
桟橋 音 さんばし 释 码头
土手 音 どて 释 堤坝
堤 音 つつみ 释 堤坝
堤坊 音 ていぼう 释 堤防
ダム 释 水坝
溝 音 みぞ 释 沟
水路 音 すいろ 释 水渠，水路
下水 音 げすい 释 下水
土木 音 どぼく 释 土木
作業 音 さぎょう 释 操作
開拓 音 かいたく 释 开垦
採掘 音 さいくつ 释 开采
工法 音 こうほう 释 施工方法

着工 音 ちゃっこう 释 开工
施行 音 しこう 释 施行
搬送 音 はんそう 释 搬运
排水 音 はいすい 释 排水
灌漑 音 かんがい 释 灌溉
舗装 音 ほそう 释 铺路
耐震 音 たいしん 释 抗震
防災 音 ぼうさい 释 防灾
掘る 音 ほる 释 挖掘
崩す 音 くずす 释 拆，毁，打乱
例 膝を崩して楽にする。
盘腿坐轻松些。
砕く 音 くだく 释 打碎， 砸碎
例 ハンマーで粉々に砕く。
用锤子敲得粉碎。
削る 音 けずる 释 削；削减
例 くわで削って平らにする。
用锄头刨平。
運ぶ 音 はこぶ 释 搬运
例 何度も足を運んでいただき、申し訳ありません。
让您跑了这么多次，真是对不起。
埋める 音 うめる 释 埋
例 山を崩し海を埋める。
移山填海。
盛る 音 もる 释 盛
例 キャベツを刻んで皿に盛る。
把卷心菜切成丝装盘。
積む 音 つむ 释 堆积
例 子供よ、なぜ積み木を積んでは崩すのか。
孩子呀，你为什么总是把积木叠起来了又拆倒呢?
塞ぐ 音 ふさぐ 释 堵，塞
例 トラックが駐車場を塞いで車が出せない。
卡车堵住停车场，车开不出去了。
発注する 音 はっちゅうする 释 订货
例 9本のはずが、誤って900本も発注してしまった。
本来是9瓶，结果误订成900瓶了。

受注する 音 じゅちゅうする 释 接受订货
例 クライアントから受注して制作した。
接客人订单后制作。

選定する 音 せんていする 释 选定

抗議 音 こうぎ 释 抗议

デモ 释 游行示威

行進 音 こうしん 释 游行，行进

反対 音 はんたい 释 反对

反抗 音 はんこう 释 反抗

抵抗 音 ていこう 释 抵抗

要求 音 ようきゅう 释 要求

要望 音 ようぼう 释 要求，期望

要請 音 ようせい 释 要求，请求

訴え 音 うったえ 释 诉讼；诉求
例 担任がいじめの訴えを無視する。
班主任无视对霸凌的控诉。

摩擦 音 まさつ 释 摩擦

訴える 音 うったえる 释 控诉；诉说；呼吁
例 台湾では反原発団体などが核廃棄物移送や再生可能エネルギー拡大の早期実現を訴えてデモ行進した。
在台湾，反核电站团体举行了示威游行，要求早日实现核废弃物的转移和再生能源的扩大。

主張する 音 しゅちょうする 释 主张
例 自分は悪くないと主張するより、非をしっかり認めて同じ過ちを繰り返さないように。
与其主张自己没有错，不如认识到自己的错误，下次不要再犯。

対立する 音 たいりつする 释 対立

交渉する 音 こうしょうする 释 交涉

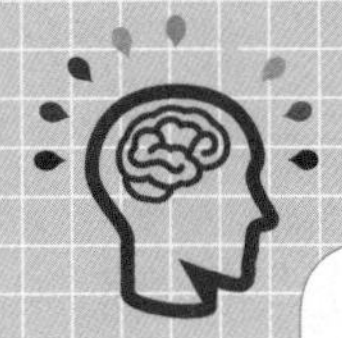

34. 贸易

34.1 税関

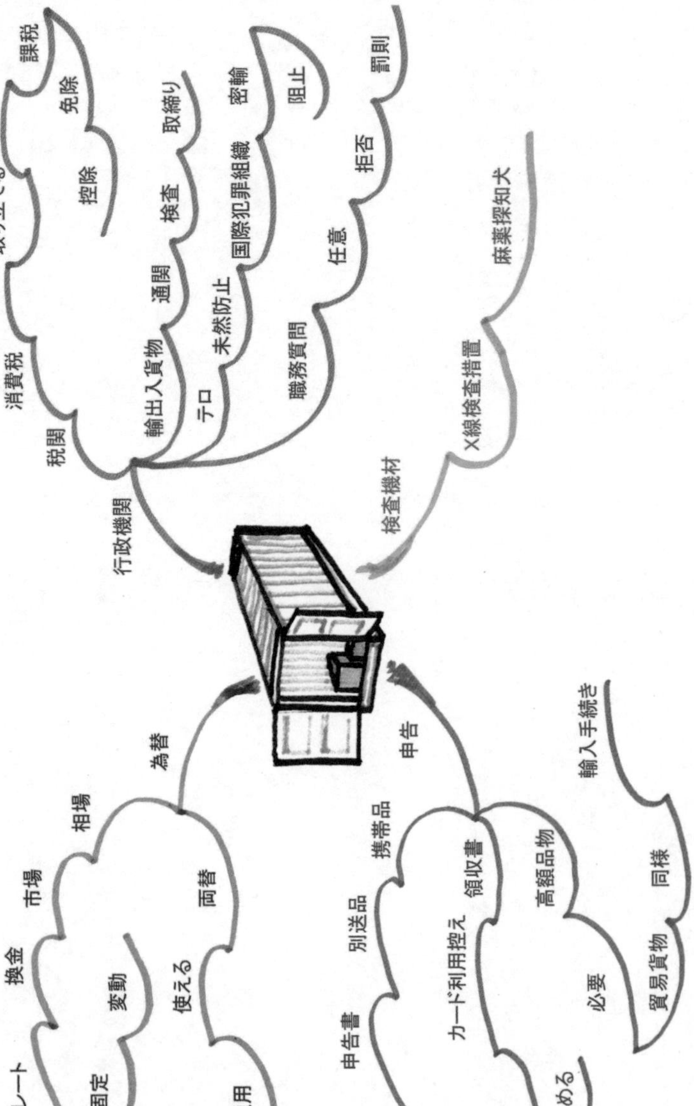

行政機関
税関
消費税
徴収
取り立てる
課す
課税
免除
控除
輸出入貨物
通関
検査
取締り
テロ
未然防止
国際犯罪組織
密輸
職務質問
任意
拒否
阻止
罰則

検査機材
X線検査措置
麻薬探知犬

為替
相場
市場
換金
レート
固定
変動
使える
両替
通用

申告
携帯品
別送品
申告書
領収書
カード利用控え
提示
求める
高額品物
必要
貿易貨物
同様
輸入手続き

单词

税関 音 ぜいかん 释 海关
行政機関 音 ぎょうせいきかん 释 行政机关
機材 音 きざい 释 器材
申告 音 しんこく 释 申报
為替 音 りょうがえ 释 汇，兑
関税 音 かんぜい 释 关税
消費税 音 しょうひぜい 释 消费税
徴収 音 ちょうしゅう 释 征收
取り立てる 音 とりたてる 释 催收
例 借金を厳しく取り立てる。
逼债。
課す 音 かす 释 使负担
例 重税を課す。
征收重税。
課税する 音 かぜいする 释 征收税赋
免除する 音 めんじょする 释 免除
例 学業優秀と認められる者等に授業料の納付を免除する。
被认定为学业优秀的学生可以免除学费。
控除する 音 こうじょする 释 扣除
例 所得からあらかじめ一定の金額を控除する。
从收入里面预先扣除一部分金额。
輸出入貨物 音 ゆしゅつにゅうかもつ 释 进出口货物
通関 音 つうかん 释 通关
検査 音 けんさ 释 检查
取締り 音 とりしまり 释 管理，管制
テロ 释 恐怖主义
未然防止 音 みぜんぼうし 释 防患于未然
国際犯罪組織 音 こくさいはんざいそしき 释 国际犯罪组织
密輸 音 みつゆ 释 走私
阻止 音 そし 释 阻止
職務質問 音 しょくむしつもん 释 警察盘问

任意 音 にんい 释 自愿；任意
例 任意の点AとBを結ぶ線。
连接任意两点A和B之间的线。
拒否 音 きょひ 释 拒绝
罰則 音 ばっそく 释 惩罚条例
X線検査措置 音 せんけんさそっち 释 X光检查措施
麻薬探知犬 音 まやくたんちけん 释 毒品探测犬
携帯品 音 けいたいひん 释 携带品
別送品 音 べっそうひん 释 非随身载运行李
申告書 音 しんこくしょ 释 申报表
領収書 音 りょうしゅうしょ 释 收据
カード利用控え 音 りようひかえ 释 银行刷卡票据
提示 音 ていじ 释 出示
例 マイナンバーの提示を求められる。
被要求出示个人社保账号。
求める 音 もとめる 释 要求
高額品物 音 こうがくしなもの 释 高额物品
必要 音 ひつよう 释 必要
貿易貨物 音 ぼうえきかもつ 释 贸易货物
同様 音 どうよう 释 同样
相場 音 そうば 释 行情
市場 音 しじょう 释 市场
換金 音 かんきん 释 变现
レート 释 汇率
固定 音 こてい 释 固定
変動 音 へんどう 释 变动
両替する 音 りょうがえする 释 汇，兑
使える 音 つかえる 释 能用
例 あの人はなかなか使えますね。
那个人很有用处。
通用する 音 つうようする 释 通用
例 そんな古くさい考えは今の世の中には通用しない。
这种陈腐的想法在这个社会已经行不通了。

34.2 輸出促進

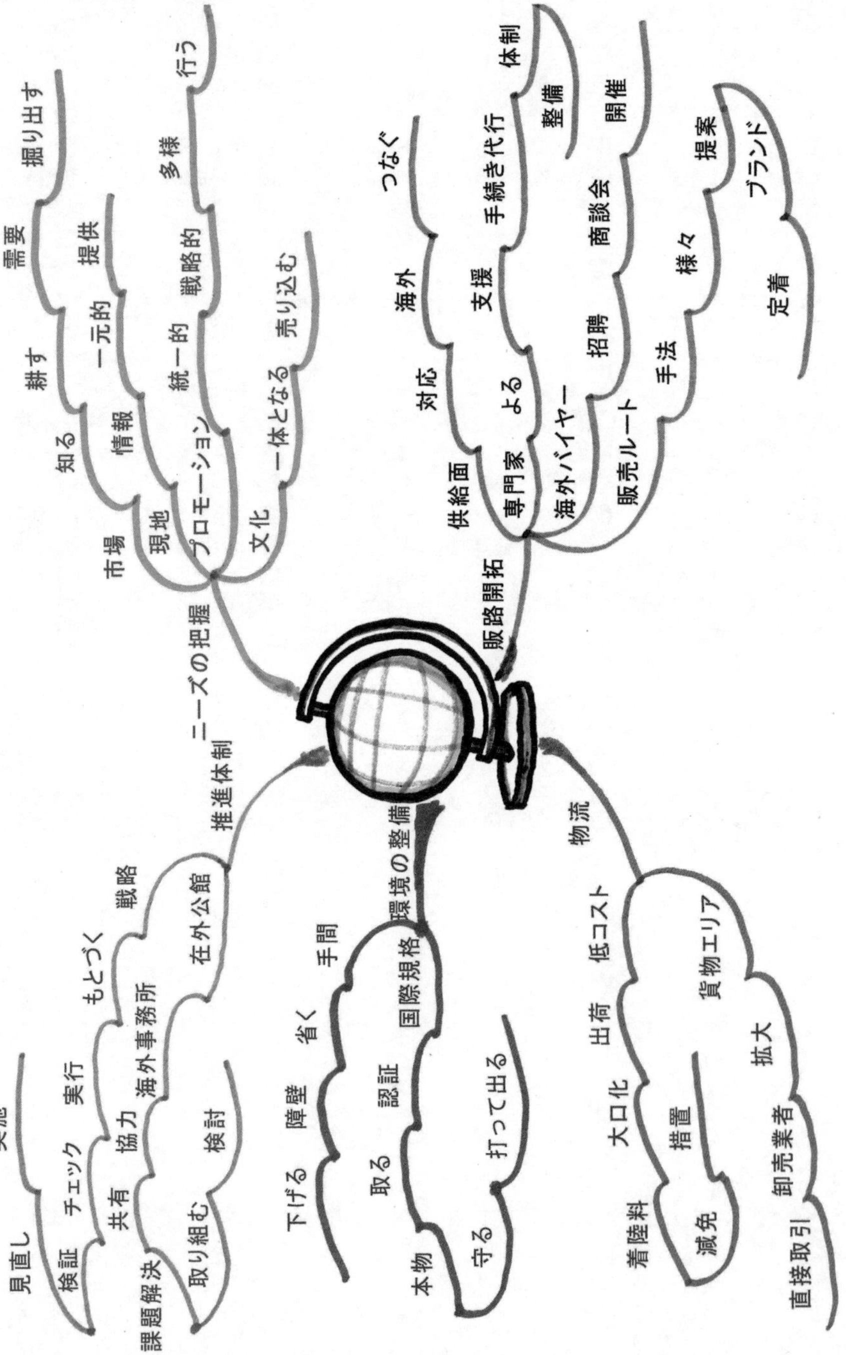

- ニーズの把握
  - 市場 — 知る — 耕す — 需要 — 掘り出す
  - 現地 — 情報 — 一元的 — 提供
  - プロモーション — 統一的 — 戦略的 — 多様 — 行う
  - 文化 — 一体となる — 売り込む
- 販路開拓
  - 供給面 — 対応 — 海外 — つなぐ
  - 専門家 — よる — 支援 — 手続き代行 — 体制 — 整備
  - 海外バイヤー — 招聘 — 商談会 — 開催
  - 販売ルート — 手法 — 様々 — 提案 — ブランド — 定着
- 物流
  - 低コスト — 出荷 — 大ロ化 — 着陸料
  - 措置 — 減免
  - 貨物エリア — 拡大 — 卸売業者 — 直接取引
- 環境の整備
  - 手間 — 省く — 障壁 — 下げる
  - 国際規格 — 認証 — 取る — 本物
  - 守る — 打って出る
- 推進体制
  - 在外公館 — 戦略 — もとづく
  - 海外事務所 — 実行 — 実施
  - 協力 — チェック — 見直し
  - 共有 — 検証
  - 課題解決 — 取り組む — 検討

单词

输出促進 音 ゆしゅつそくしん 释 促进出口
ニーズ 释 需求
把握 音 はあく 释 把握
販路 音 はんろ 释 销路
開拓 音 かいたく 释 开拓
物流 音 ぶつりゅう 释 物流
環境 音 かんきょう 释 环境
整備 音 せいび 释 配齐，备齐，完善
推進体制 音 すいしんたいせい 释 推进体制
市場 音 しじょう 释 市场
知る 音 しる 释 知晓；懂得
例 物のよしあしを知っている。
懂得事物的好坏。
耕す 音 たがやす 释 耕耘
例 市場を耕すのには時間がかかる。
耕耘市场需要时间。
需要 音 じゅよう 释 需要
掘り出す 音 ほりだす 释 挖出
例 落花生を掘り出す。
挖花生。
現地 音 げんち 释 现场，当地
情報 音 じょうほう 释 信息
一元的 音 いちげんてき 释 统一的；单一的
提供する 音 ていきょうする 释 提供
例 ご覧のスポンサーの提供でお送りします。
节目由以上赞助商提供。
プロモーション 释 宣传，推销，促进
例 セールスプロモーション。
促销。
統一的 音 とういつてき 释 统一的
戦略的 音 せんりゃくてき 释 战略的
多様 音 たよう 释 多样
行う 音 おこなう 释 做；进行；举行
例 より戦略的な経営を行う。
推行更具战略性的经营模式。
文化 音 ぶんか 释 文化
一体となる 音 いったいとする 释 成为一体，同心协力
例 学校・家庭・地域が一体となって、子どもを育む。
学校、家庭、社区共同培育孩子。
売り込む 音 うりこむ 释 推销
例 競合商品を抑えて、自社製品を売り込む。
打压竞争对手，推销自家产品。
供給面 音 きょうきゅうめん 释 供给面
対応する 音 たいおうする 释 对应
例 交通事情に対応して一方通行を実施する。
为对应交通状况，实行单线通行。
海外 音 かいがい 释 海外
つなぐ 释 系；栓；接
例 ボートを岸につなぐ。
把船系在岸边。
専門家 音 せんもんか 释 专家
よる 释 由于；基于
例 自分自身の不注意によるけがなので労災は認めない。
由于自己不注意而受的伤不被认定为工伤。
支援 音 しえん 释 支援
手続き代行 音 てつづきだいこう 释 代办手续
体制 音 たいせい 释 体制
整備する 音 せいび 释 配齐，备齐，完善
例 支出内容を証する書類を整備して、保管しておかなければならない。
需要备齐证明支出内容的相关文件，并妥善保管。
海外バイヤー 音 かいがい 释 海外买家
招聘する 音 しょうへいする 释 招聘，聘请
例 博士を招聘してセミナーを開催いたします。
聘请博士召开讲座。
商談会 音 しょうだんかい 释 商务会
開催する 音 かいさいする 释 召开
販売ルート 音 はんばい 释 销售路径
手法 音 しゅほう 释 手法
様々 音 さまざま 释 各种各样
提案する 音 ていあんする 释 提案
ブランド 释 品牌
定着する 音 ていちゃくする 释 扎根，落实，固定
例 誤った読み方が定着して一般化したものを「慣用読み」というそうです。
原本错误的读法固定下来并社会通用，这就叫作“惯用读法”。
低コスト 音 てい 释 低成本
出荷 音 しゅっか 释 上市，上货
大口化 音 おおぐちか 释 大型化
着陸料 音 ちゃくりくりょう 释 着陆费
減免 音 げんめん 释 减免
措置 音 そち 释 措施
貨物エリア 音 かもつ 释 货物区

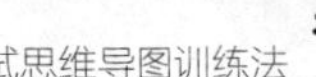

拡大　音 かくだい　释 扩大

卸売業者　音 おろしうりぎょうしゃ　释 批发商

直接取引　音 ちょくせつとりひき　释 直接交易

手間　音 てま　释 劳力和时间

省く　音 はぶく　释 剩下

例 専門業者に依頼をすれば、ありとあらゆる手間を省いて楽しむことができます。
如果委托给专业人员来做，可以省去一切麻烦，好好享受。

障壁　音 しょうへき　释 障碍

下げる　音 さげる　释 降低

例 障壁を下げて、誰でも参入できるようにした方がいい。
建议降低门槛，让所有人都能加入进来。

国際規格　音 こくさいきかく　释 国际规格

認証　音 にんしょう　释 认证

取る　音 とる　释 取得

本物　音 ほんもの　释 真货，正品

守る　音 まもる　释 守护，遵守

打って出る　音 うってでる　释 出马，登台

例 知事選挙に打って出る。
出马参加知事竞选。

もとづく　释 根据，依据

例 法律に基づいて罰する。
依法惩处。

実行する　音 じっこうする　释 实行

チェックする　释 检验

検証する　音 けんしょうする　释 验证

見直し　音 みなおし　释 重新审视

例 販売戦略の見直しを図る。
企划重新制定销售战略。

実施する　音 じっしする　释 实施

在外公館　音 ざいがいこうかん　释 海外公馆

海外事務所　音 かいがいじむしょ　释 海外事务所

協力する　音 きょうりょくする　释 合作，配合，共同努力

例 周りと協力して仕事をする。
和周围的人共同做好工作。

共有する　音 きょうゆうする　释 共有

課題解決　音 かだいかいけつ　释 解决课题

取り組む　音 とりくむ　释 努力，致力于

例 食品の輸出に取り組む。
致力于食品出口。

検討する　音 けんとうする　释 研究，考虑

例 その件については、少し検討させてください。
关于这件事，请让我再考虑一下。

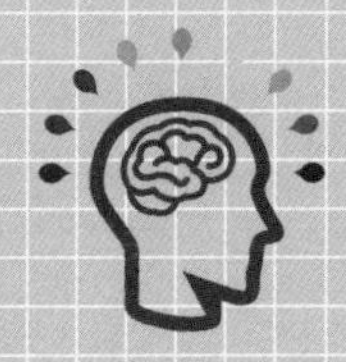

35. 少子化

35 少子化

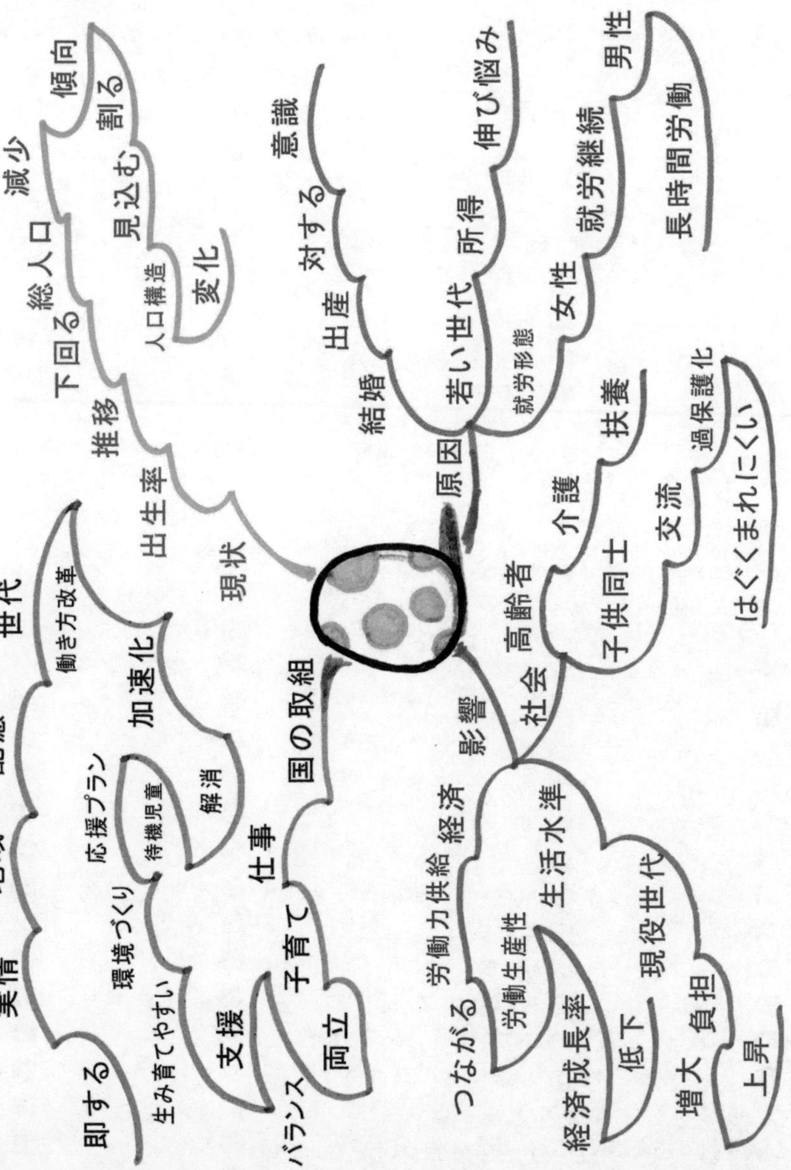

- 現状
  - 出生率、推移、下回る
  - 総人口、減少、傾向、割る、見込む
  - 人口構造、変化
- 原因
  - 結婚、出産、対する、意識
  - 若い世代、所得、伸び悩み
  - 就労形態、女性、就労継続、男性、長時間労働
- 影響
  - 社会、高齢者、介護、扶養
  - 子供同士、交流、過保護化、はぐくまれにくい
  - 経済、労働力供給、つながる
  - 労働生産性、経済成長率、低下
  - 生活水準、現役世代、負担、増大、上昇
- 国の取組
  - 仕事、子育て、両立、バランス
  - 支援、生み育てやすい、環境づくり
  - 応援プラン、待機児童、解消
  - 加速化、働き方改革
  - 世代、配慮、地域、実情、即する

单词

少子化 音 しょうしか 释 少子化
現状 音 げんじょう 释 现状
原因 音 げんいん 释 原因
影響 音 えいきょう 释 影响
国 音 くに 释 国家
取り組み 音 とりくみ 释 从事，致力于；配合
例 構造的問題への取り組みが弱い。
在结构性问题上还做得不够。
出生率 音 しゅっせいりつ 释 出生率
推移 音 すいい 释 变迁，演化
例 情勢は目まぐるしく推移する。
局势瞬息万变。
下回る 音 したまわる 释 低于
例 輸出額が過去の最低値を下回る。
出口额低于过去最低水平。
総人口 音 そうじんこう 释 总人口
減少 音 げんしょう 释 减少
傾向 音 けいこう 释 倾向
割る 音 わる 释 低于
例 36年ぶりに百貨店の売上高が6兆円を割る。
36年来百货商店营业额第一次低于6兆日元。
見込む 音 みこむ 释 预估
例 業績が回復すると見込んでいる企業が多い。
很多企业预计业绩会得以恢复。
人口構造 音 じんこうこうぞう 释 人口构造
変化 音 へんか 释 变化
結婚 音 けっこん 释 结婚
出産 音 しゅっさん 释 生产
対する 音 たいする 释 对于
意識 音 いしき 释 意识
若い 音 わかい 释 年轻
世代 音 せだい 释 代，辈
所得 音 しょとく 释 所得
伸び悩み 音 のびなやみ 释 停滞不前
例 需要の伸び悩みが目立ち、景気への波及効果が大きい。
需求的停滞不前日益显著，给经济带来巨大影响。

就労形態 音 しゅうろうけいたい 释 就业形态
女性 音 じょせい 释 女性
就労継続 音 しゅうろうけいぞく 释 持续就业
男性 音 だんせい 释 男性
長時間労働 音 ちょうろうどうじかん 释 长时间工作
経済 音 けいざい 释 经济
労働力供給 音 ろうどうりょくきょうきゅう 释 劳动力供给
つながる 释 连系；牵连
例 世の中には努力が結果につながらない理不尽はいくらでもある。
努力不一定会带来回报，这个社会就是有这么多憋屈的事。
労働生産性 音 ろうどうせいさんせい 释 劳动生产性
経済成長率 音 けいざいせいちょうりつ 释 经济成长率
低下する 音 ていかする 释 降低
例 免疫力を著しく低下させてしまう。
让免疫力显著下降。
生活水準 音 せいかつすいじゅん 释 生活水准
現役世代 音 げんえきせだい 释 20-60岁负担税金的这一代人
負担 音 ふたん 释 负担
増大 音 ぞうだい 释 增加
上昇 音 じょうしょう 释 上升
社会 音 しゃかい 释 社会
高齢者 音 こうれいしゃ 释 高龄者
介護 音 かいご 释 护理
扶養 音 ふよう 释 抚养
子供同士 音 こどもどうし 释 孩子们
交流 音 こうりゅう 释 交流
過保護化 音 かほごか 释 过度保护
はぐくまれにくい 释 难养
仕事 音 しごと 释 工作
子育て 音 こそだて 释 养孩子
両立 音 りょうりつ 释 兼顾，并存

バランス 释 平衡

例 ダイエットに欠かせないのがバランスよく食べること。

减肥不可或缺的就是要饮食均衡。

支援 音 しえん 释 支持

生み育てやすい 音 うみそだてやすい 释 容易生养

環境づくり 音 かんきょうづくり 释 打造环境

例 誰もが安心して働ける職場環境づくり。

打造人人都能安心工作的职场环境。

応援プラン 音 おうえん 释 支援计划

待機児童 音 たいきじどう 释 等待入学的适龄儿童

解消 音 かいしょう 释 解决

加速化 音 かそくか 释 加速

働き方改革 音 はたらきかたかいかく 释 劳动方式改革

多子世帯 音 たしせたい 释 孩子多的家庭

配慮 音 はいりょ 释 关怀，照顾

例 何から何まで行き届いたサービス、ご配慮をいただきまして満足しております。

您无微不至的服务和关怀，让我们非常满意。

地域 音 ちいき 释 地域，地区

実情 音 じつじょう 释 实情

即する 音 そくする 释 适应，结合，符合

例 個別的、具体的な実情に即して適切に対応する。

根据个别并具体的实际情况进行恰当的处理。

36. 事件

36.1 事件

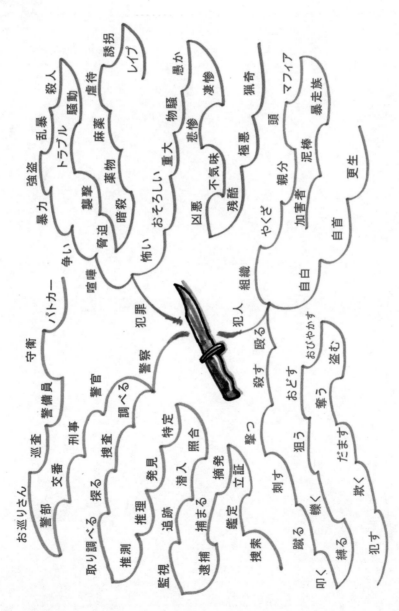

犯罪

喧嘩　争い　暴力　強盗　乱暴　殺人　騒動　トラブル　襲撃　脅迫　暗殺　薬物　麻薬　虐待　誘拐　レイプ

怖い　おそろしい　重大　物騒　愚か　凶悪　不気味　悲惨　凄惨　残酷　極悪　猟奇

犯人

組織　やくざ　親分　頭　マフィア　加害者　泥棒　暴走族　自白　自首　更生

殴る　殺す　おどす　おびやかす　盗む　奪う　狙う　撃つ　だます　刺す　欺く　轢く　蹴る　縛る　叩く　犯す

警察

警官　調べる　警備員　守衛　パトカー　巡査　刑事　交番　お巡りさん　警部

捜査　探る　取り調べる　推理　発見　特定　照合　推測　追跡　潜入　摘発　立証　捕まる　鑑定　逮捕　監視　捜索

单词

事件 音 じけん 释 事件

犯罪 音 はんざい 释 犯罪

犯人 音 はんにん 释 犯人

警察 音 けいさつ 释 警察

喧嘩 音 けんか 释 吵架

争い 音 あらそい 释 争执

例 国家間の争いが絶えない。

国家间的纷争不断。

暴力 音 ぼうりょく 释 暴力

強盗 音 ごうとう 释 强盗，抢劫

乱暴 音 らんぼう 释 粗暴，蛮横

殺人 音 さつじん 释 杀人

騒動 音 そうどう 释 骚动，闹事

例 騒動がおさまった。

风潮平息了。

トラブル 释 纠纷，纷争

襲撃 音 しゅうげき 释 袭击

脅迫 音 きょうはく 释 威胁

暗殺 音 あんさつ 释 暗杀

薬物 音 やくぶつ 释 药品，药物

麻薬 音 まやく 释 麻药；毒品

虐待 音 ぎゃくたい 释 虐待

誘拐 音 ゆうかい 释 绑架

レイプ 释 强奸

怖い 音 こわい 释 可怕，害怕

例 怖いもの知らず。

初生之犊不畏虎。

おそろしい 释 可怕，惊人

例 おそろしくて震えが止まらない。

害怕得不住发抖。

重大 音 じゅうだい 释 重大，严重

物騒 音 ぶっそう 释 不安定；危险

例 最近本当に物騒な世の中になってきたと思いませんか。

你们觉不觉得最近社会越发动荡不安了。

愚か 音 おろか 释 愚蠢

例 人類は過去の歴史から何も得ず、同じ過ちを繰り返し愚かで悲しすぎる。

人类太愚蠢太可悲了，不懂从历史中吸取教训，总是犯同样的错误。

凄惨 音 せいさん 释 凄惨

悲惨 音 ひさん 释 悲惨

不気味 音 ぶきみ 释 令人毛骨悚然

例 不気味な事件が起こる。

发生了令人毛骨悚然的事件。

凶悪 音 きょうあく 释 凶恶

残酷 音 ざんこく 释 残酷

極悪 音 ごくあく 释 极其恶毒

猟奇 音 りょうき 释 猎奇

組織 音 そしき 释 组织

やくざ 释 无赖，流氓

親分 音 おやぶん 释 头目，头领

頭 音 かしら 释 头，首脑

マフィア 释 黑手党

暴走族 音 ぼうそうぞく 释 暴走族

泥棒 音 どろぼう 释 小偷

加害者 音 かがいしゃ 释 加害者

殴る 音 なぐる 释 殴打

例 昨夜は嫁をグーで殴ってしまった。

昨天用拳头揍了老婆一顿。

殺す 音 ころす 释 杀人

例 貧しさゆえに娘を殺したシングルマザー。

这款母亲因为贫穷，杀死了自己的女儿。

撃つ 音 うつ 释 射击；攻击

例 人混みの中から標的を探し出し、どれだけ早い時間で標的を撃つ ことができるか競うゲーム。

这款游戏是看谁能在最短的时间里从人群中找出目标并击中它。

刺す 音 さす 释 刺

例 蚊に刺されて、しつこいかゆみが続く。

被蚊子叮了之后，一直很痒。

蹴る 音 ける 释 踢

例 電車の指定席で、後ろの子供に座席を蹴られ続ける。

在电车指定席上，后面的孩子不停地踢我的座位。

叩く 音 たたく 释 敲，打，拍

例 彼の映画は評論家にたたかれれた。

他的电影受到了评论家的攻击。

縛る 音 しばる 释 绑；束缚

例 親の言葉に縛られて、自由に生きられない。

对父母言听计从，无法自由地生活。

轢く 音 ひく 释 轧，碾

例 人を轢いて逃げようとした。

碾压到人后试图逃跑。

狙う 音 ねらう 释 瞄准，寻找机会
例 ちょっと席を離れた隙を狙って、座席に置いてあるカバンや上着などを盗む。
就趁人离开座位的那一刻，将放在座位上的包或外套偷走。

おどす 释 威胁，吓唬
例 「告発する」とおどして、金をだまし取る。
威胁说要去“告发”来骗取钱财。

おびやかす 释 威胁，强迫
例 刃物で人をおびやかす。
用刀恐吓人。

盗む 音 ぬすむ 释 偷，盗
例 ひまを盗んで本を読む。
偷空看书。

奪う 音 うばう 释 抢
例 交通のストで通勤、通学の足を奪われた。
因为交通罢工，没法上班上学。

だます 释 欺骗
例 やすやすとだまされる。
太容易被骗了。

欺く 音 あざむく 释 欺骗；胜似
例 まんまと敵をあざむく。
把敌人骗得团团转。

犯す 音 おかす 释 犯
例 執行猶予の期間中に、再び罪を犯してしまった。
缓刑期间再次犯罪。

自白する 音 じはくする 释 坦白，供认
例 やっていないことを、なぜ自白してしまったのか。
既然没做过，为什么要供认呢？

自首する 音 じしゅ 释 自首
例 逃走中自首した。
逃跑途中自首了。

更生する 音 こうせいする 释 复兴；重新做人
例 更生して社会復帰する。
洗心革面重新回归社会。

警官 音 けいかん 释 警官

刑事 音 けいじ 释 刑警

交番 音 こうばん 释 派出所

お巡りさん 音 おまわりさん 释 警察

警部 音 けいぶ 释 警部（警察职称）

巡査 音 じゅんさ 释 警察

警備員 音 けいびいん 释 警卫员

守衛 音 しゅえい 释 守卫

パトカー 释 巡逻车

調べる 音 しらべる 释 调查
例 渡り鳥の生態を調べる。
调查候鸟的生态。

探る 音 さぐる 释 摸；试探；探索
例 相手の腹を探る。
试探对方的心事。

取り調べる 音 とりしらべる 释 调查；审讯
例 容疑者を取り調べる。
审讯嫌疑人。

推測する 音 すいそくする 释 推测

推理する 音 すいりする 释 推理

捜査する 音 そうさする 释 搜查
例 被害届を出しても捜査してくれない。
报案了却没有立案侦查。

発見する 音 はっけんする 释 发现

特定する 音 とくていする 释 特别制定

照合する 音 しょうごうする 释 查对，核对
例 指紋を取って、照合し、犯人を割り出す。
取指纹对比，然后锁定犯人。

潜入する 音 せんにゅうする 释 潜入
例 スパイとして秘密組織に潜入する。
作为间谍潜入秘密组织。

追跡する 音 ついせきする 释 追踪
例 スマホをなくした時にGPSで追跡して場所を特定できる。
智能手机丢失后，可以通过GPS追踪锁定位置。

監視する 音 かんしする 释 监视
例 活火山の火山活動を監視しています。
监测活火山的火山活动。

逮捕する 音 たいほする 释 逮捕

捕まる 音 つかまるする 释 被抓住
例 無免許運転で警察官に捕まった。
因无证驾驶被警察抓住。

摘発する 音 てきはつする 释 揭发，揭露
例 ブラック企業を次々摘発する。
不断揭发黑心企业。

立証する 音 りっしょうする 释 作证，证实
例 詐欺罪を立証することは難しい。
立证欺诈罪是很困难的。

鑑定する 音 かんていする 释 鉴定
例 指輪についている宝石を鑑定してもらいます。
让人鉴定戒指上的宝石。

36.2 東日本大震災

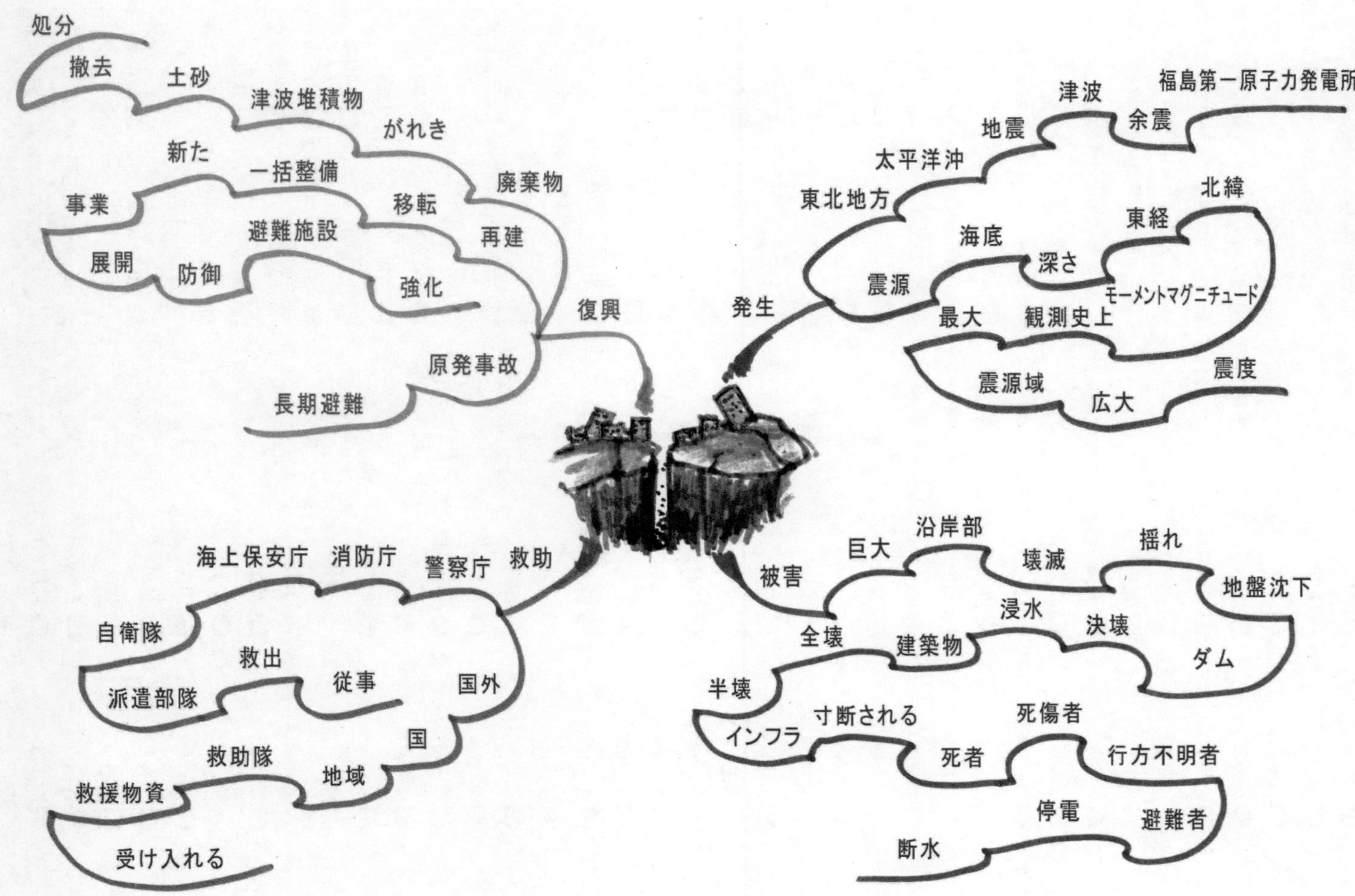

発生
東北地方
太平洋沖
地震
津波
余震
福島第一原子力発電所
震源
海底
深さ
東経
北緯
最大
観測史上
モーメントマグニチュード
震源域
広大
震度
被害
巨大
沿岸部
壊滅
揺れ
地盤沈下
全壊
建築物
浸水
決壊
ダム
半壊
インフラ
寸断される
死者
死傷者
行方不明者
断水
停電
避難者
復興
廃棄物
がれき
津波堆積物
土砂
撤去
処分
再建
移転
一括整備
新た
事業
展開
避難施設
防御
強化
原発事故
長期避難
救助
警察庁
消防庁
海上保安庁
自衛隊
派遣部隊
救出
従事
国外
国
地域
救助隊
救援物資
受け入れる

单词

東日本大震災 音 ひがしにほんだいしんさい 释 东日本大地震

発生 音 はっせい 释 发生

被害 音 ひがい 释 被害，受害

救助 音 きゅうじょ 释 救助

復興 音 ふっこう 释 复兴

東北地方 音 とうほくちほう 释 东北地区

太平洋沖 音 たいへいようおき 释 太平洋洋面

地震 音 じしん 释 地震

津波 音 つなみ 释 海啸

余震 音 よしん 释 余震

福島第一原子力発電所 音 ふくしまだいいちげんしりょくはつでんしょ 释 福岛第一核电站

震源 音 しんげん 释 震源

海底 音 かいてい 释 海底

深さ 音 ふかさ 释 深度

例 地震の深さはどれぐらいまであるか。
地震深达多少。

東経 音 とうけい 释 东经

北緯 音 ほくい 释 北纬

モーメントマグニチュード 释 矩震级

観測史上 音 かんそくしじょう 释 观测史上

最大 音 さいだい 释 最大

震源域 音 しんげんいき 释 震源区域

広大 音 こうだい 释 广大

震度 音 しんど 释 震度

巨大 音 きょだい 释 巨大

沿岸部 音 えんがんぶ 释 沿岸地区

壊滅 音 かいめつ 释 毁灭

揺れ 音 ゆれ 释 摇，晃

例 熊本は震度7の揺れに2度見舞われた。
熊本遭遇到两次震度为7的地震。

地盤沈下 音 じばんちんか 释 地壳下沉

ダム 释 水坝

決壊 音 けっかい 释 溃决

浸水 音 しんすい 释 浸水

建築物 音 けんちくぶつ 释 建筑物

全壊 音 ぜんかい 释 全部毁坏

半壊 音 はんかい 释 坏掉一半

インフラ 释 基础设施

例 重要インフラの一部損壊又は全壊による直接経済損失。
由重要基础设施部分或全部损坏造成的直接经济损失。

寸断される 音 すんだん 释 寸断，粉碎

例 最近では地震や大雨などの自然災害で鉄道が寸断される事が珍しくありません。
最近因为地震或大雨等自然灾害而造成铁路中断的事件时有发生。

死者 音 ししゃ 释 死者

行方不明者 音 ゆくえふめいしゃ 释 失踪者

死傷者 音 ししょうしゃ 释 死伤者

避難者 音 ひなんしゃ 释 避难者

停電 音 ていでん 释 停电

断水 音 だんすい 释 停水

警察庁 音 けいさつちょう 释 警察厅

消防庁 音 しょうぼうちょう 释 消防厅

海上保安庁 音 かいじょうほあんちょう 释 海上保安厅

自衛隊 音 じえいたい 释 自卫队

派遣部隊 音 はけんぶたい 释 派遣部队

救出する 音 きゅうしゅつする 释 救出

例 ある国に拉致された日本人を救出する。
解救被某国绑架走的日本人。

従事する 音 じゅうじする 释 从事

例 学術研究に従事する。
从事学术研究。

国外 音 こくがい 释 国外

国 音 くに 释 国家

地域 音 ちいき 释 地区

救助隊 音 きゅうじょたい 释 救援队

救援物資 音 きゅうえんぶしつ 释 救援物资

受け入れる 音 うけいれる 释 接受

例 図書のご寄贈を受け入れています。
接受捐赠图书。

廃棄物 音 はいきぶつ 释 废弃物

がれき 释 瓦砾，废墟

津波堆積物 音 つなみたいせきぶつ 释 海啸后的堆积物

土砂 音 どしゃ 释 砂石
例 トンネル内で土砂くずれが起きる。
隧道里发生了塌方。

撤去 音 てっきょ 释 拆除，撤去

処分 音 しょぶん 释 处理

再建する 音 さいけんする 释 重建
例 会社を再建するためには、そうするしかない。
为重建公司，只能这样做。

移転する 音 いてんする 释 迁移，搬迁
例 政府は、中央省庁など政府機関を地方に移転させる計画を進めている。
政府在推进将中央省厅向地方搬迁的计划。

一括整備する 音 いっかつせいびする 释 统一规划
例 約327億円で地元企業が公共施設を一括整備する。
地方企业用大约327亿日元统一规划公共设施建设。

新た 音 あらた 释 新的
例 自分の誕生日と新たなスタートに、ささやかなお祝いのつもりです。
打算为自己的生日和新的开始小小地庆祝一下。

事業 音 じぎょう 释 事业

展開する 音 てんかいする 释 开展
例 事件は意外な方向に展開した。
事件往意外的方向发展了。

防御 音 ぼうぎょ 释 防御

避難施設 音 ひなんしせつ 释 避难所

強化する 音 きょうかする 释 强化
例 政府機関がネットワークの防御を強化するよう求めた。
政府要求强化网络防御。

原発事故 音 げんぱつじこ 释 核电站事故

長期避難 音 ちょうきひなん 释 长期避难

补充单词

手抜工事 てぬけこうじ	偷工减料工程	**重傷 じょうしょう**	重伤	**堰止め湖 せきとめこ**	堰塞湖
レスキュー隊 たい	救援队	**ヘリコプター**	直升机	**地鳴り じなり**	地鸣

37. 法律

37 男女雇用機会均等法

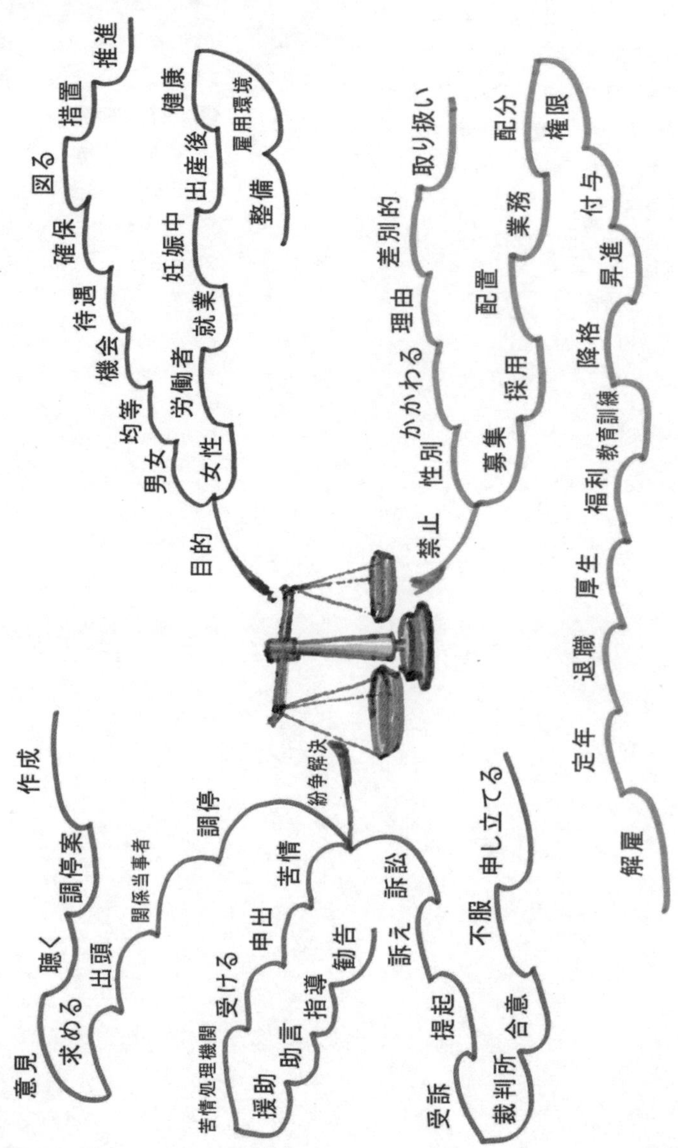

目的
男女 均等 機会 待遇 確保 図る 措置 推進
女性 労働者 就業 妊娠中 出産後 健康
雇用環境 整備

禁止
性別 かかわる 理由 差別的 取り扱い
募集 採用 配置 業務 配分 権限
付与 昇進 降格 教育訓練 福利 厚生 退職 定年 解雇

紛争解決
苦情 申出 受ける 苦情処理機関 援助 助言 指導 勧告
訴訟 訴え 提起 受訴 裁判所 合意 不服 申し立てる
調停 関係当事者 出頭 求める 意見 聴く 調停案 作成

单词

男女雇用機会均等法
音 だんじょこようきかいきんとうほう
释 男女雇用机会均等法

目的 音 もくてき 释 目的

禁止 音 きんし 释 禁止

紛争 音 ふんそう 释 纷争

解決 音 かいけつ 释 解决

男女 音 だんじょ 释 男女

均等 音 きんとう 释 均等，平均
例 全員に均等に割り当てる。
平均分配给全体成员。

機会 音 きかい 释 机会

待遇 音 たいぐう 释 待遇

確保 音 かくほ 释 确保

図る 音 はかる 释 谋求，策划
例 便宜を図って、利益を供与した疑いがある。
有为谋求便利而向其提供利益的嫌疑。

措置 音 そち 释 措施

推進する 音 すいしん 释 推进
例 外国人住民の法的地位向上を推進する。
推进外国人居民法律地位的提升。

女性 音 じょせい 释 女性

労働者 音 ろうどうしゃ 释 劳动者

就業 音 しゅうぎょう 释 就业

妊娠中 音 にんしんちゅう 释 怀孕中

出産後 音 しゅっさんご 释 生产后

健康 音 けんこう 释 健康

雇用環境 音 こようかんきょう 释 雇用环境

整備する 音 せいびする 释 整顿，完善，提高

性別 音 せいべつ 释 性别

かかわる 释 关系到，牵连到
例 あの事件にはかかわらないほうがよい。
最好不要牵扯那个案件。

理由 音 りゆう 释 理由

差別的 音 さべつてき 释 区别对待的

取り扱い 音 とりあつかい 释 对待，待遇
例 労働者の国籍、信条又は社会的身分を理由として、賃金、労働時間その他の労働条件について、差別的取扱いをしてはならない。
不能以劳动者的国籍、信仰或社会身份为理由，在酬劳、劳动时间和其他劳动条件上，采取差别化对待。

募集 音 ぼしゅう 释 招聘

採用 音 さいよう 释 录用

配置 音 はいち 释 配置，安置

業務 音 ぎょうむ 释 业务

配分 音 はいぶん 释 分配

権限 音 けんげん 释 权限

付与 音 ふよ 释 授予，给予

昇進 音 しょうしん 释 升级，晋升

降格 音 こうかく 释 降级

教育訓練 音 きょういくくんれん 释 培训

福利 音 ふくり 释 福利

厚生 音 こうせい 释 厚生

退職 音 たいしょく 释 退休

定年 音 ていねん 释 退休年龄

解雇 音 かいこ 释 解雇

契約 音 けいやく 释 合约

更新 音 こうしん 释 更新

苦情 音 くじょう 释 抱怨，不满
例 騒音の苦情が寄せられていた。
收到噪音的投诉。

申出 音 もうしで 释 申请

受ける 音 うける 释 接受
例 派遣先は、派遣労働者から苦情の申し出を受けた場合には、誠意をもって適切かつ速やかに対応しなければなりません。
派遣方在收到派遣劳动者的投诉时，应该满怀诚意，恰当并迅速地进行处理。

処理 音 しょり 释 处理

機関 音 きかん 释 机关

援助 音 えんじょ 释 援助

助言 音 じょげん 释 出主意，从旁指导

指導 音 しどう 释 指导

勧告 音 かんこく 释 劝告

調停 音 ちょうてい 释 调停

関係当事者 音 かんけいとうじしゃ 释 相关当事人

出頭 音 しゅっとう 释 出面，自首
例 警視庁が窃盗事件の容疑者として画像を公開したところ、中学 2 年の女子生徒が 12 日夜、「この写真は私です」と警察に出頭した。
警察厅公开了盗窃事件的嫌疑人画像，一位初二的女学生 12 日晚到警察局自首，称“照片是她本人”。

求める 音 もとめる 释 要求

例 就活では企業の求める能力を把握し、その能力がある人材だと自分を売り込む必要があります。

在就职活动中，不仅要掌握企业要求的能力，还要推销自己是具备这种能力的人才。

意見 音 いけん 释 意见

聴く 音 きく 释 听

調停案 音 ちょうていあん 释 调停案

作成する 音 さくせいする 释 制作

訴訟 音 そしょう 释 诉讼

訴え 音 うったえ 释 起诉

提起する 音 ていきする 释 提起

例 再軍備について問題を提起する。

就重整军备提出问题。

受訴 音 じゅそ 释 受理诉讼

裁判所 音 さいばんしょ 释 法院

合意 音 ごうい 释 达成一致

不服 音 ふふく 释 不服，抗议

申し立てる 音 もうしたてる 释 申诉

例 不服を申し立て、その再審査を請求する。

提出抗议，要求再次审查。

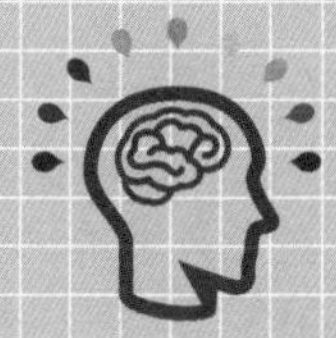

38. 政治

38.1 政治

政党：与党、野党、新党、党首、結成、解散、合流、離脱、集結、分裂

主義：民主、共産、共和、独裁、封建、専制、自治、連邦

国会：議会、内閣、裁判所、三権分立、衆議院、参議院、開く、開催、討論、提出、採決、可決、改める、見直す、直す、変える、改正、是正

リーダー：君主、王様、国王、天皇、女王、殿様、首脳、首相、大統領、総理大臣、主席、外相、長官

政治家：務める、公正、公平、立派、清らか、正当、清潔、ずるい、腐った、汚い、任命、辞める、辞職、失脚、出馬、指揮、率いる、統率、抗議、束ねる、説得、推進、譲歩、妥協、抵抗、対話、交渉

選挙：演説、講演、訴える、掲げる、戦う、争う、勝つ、負ける、落ちる、当選、敗れる、敗北、投票、過半数、見込み、見通し

单词

政治 音 せいじ 释 政治
政党 音 せいとう 释 政党
国会 音 こっかい 释 国会
リーダー 释 领导
選挙 音 せんきょ 释 选举
政治家 音 せいじか 释 政治家
主義 音 しゅぎ 释 主意
与党 音 よとう 释 执政党
野党 音 やとう 释 在野党
新党 音 しんとう 释 新党
党首 音 とうしゅ 释 政党领袖
結成する 音 けっせいする 释 组成
例 知事就任後に、新党を結成し、大阪「橋下維新」と連携する。
就任知事后，组建新党，和大阪“桥下维新”联合。
解散する 音 かいさんする 释 解散
例 SMAPは解散しても、メンバーはひとりのタレントとしてジャニーズ事務所に残る。
SMAP解散后，成员各自仍将以艺人身份留在杰尼斯事务所。
合流する 音 ごうりゅうする 释 合流；合并
例 駅で友達と合流する。
在车站和朋友汇合。
離脱する 音 りだつする 释 脱离
例 2016年6月23日の英国における国民投票の結果，英国がEUを離脱することになった。
根据2016年6月23日英国公投结果得知，英国决定脱欧。
集結する 音 しゅうけつする 释 集结
例 戦力を国境に集結する。
在国境集结兵力。
分裂する 音 ぶんれつする 释 分裂
例 ローマ帝国が東西2国に分裂した。
罗马帝国分裂成东西两个国家。
議会 音 ぎかい 释 议会
内閣 音 ないかく 释 内阁
裁判所 音 さいばんしょ 释 法院
三権分立 音 さんけんぶんりつ 释 三权分立
衆議院 音 しゅうぎいん 释 众议院
参議院 音 さんぎいん 释 参议院

開く 音 ひらく 释 召开
例 所長が支店全員参加の忘年会を開いてくださいました。
所长为支店所有同事举办了忘年会。
開催する 音 かいさいする 释 召开
例 2020年の東京オリンピック・パラリンピックに続いて、2025年に大阪で国際博覧会を開催する。
继2020年东京奥运会・残奥会之后，2025年将在大阪召开国际博览会。
討論する 音 とうろんする 释 讨论
例 裁判員裁判のあり方をめぐって討論する。
围绕陪审团陪审制度进行讨论。
提出する 音 ていしゅつする 释 提出，提交
例 各種手続にかかる書類を所轄庁に提出しなければなりません。
必须将各种手续的相关材料提交给所辖厅。
採決する 音 さいけつする 释 表决
可決する 音 かけつする 释 通过
例 対話形式で疑問点の質問が行われた後、委員相互で議案を可決すべきか否決すべきかの話合いが行われます。
以对话形式进行质疑之后，委员们讨论是否可以通过议案。
変える 音 かえる 释 改变
例 目の色を変えて課題に取り組む。
废寝忘食地进行课题研究。
直す 音 なおす 释 改正；订正；恢复
例 宿題や提出物をチェックせず、誤字脱字も直してくれない。
不检查作业，甚至都不纠正错别字。
見直す 音 みなおす 释 重看；重新认识；有起色
例 新しい上司は思っていたよりすごくしっかりしていて見直しちゃった。
新上司比想象中能干踏实，对他刮目相看了。
改める 音 あらためる 释 改正
例 悪いくせを改める。
改正恶习。
改正する 音 かいせいする 释 修改，修正
例 刑法の一部を改正する。
修正刑法的一部分。

是正する 音 ぜせいする 释 订正；更改
例 国際収支の悪化を是正する。
修正国际收支恶化的情况。

君主 音 くんしゅ 释 君主

王様 音 おうさま 释 国王，大王

国王 音 こくおう 释 国王

天皇 音 てんのう 释 天皇

女王 音 じょおう 释 女王

殿様 音 とのさま 释 大人，老爷
例 小林課長の仕事は殿様だね。
小林科长当的是甩手掌柜。

首脳 音 しゅのう 释 首脑

首相 音 しゅしょう 释 首相

大統領 音 だいとうりょう 释 总统

総理大臣 音 そうりだいじん 释 总理大臣

主席 音 しゅせき 释 主席

外相 音 がいしょう 释 外交大臣，外交部长

長官 音 ちょうかん 释 长官，机关首长

演説する 音 えんぜつする 释 演说

講演する 音 こうえんする 释 演讲

訴える 音 うったえる 释 控诉；诉诸于；打动
例 涙ながらに無実を訴える。
哭诉冤屈。

掲げる 音 かかげる 释 悬挂；刊登；提出
例 羊頭を掲げて狗肉を売る。
挂羊头卖狗肉。

戦う 音 たたかう 释 战斗
例 正々堂々と戦おう。
光明磊落地战斗。

争う 音 あらそう 释 争夺
例 世界の鉄鋼大手は新興国開拓で先を争う。
世界钢铁巨头争先恐后抢占新兴国家市场。

勝つ 音 かつ 释 胜利
例 選挙に勝つために何でもする。
为了赢得选举用尽一切手段。

負ける 音 まける 释 失败
例 祖母が「負けるが勝ち」という言葉を教えてくれた。
祖母教会我一句话：“失败是成功之母”。

落ちる 音 おちる 释 落选
例 オーディション予選で落ちる。
在海选时落败。

当選する 音 とうせんする 释 当选
例 選挙では、それがだれであれ、過半数を得た候補者が当選とされる。
在选举中，无论候选人是谁，只要获得半数以上的投票，就能当选。

敗れる 音 やぶれる 释 输
例 国破れて山河有り。
国破山河在。

敗北する 音 はいぼくする 释 败北
例 敗北を認めて降参する。
承认失败而投降。

投票 音 とうひょう 释 投票

過半数 音 かはんすう 释 过半数

見込み 音 みこみ 释 希望；可能性；预估
例 見込みのない恋愛はさっさとあきらめた方がいい。
没有未来的恋爱，早点放弃更好。

見通し 音 みとおし 释 眺望；推测
例 業界の景気が悪く、見通しが良くない。
业界经济不景气，看不到未来。

務める 音 つとめる 释 担任
例 本日の会議の議長を務めさせていただきます。
今天由我来担任本次会议的议长。

任命する 音 にんめいする 释 任命
例 国連平和大使に任命された。
被任命为联合国和平大使。

辞める 音 やめる 释 辞职

辞職する 音 じしょくする 释 辞职
例 責任を取って辞職する。
引咎辞职。

失脚する 音 しっきゃくする 释 下台，垮台
例 収賄の疑いで失脚した。
因有受贿嫌疑而下台。

出馬する 音 しゅつばする 释 出马；参选
例 大統領選に出馬してほしいという熱烈な声が上がっています。
热烈期盼他能参加总统选举。

公正 音 こうせい 释 公正

公平 音 こうへい 释 公平

立派 音 りっぱ 释 漂亮；壮丽；优秀，出色

清潔 音 せいけつ 释 干净；廉洁

腐った 音 くさった 释 腐朽；腐败
例 腐った政治家どもを地獄に落とせ。
让那些腐败的政治家们下地狱吧。

汚い 音 きたない 释 脏；肮脏，卑鄙
例 そんなことをしたわが身を浅ましく思う
做了那样的事，自己都觉得可耻。

ずるい 释 狡猾
例 ずるい女だから油断はできない。
她可是个狡猾的女人，绝对不能掉以轻心。

正当 音 せいとう 释 正当

清らか 音 きよらか 释 清；纯洁，干净
例 清らかな谷川の流れ。
山间的清泉。

指揮する 音 しきする 释 指挥
例 全軍を指揮する大将。
指挥全军的大将。

率いる 音 ひきいる 释 率领
例 彼は人を率いる器ではない。
他没有能力率领他人。

統率する 音 とうそつする 释 统率
例 組織を統率する中心人物。
统领组织的中心人物。

束ねる 音 たばねる 释 包，扎，束；管理，整饬
例 派遣社員をうまく束ねる。
管理好派遣员工。

抗議する 音 こうぎする 释 抗议

説得する 音 せっとくする 释 说服
例 彼を説得して計画を受け入れさせた。
说服他接受计划。

交渉する 音 こうしょうする 释 交涉
例 店員と交渉して値引きしてもらう。
和店员交涉，让她打折。

対話する 音 たいわする 释 对话
例 オープンな態度で直接対話し、互いに尊重する。
以开放的态度进行直接对话，互相尊重。

抵抗する 音 ていこうする 释 抵抗
例 抵抗しがたい魅力。
难以抵抗的魅力。

妥協する 音 だきょうする 释 妥协
例 妥協して結婚をするか、理想を追い求めていくか。
是妥协结婚，还是追求理想呢？

譲歩する 音 じょうほする 释 让步
例 譲歩できるところは、譲歩しあって生きていく。
生活中遇到能让步的地方就互相让一步。

推進する 音 すいしんする 释 推进

民主 音 みんしゅ 释 民主

共産 音 きょうさん 释 共产

共和 音 きょうわ 释 共和

独裁 音 どくさい 释 独裁

封建 音 ほうけん 释 封建

専制 音 せんせい 释 专制

自治 音 じち 释 自治

連邦 音 れんぽう 释 联邦

38.2 外交

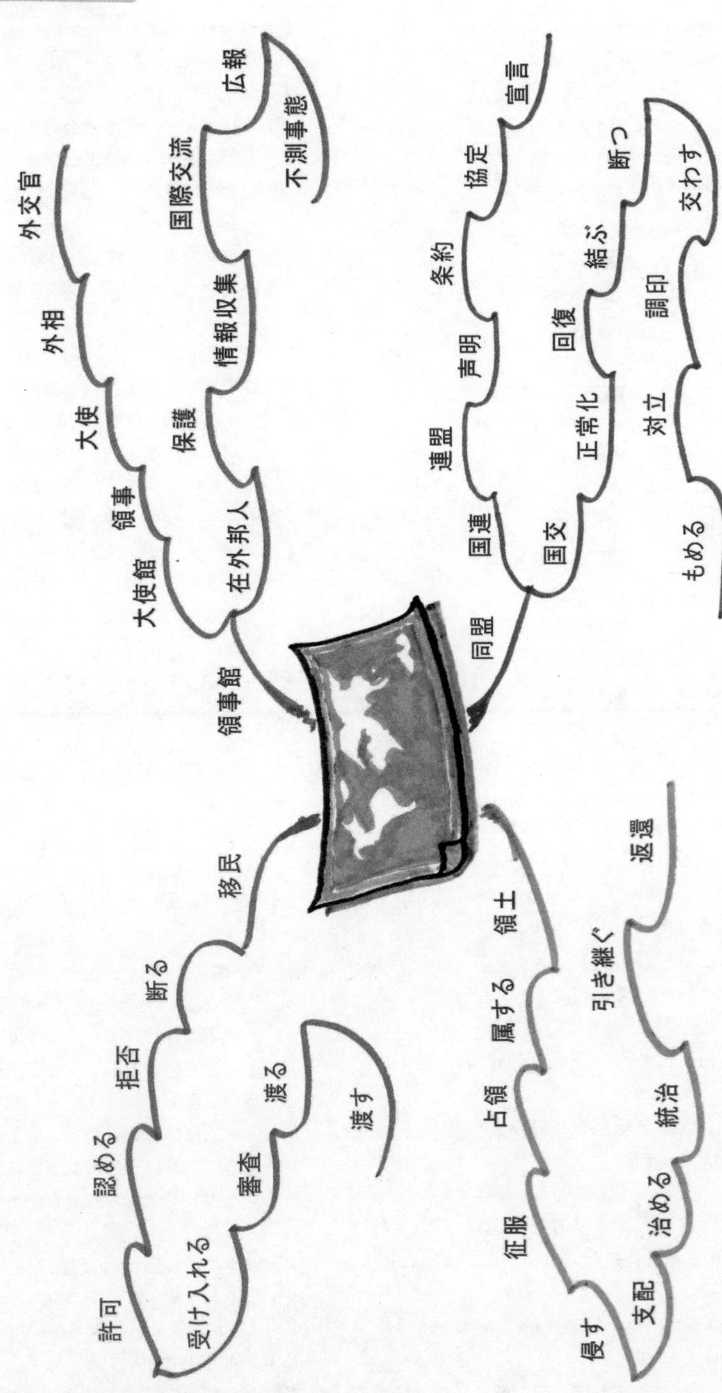
外交官
外相
大使
領事
大使館
広報
不測事態
国際交流
情報収集
保護
在外邦人
領事館
宣言
協定
条約
声明
連盟
国連
同盟
断つ
交わす
結ぶ
調印
回復
正常化
対立
国交
もめる
移民
断る
拒否
認める
許可
受け入れる
審査
渡る
渡す
領土
属する
占領
征服
侵す
返還
引き継ぐ
統治
治める
支配

单词

外交 音 がいこう 释 外交
領事館 音 りょうじかん 释 领事馆
同盟 音 どうめい 释 同盟
領土 音 りょうど 释 领土
移民 音 いみん 释 移民
大使館 音 たいしかん 释 大使馆
外相 音 がいしょう 释 外交大臣；外交部长
外交官 音 がいこうかん 释 外交官
在外邦人 音 ざいがいほうじん 释 海外日本人
保護 音 ほご 释 保护
情報収集 音 じょうほうしゅうしゅう 释 信息收集
国際交流 音 こくさいこうりゅう 释 国际交流
広報 音 こうほう 释 宣传
不測事態 音 ふそくじたい 释 不测事件；偶发事件
国連 音 こくれん 释 联合国
連盟 音 れんめい 释 联盟
声明 音 せいめい 释 声明
条約 音 じょうやく 释 条约
協定 音 きょうてい 释 协定
宣言 音 せんげん 释 宣言
国交 音 こっこう 释 国交，邦交
正常化 音 せいじょうか 释 正常化
例 日中国交正常化とは、1972 年 9 月に日中共同声明を発表して、日本国と中華人民共和国が国交を結んだことである。
中日邦交正常化是指 1972 年 9 月中日发表共同声明，恢复邦交。
回復する 音 かいふくする 释 恢复
例 現在、世界経済は、総じてみればリーマン危機から回復しつつあるといえるだろう。
总的来说，现在全球经济正在从雷曼危机中慢慢恢复起来。
結ぶ 音 むすぶ 释 结，系；结合
例 そこでここは徳川家と一旦和睦を結んで、状況の変化を待った方がいいのではないか。
因此，现在最好的办法就是先和德川家联手，等待时局变化吧。
断つ 音 たつ 释 切，断；断绝
例 このまま突然消息を絶った。
就这样突然没了消息。

交わす 音 かわす 释 交，交换，互相
例 杯を交わす。
交杯换盏。
調印する 音 ちょういんする 释 签订，盖章
例 降伏調印し、戦争は公式に終結した。
签署投降书，战争正式结束。
対立する 音 たいりつする 释 对立
もめる 释 争执
例 遺産相続で父の親族とおおもめにもめた。
因为继承财产问题，和父亲那边的亲戚争得不可开交。
属する 音 ぞくする 释 所属
例 事実無根で、中国の内政に属する事務に対する不適切な評論に断固反対する。
针对属于中国内政的事务，强烈反对那些没有任何事实依据、且不恰当的评论。
占領する 音 せんりょうする 释 占领
例 スターバックスをパソコンで勝手に占領する人たちにおじさんが激怒。
大叔对那些拿着电脑霸占星巴克的人怒不可遏。
征服する 音 せいふくする 释 政府
例 人工知能（AI）が人類を征服する時代はくるのか。
人工智能征服人类的时代要来了吗？
侵す 音 おかす 释 侵犯
例 侵すことのできない権利。
不可侵犯的权利。
支配する 音 しはいする 释 支配，左右，控制，管理
例「子供のため」と思っているように見える言動は、実は母親自身の利益や満足のために行われており、子供を追い詰めて心を支配する、心理的な虐待にもなりかねません。
母亲的言行看起来是为了孩子好，实际上是为了追求自己的利益或自我满足，这种言行很有可能会发展成为控制并逼迫孩子的心理虐待。
治める 音 おさめる 释 统治
例 徳のある統治者がその持ち前の徳をもって人民を治めるべきである。
有德者以德服人。
統治する 音 とうちする 释 统治
例 この国を統治する政党が見当たらない。
找不到可以统治这个国家的政党。

引き继ぐ　音 ひきつぐ　释 交接

例 人がやっていた仕事を誰かに引き継ぐとき、なかなか完璧にはできないものです。

别人做过的工作，总是很难顺利交接给其他人。

返還する　音 へんかんする　释 返还，回归

断る　音 ことわる　释 拒绝

拒否する　音 きょひする　释 拒绝

例 出たくない電話を拒否したい。

想拒接不想接的电话。

認める　音 みとめる　释 承认

例 政府が公式に情報隠蔽を認める。

政府公开承认隐瞒信息。

許可する　音 きょかする　释 许可

例 在留国政府が滞在を許可する。

侨居国政府批准停留。

受け入れる　音 うけいれる　释 接受

例 難民、移民を受け入れるべきかという議論が進んでいない。

是否应该接受难民、移民的讨论没有进展。

審査する　音 しんさする　释 审查

例 本人かどうかの確認を行って、過去の入国記録を調べて、入国許可を与えていい人物かどうかを審査する。

确认是否是本人，调查过去的出境记录，审查是否可以批准入境。

渡る　音 わたる　释 渡，过

例 鑑真はどうして日本に渡るのに執念を燃やしたのでしょうか。

鉴真为什么会燃起东渡日本的信念呢?

渡す　音 わたす　释 交，付

例 メキシコからの不法外国人をアメリカへ渡す密輸業者。

这些从事偷渡的蛇头把从墨西哥来的非法外国人送到美国。

38.3 中日友好

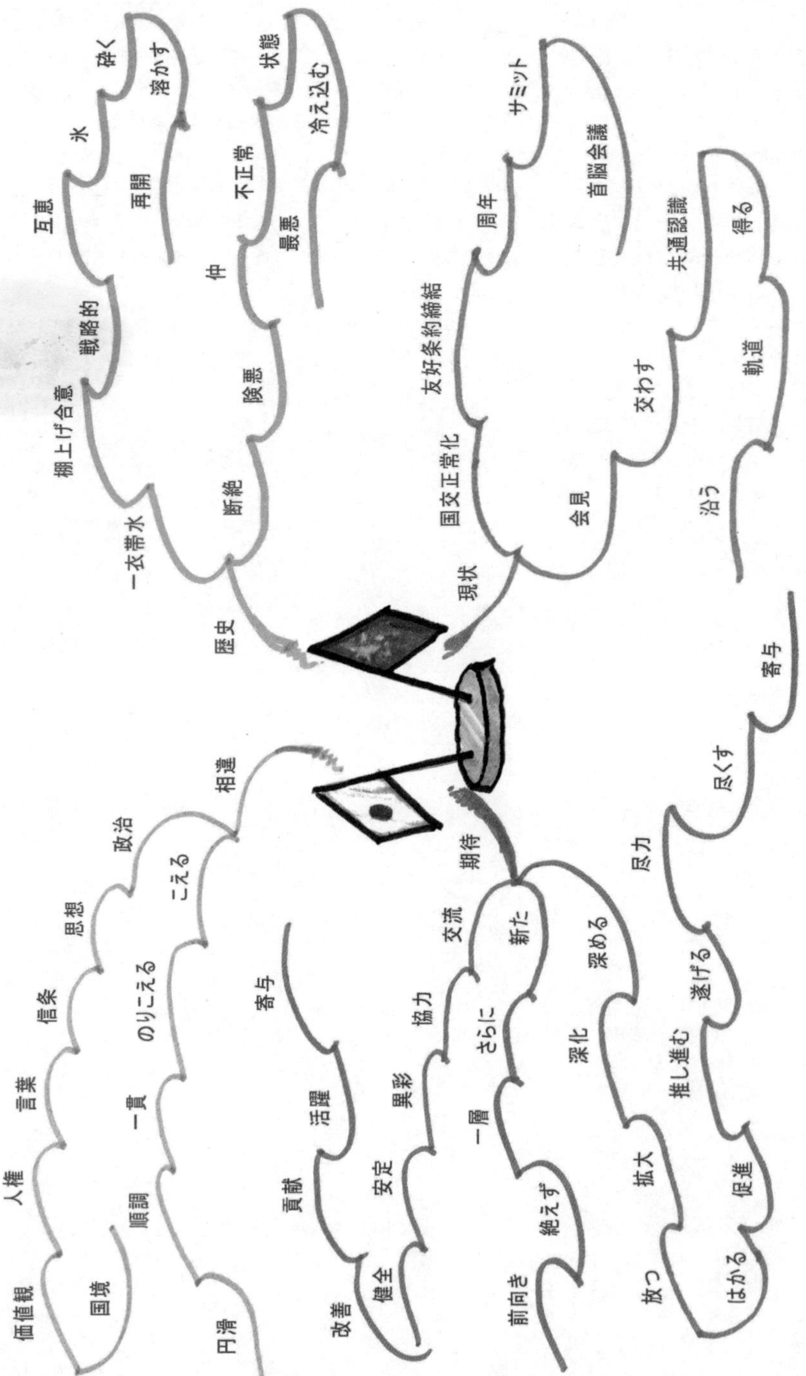

- 歴史
  - 一衣帯水　棚上げ合意　戦略的　互恵　氷　砕く　再開　溶かす
  - 断絶　険悪　仲　不正常　状態　最悪　冷え込む
- 現状
  - 国交正常化　友好条約締結　周年　サミット　首脳会議
  - 会見　交わす　共通認識　得る
  - 沿う　軌道
- 相違
  - 政治　思想　信条　言葉　人権　価値観　国境
  - こえる　のりこえる　一貫　順調　円滑
- 期待
  - 新た　交流　協力　異彩　安定　健全　改善
  - 貢献　活躍　寄与
  - さらに　一層　前向き　絶えず
  - 深める　深化　拡大　放つ
  - 尽力　遂げる　推し進む　促進　はかる
  - 尽くす　寄与

单词

中日友好 音 ちゅうにちゆうこう 释 中日友好

歴史 音 れきし 释 历史

現状 音 げんじょう 释 现状

期待 音 きたい 释 期待

相違 音 そうい 释 不同，差异

一衣帯水 音 いちいたいすい 释 一衣带水

例 東京から上海までは、空路でわずか3時間ほど、「一衣帯水」の地を実感したものだ。

从东京到上海，飞机只要3个小时左右便能到达，真是切身体会到了“一衣带水”的关系。

棚上げ合意 音 たなあげごうい 释 同意暂时搁置

例 この問題は、田中角栄・周恩来会談で「棚上げ」に双方合意していた。

这个问题，田中角荣和周恩来在会谈时双方同意暂时搁置。

戦略的 音 せんりゃくてき 释 战略的

例 双方は共通の戦略的利益に基づく互恵関係の構築に努める。

双方努力构建基于共同战略利益的互惠互利关系。

互恵 音 ごけい 释 互惠互利

例 いわゆる「戦略的パートナーシップ」は互恵関係に該当することが多い。

所谓“战略性伙伴关系”多指互惠关系。

氷 音 こおり 释 冰

例 当時の安倍晋三首相が中国への「氷を砕く旅」を実現した。

当时的安倍晋三首相实现了访问中国的“破冰之旅”。

砕く 音 くだく 释 打破

溶かす 音 とかす 释 融化

例 凍りついた日韓関係を友情で溶かす。

用友情融化冰冻的日韩关系。

再開する 音 さいかいする 释 重新开始

例 紛失・盗難時に停止した回線を再開する。

重新恢复因丢失、盗窃而报停的电话线路。

断絶する 音 だんぜつする 释 断绝

例 犬猿の仲なのに、いっその事、そのまま国交断絶するのが気楽で良い。

反正已经水火不容了，不如趁现在干脆断交来得轻松。

険悪 音 けんあく 释 险恶，危险

例 隣国同士で最も険悪な関係にある国々。

和邻国关系最险恶的国家。

仲 音 なか 释 关系

例 調査でつかんだ証拠を使って、仲を裂いてやろうと思ったのです。

用调查掌握的证据，挑拨他们的关系。

不正常 音 ふせいじょう 释 不正常

状態 音 じょうたい 释 状态

冷え込む 音 ひえこむ 释 骤冷

例 消費税を上げると景気が冷え込むのでは？

提高消费税经济就会下滑吗？

最悪 音 さいあく 释 最坏

国交正常化 音 こっこうせいじょうか 释 邦交正常化

友好条約締結 音 ゆうこうじょうやくていけつ 释 缔结友好条约

周年 音 しゅうねん 释 周年

サミット 释 峰会

例 2016年の9月4日と9月5日、中国・杭州市で主要20カ国・地域（G20）首脳会議（サミット）が開催されます。

2016年9月4日和5日在中国杭州召开了G20峰会。

首脳会議 音 しゅのうかいぎ 释 首脑会议

会見する 音 かいけんする 释 会见

例 国家主席は19日、人民大会堂で米国の国務長官と会見した。

国家主席于19日在人民大会党会见了美国国务卿。

交わす 音 かわす 释 交换

例 ロシアのプーチン大統領と電話会談し、新年の挨拶を交わしました。

和俄罗斯总统普京进行了电话会谈，并互致了新年问候。

共通認識 音 きょうつうにんしき 释 共同认识

例 プロジェクトが大きくなるほど、共通認識の欠如が作業の停滞を招いてしまうのです。

项目越大，缺乏共识就越容易招致项目搁浅。

得る 音 える 释 得到

例 国際的に幅広い共鳴と支持を得ている。

赢得了国际上广泛的共鸣和支持。

軌道 音 きどう 释 轨道

例 起業後1年以内に事業を軌道に乗せる。

创业1年以内让事业步入正轨。

沿う　音 そう　释 沿着
例 わが国の既存の法制度や施策をこの国際条約に沿って改正する。
按照国际条例修改我国现存法律制度和政策。

交流　音 こうりゅう　释 交流

協力　音 きょうりょく　释 合作

異彩　音 いさい　释 异彩
例 あの映画監督は異彩を放っているから、アカデミー賞も間違いなく獲るだろう。
那位电影导演大放异彩，应该能稳获奥斯卡奖吧。

安定　音 あんてい　释 安定

健全　音 けんぜん　释 健全

改善　音 かいぜん　释 改善

貢献　音 こうけん　释 贡献

活躍　音 かつやく　释 活跃

寄与　音 きよ　释 贡献

深める　音 ふかめる　释 加深

深化する　音 しんかする　释 深化

拡大する　音 かくだいする　释 扩大

放つ　音 はなつ　释 放

はかる　释 谋求，策划

促進する　音 そくしんする　释 促进

推し進む　音 おしすすむ　释 推进

遂げる　音 とげる　释 完成，达到

尽力する　音 じんりょくする　释 尽力
例 尽力させていただく所存です。
我一定尽全力。

尽くす　音 つくす　释 尽力
例 力を尽くして生きる。
努力活着。

寄与する　音 きよする　释 做出贡献
例 世界平和のために寄与する
为世界和平做出贡献。

新た　音 あらた　释 新的
例 新たな局面を迎える。
迎来新的局面。

さらに　释 更加；并且；再
例 対極にある両者の関係がさらに悪くなる。
极端对立的两者关系愈发恶化。

一層　音 いっそう　释 越发，更
例 より一層皆様にご満足いただけますよう、全力を尽くす覚悟でございます。
我有决心要为更好地满足各位的需求而殚精竭虑。

絶えず　音 たえず　释 不绝
例 絶えず進歩し、発展する。
不断进步、发展。

前向き　音 まえむき　释 面向前；积极的
例 前向きな変化の兆候がみられる。
显示出积极变化的兆头。

政治　音 せいじ　释 政治

思想　音 しそう　释 思想

信条　音 しんじょう　释 信念

言葉　音 ことば　释 语言

人権　音 じんけん　释 人权

価値観　音 かちかん　释 价值观

国境　音 こっきょう　释 国境

こえる　释 越过
例 イデオロギーを超える。
越过意识形态。

のりこえる　释 乘；渡；克服
例 どうしても乗り越えられない障害物があるんです。
有些障碍怎么也跨越不了。

一貫する　音 いっかんする　释 贯彻到底
例 国連が採択した関連決議に対し、中国は一貫して態度鮮明で、全面で厳格に執行している。
对于联合国通过的相关决议，中国一贯态度鲜明，全面严格执行。

順調　音 じゅんちょう　释 顺利
例 経営は順調に発展している。
经营进展顺利。

円滑　音 えんかつ　释 圆满
例 ふたりの仲が円滑にいかない。
两个人关系不好。

39. 能源

39.1 省エネ

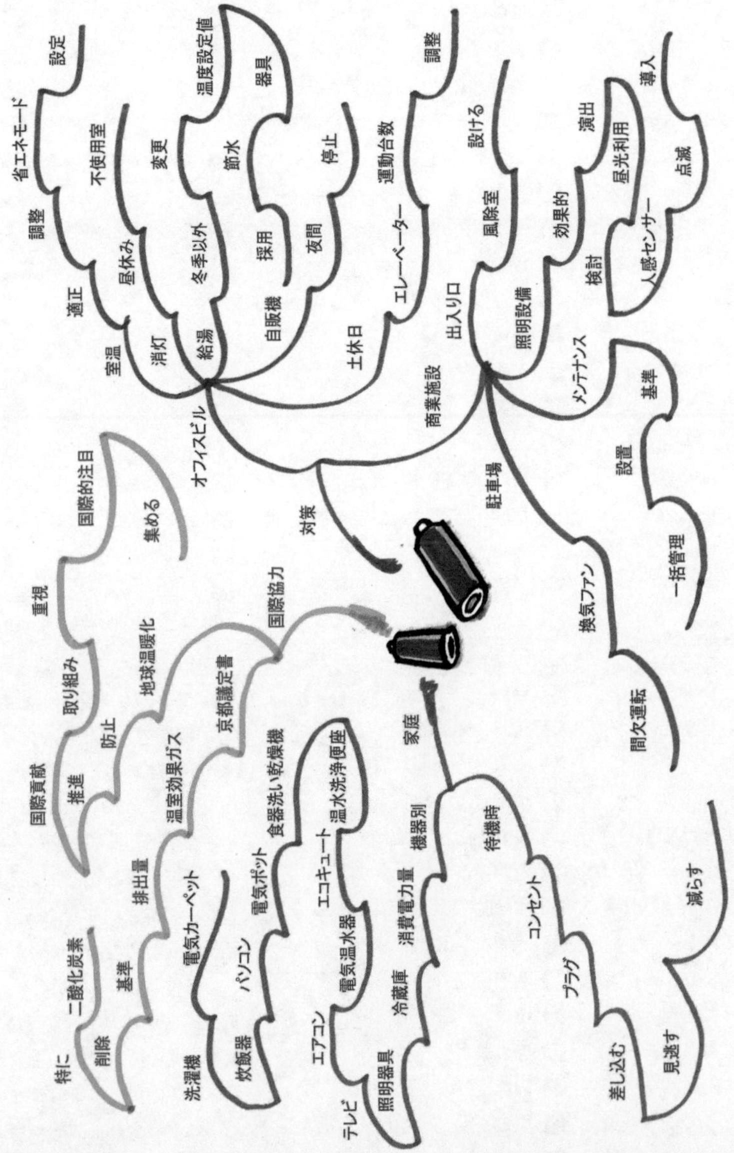

オフィスビル
室温 適正 調整 省エネモード 設定
消灯 昼休み 不使用室 変更
給湯 冬季以外 節水 温度設定値 器具
採用 停止
自販機 夜間
土休日 エレベーター 運動台数 調整

商業施設
出入り口 風除室 設ける
照明設備 効果的 演出
検討 昼光利用 導入
人感センサー 点滅
メンテナンス 基準 設置 一括管理
駐車場 換気ファン 間欠運転

対策

国際協力
京都議定書 温室効果ガス 排出量 基準 二酸化炭素 削除 特に
地球温暖化 防止 推進 国際貢献
取り組み 重視 国際的注目 集める

家庭
機器別 消費電力量 冷蔵庫 照明器具 テレビ
電気温水器 エアコン
エコキュート 温水洗浄便座
食器洗い乾燥機 電気ポット パソコン 炊飯器
電気カーペット 洗濯機
待機時 コンセント プラグ 差し込む 見逃す 減らす

单词

省エネ 音 しょう 释 节能
対策 音 たいさく 释 对策
家庭 音 かてい 释 家庭
国際 音 こくさい 释 国际
協力 音 きょうりょく 释 合作
オフィスビル 释 商务楼
室温 音 しつおん 释 室内温度
適正 音 てきせい 释 恰当，适当
調整 音 ちょうせい 释 调整，调节
省エネモード 音 しょう 释 节能模式
設定 音 せってい 释 设定
消灯 音 しょうとう 释 关灯
昼休み 音 ひるやすみ 释 午休
不使用室 音 ふしようしつ 释 不用的房间
給湯 音 きゅうゆ 释 提供热水
冬季以外 音 とうきいがい 释 冬季以外
停止 音 ていし 释 停止
温度設定値 音 おんどせっていち 释 温度设定值
変更 音 へんこう 释 更改
節水 音 せっすい 释 节水
器具 音 きぐ 释 器具
採用する 音 さいようする 释 采用
自販機 音 じはんき 释 自动售卖机
夜間 音 やかん 释 夜间
停止 音 ていし 释 停止
土休日 音 どきゅうじつ 释 节假日
エレーベーター 释 电梯
運動 音 うんどう 释 运动；运行
台数 音 だいすう 释 台数
調整する 音 ちょうせいする 释 调整，调节
出入り口 音 でいりぐち 释 出入口
風除室 音 ふうじょしつ 释 风除室（防风间）
設ける 音 もうける 释 设置，设立；准备
照明設備 音 しょうめいせつび 释 照明设备
効果的 音 こうかてき 释 有效的
演出 音 えんしゅつ 释 导演；组织安排
昼光利用 音 ちゅうこうりよう 释 利用日光
検討 音 けんとう 释 讨论
人感センサー 音 じんかん 释 感应器
点滅 音 てんめつ 释 闪烁
導入 音 どうにゅう 释 引进
メンテナンス 释 维护，保养

基準 音 きじゅん 释 标准
設置 音 せっち 释 设置
一括管理 音 いっかつかんり 释 统一管理
駐車場 音 ちゅうしゃじょう 释 停车场
換気ファン 音 かんき 释 换气扇
間欠運転 音 かんけつうんてん 释 间歇运行
機器別 音 ききべつ 释 按机器分
消費電力量 音 しょうひでんりょくりょう 释 消费电量
冷蔵庫 音 れいぞうこ 释 冰箱
照明器具 音 しょうめいきぐ 释 照明器具
テレビ 释 电视机
エアコン 释 空调
電気温水器 音 でんきおんすいき 释 电热水器
エコキュート 释 空气源热泵热水器
温水洗浄便座 音 おんすいせんじょうべんざ 释 加热马桶盖
食器洗い乾燥機 音 しょっきあらいかんそうき 释 洗碗机
電気ポット 音 でんき 释 热水壶
パソコン 释 电脑
炊飯器 音 すいはんき 释 电饭煲
洗濯機 音 せんたくき 释 洗衣机
電気カーペット 音 でんき 释 电热毯
待機時 音 たいきとき 释 待机时
コンセント 释 插座
プラグ 释 插头
差し込む 音 さしこむ 释 插入
例 電源プラグをコンセントに長期間差し込んだままにしておくと、ほこりや湿気が原因で発火する危険があります。
长期把插头插入插座不管，有可能会造成因灰尘或湿气而引发的火灾。
見逃す 音 みのがす 释 看漏，放过，错失
例 せっかくのいい機会を見逃す。
错失了难得的好机会。
減らす 音 へらす 释 减少
例 待機時の消費電力をいかにして減らしていくのかも重要な節電対策です。
如何减少待机时的电量消耗也是重要的省电对策之一。

地球温暖化 音 ちきゅうおんだんか 释 全球变暖

防止 音 ぼうし 释 防止

推進 音 すいしん 释 推进

国際貢献 音 こくさいこうけん 释 国际贡献

取り組み 音 とりくみ 释 配合；致力于

例 会社では経営品質向上に向けた取り組みを行っています。

公司采取一系列措施推进提高经营品质。

重視 音 じゅうし 释 重视

国際的注目 音 こくさいてきちゅうもく 释 国际关注

集める 音 あつめる 释 集中

例 こうなっては仕方ないと探偵に依頼して証拠を集めてもらいました。

再这样下去就没有办法了，所以请侦探帮忙收集证据。

京都議定書 音 きょうときょうぎしょ 释 京都议定书

温室効果ガス 音 おんしつこうか 释 温室效应气体

排出量 音 はいしゅつりょう 释 排放量

基準 音 きじゅん 释 标准

削除 音 さくじょ 释 删除

特に 音 とくに 释 特别是

例 とくに花びらが散っている様子が、一番好きです。

特别喜欢花瓣散落的景象。

二酸化炭素 音 にさんかたんそ 释 二氧化碳

39.2 新エネルギー

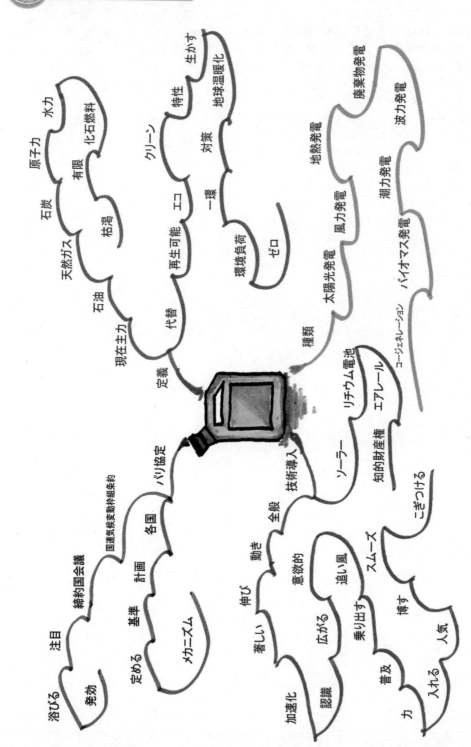

定義
現在主力
石油
天然ガス
石炭
原子力
水力
有限
化石燃料
枯渇
代替
再生可能
エコ
クリーン
特性
生かす
一環
対策
地球温暖化
環境負荷
ゼロ

種類
太陽光発電
風力発電
地熱発電
廃棄物発電
潮力発電
波力発電
バイオマス発電
コージェネレーション

技術導入
ソーラー
リチウム電池
エアレール
知的財産権
全般
動き
伸び
著しい
加速化
認識
意欲的
広がる
追い風
乗り出す
普及
力
入れる
人気
博す
スムーズ
こぎつける

パリ協定
各国
計画
基準
定める
メカニズム
国連気候変動枠組条約
締約国会議
注目
浴びる
発効

单词

新エネルギー 音 しん 释 新能源
定義 音 ていぎ 释 定义
種類 音 しゅるい 释 种类
技術導入 音 ぎじゅつどうにゅう 释 技术引进
パリ協定 音 きょうてい 释 巴黎协定
現在主力 音 げんざいしゅりょく 释 现在主力
石油 音 せきゆ 释 石油
天然ガス 音 てんねん 释 天然气
石炭 音 せきたん 释 煤炭
原子力 音 げんしりょく 释 原子能
水力 音 すいりょく 释 水力
化石燃料 音 かせきねんりょう 释 矿物燃料
有限 音 ゆうげん 释 有限
枯渇 音 こかつ 释 枯竭
代替 音 だいたい 释 代替
再生可能 音 さいせいかのう 释 再生可能
エコ 释 环保
クリーン 释 绿色
特性 音 とくせい 释 特性
生かす 音 いかす 释 活用
地球温暖化 音 ちきゅうおんだんか 释 全球变暖
対策 音 たいさく 释 对策
一環 音 いっかん 释 一环
環境負荷 音 かんきょうふか 释 环境负担
ゼロ 释 零
太陽光発電 音 たいようこうはつでん 释 太阳能发电
風力発電 音 ふうりょくはつでん 释 风力发电
地熱発電 音 ちねつはつでん 释 地热发电
廃棄物発電 音 はいきぶつはつでん 释 废弃物发电
波力発電 音 はりょくはつでん 释 波能发电
潮力発電 音 ちょうりょくはつでん 释 潮汐发电
バイオマス発電 音 はつでん 释 生物发电
コージェネレーション 释 热电联产
全般 音 ぜんぱん 释 全面，普遍
例 中国人全般に見られる傾向。
中国人的普遍倾向。
動き 音 うごき 释 动向
例 まずひとりひとりが世の中の動きに関心を払うことが大切だ。
首先，重要的是每个人都要去关心社会的动态。
伸び 音 のび 释 伸长，发展
例 輸出の伸びが著しい。
出口发展显著。

著しい 音 いちじるしい 释 显著
加速化する 音 かそくかする 释 加速
例 企業のグローバル化が加速化する中、圧倒的にグローバル人材不足が深刻化しています。
在企业国际化加速进展当中，最严重的问题是国际性人才不足。
認識 音 にんしき 释 认识
広がる 音 ひろがる 释 展开，传开
例 長生きが幸せとは限らないという認識が広がっている。
长生未必就是幸福，这种认识现在比较普遍。
意欲的 音 いよくてき 释 积极主动
例 排出削減貢献に対する意欲的な取り組み。
对减排积极做出贡献。
追い風 音 おいかぜ 释 顺风，乘势
例 輸出業者にとって円安が追い風となっている。
对出口行业的人来说，日元贬值是一种利好消息。
乗り出す 音 のりだす 释 登上舞台；积极从事
例 さらなる環境整備に乗り出した。
推进更好的环境整顿。
普及 音 ふきゅう 释 普及
力 音 ちから 释 力量
例 人材採用と育成に力を入れている。
致力于人才录用和培养。
入れる 音 いれる 释 装进，放入
人気 音 にんき 释 人气
博す 音 はくす 释 博得，获得，取得
例 高機能ながら価格を抑えたリーズナブルさで人気を博す。
高性能，低价格，大受欢迎。
スムーズ 释 顺利
こぎつける 释 到达
例 ホウレンソウを徹底することは仕事をスムーズに進めるうえで必要不可欠なことといえます。
贯彻汇报、联系、商谈的体制，对顺利开展工作来说不可或缺。
ソーラー 释 太阳能
リチウム電池 音 でんち 释 锂电池

リニアモーターカー 释 线性电动机驱动车辆

知的財産権 音 ちてきざいさんけん 释 知识产权

国連気候変動枠組条約 音 こくれんきこうへんどうわくぐみじょうやく 释 联合国气候变化框架公约

締約国会議 音 ていやくこくかいぎ 释 缔约国会议

注目 音 ちゅうもく 释 注目

浴びる 音 あびる 释 淋，浴；受，蒙

例 注目を浴びたり視線を感じる際に、照れたり少し緊張したりすることはいたって普通のことです。

当受万人瞩目、感受到他人视线时，害羞紧张都是极其正常的。

発効する 音 はっこうする 释 生效

例 本条約は9月1日より発行する。

本条约自9月1日起生效。

各国 音 かっこく 释 各国

計画 音 けいかく 释 计划

基準 音 きじゅん 释 标准

定める 音 さだめる 释 定；平定；规定

例 農薬を使用する者が遵守すべき基準を定める。

制定农药使用者应该遵守的标准。

メカニズム 释 机制

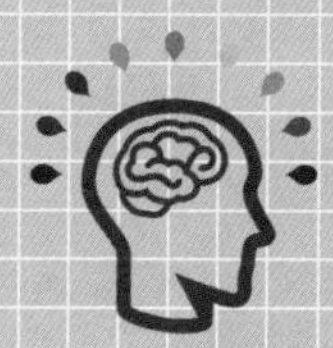

40. 人体动作

40 人体動作

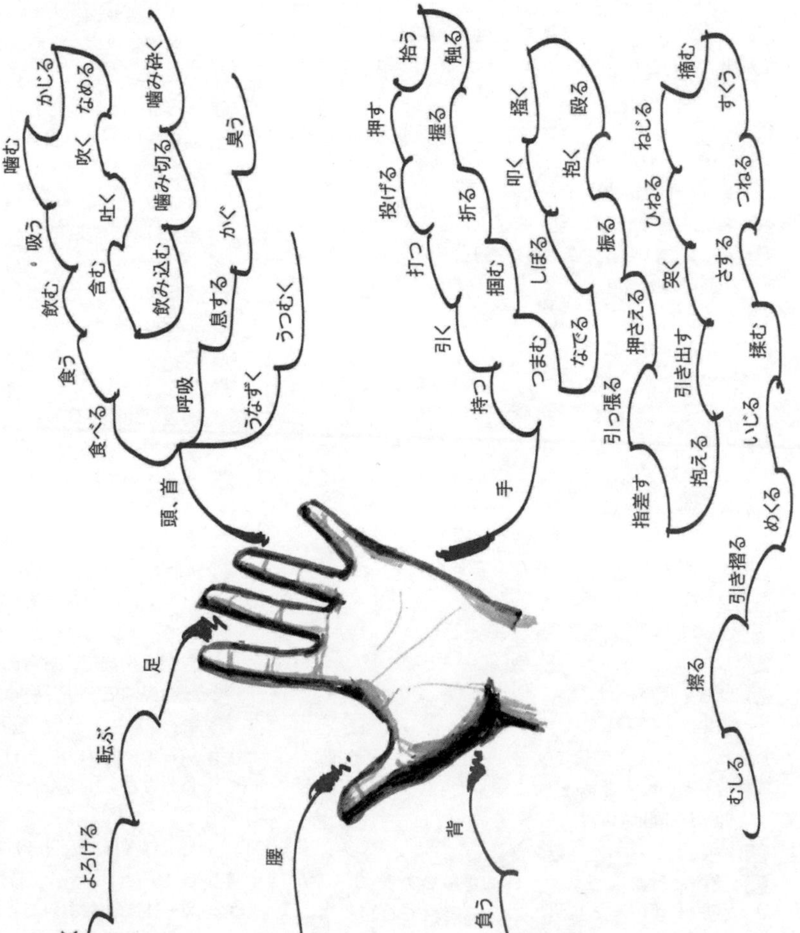

- 頭、首
  - 食べる、食う、飲む、吸う、噛む、かじる、なめる、吹く、吐く、含む、飲み込む、噛み切る、噛み砕く
  - 呼吸、息する、かぐ、臭う
  - うなずく、うつむく
- 手
  - 持つ、引く、打つ、投げる、押す、拾う、触る、握る、折る、掴む、つまむ、しぼる、なでる、叩く、掻く、抱く、殴る、振る
  - 引っ張る、押さえる、指差す、引き出す、突く、ひねる、ねじる、摘む、すくう、つねる、さする、抱える、揉む、いじる、めくる、引き摺る、擦る、むしる
- 足
  - 転ぶ、よろける、つまずく、ひざまずく
- 腰
  - 立ち上がる、かがむ、腰掛ける、しゃがむ
- 背
  - 負う、背負う、担う、おんぶ、担ぐ

单词

人体動作 音 じんたいどうさ 释 人体动作

頭 音 あたま 释 头

首 音 くび 释 首；颈

手 音 て 释 手

背 音 せ 释 背

腰 音 こし 释 腰

足 音 あし 释 脚，腿

食べる 音 たべる 释 吃
例 食べても太らない。
怎么吃都吃不胖。

食う 音 くう 释 吃；生活；蒙受
例 門前払いを食う。
吃了闭门羹。

飲む 音 のむ 释 喝
例 コーヒーを飲んだりしてくつろげます。
喝喝咖啡放松放松。

吸う 音 すう 释 吸；吮；吸收
例 ラーメンは吸って食べるんだよ。
拉面可得吸着吃呢。

噛む 音 かむ 释 嚼；咬
例 また爪を噛んじゃった！
又咬指甲了！

かじる 释 咬，啃；略懂
例 わたしは学校で少しばかり日本語をかじった。
我曾在学校学过一点日语。

なめる 释 舔；小瞧
例 人をなめない、人からなめられない生き方。
不要瞧不起人，也不要被人瞧不起。

吹く 音 ふく 释 吹
例 ほらを吹く。
吹牛。

吐く 音 はく 释 吐
例 彼もついに本音を吐いた。
他也终于吐露真言。

含む 音 ふくむ 释 含
例 実際には飲みこまず、口に含んですすぐだけでも効果があることが実験でわかった。
实验证明，实际上不需要喝下去，仅仅只需含着漱一下口就有效果。

飲み込む 音 のみこむ 释 咽下；理解
例 つばを飲み込むと喉が痛い。
咽口水时喉咙痛。

噛み切る 音 かみきる 释 咬断，咬破
例 舌を噛み切って自殺する。
咬舌自尽。

噛み砕く 音 かみくだく 释 咬碎；浅显易懂地解释
例 小中学生にわかるレベルにまで噛み砕いて説明する。
说明浅显易懂，甚至连中小学生也能听懂。

呼吸する 音 こきゅうする 释 呼吸
例 意識がなく、呼吸をしていない場合は、躊躇せず心臓マッサージや人工呼吸をしなければなりません。
在人失去意识、没有呼吸的情况下，必须果断对其进行心脏按摩或人工呼吸。

息する 音 いきする 释 呼吸
例 レントゲン検査したりする時に、「大きく息を吸って、止め て、吐いて」と指示されます。
在做 X 光检查时，会被要求“大口吸气，屏住呼吸，再吐气”。

かぐ 释 嗅
例 犬は鼻でかいで獲物を探す。
狗用鼻子闻气味来寻找猎物。

臭う 音 におう 释 发出味道；臭
例 顔を近づけても臭わない。
凑近闻也闻不到臭味。

うなずく 释 点头
例 うなずいて承諾する。
点头同意。

うつむく 释 低头，垂头
例 人生に絶望し、自分に自信がなくなっているような状況であれば、いつもうつむいて、下ばかり見るようになります。
在对人生绝望，对自己没有自信的时候，就会经常低着头，看着地面。

持つ 音 もつ 释 拿，带
例 Visa マークのついた付いたカードをお持ちの方なら、どなたでもご利用いただける。
持有带 VISA 标识卡的客人，都可以享用。

引く 音 ひく 释 拉，扯；吸引
例 カードを一枚引いてください。
请抽一张卡。

打つ 音 うつ 释 打；感动
例 妻の思いがけない死は、50 年以上にわたる、幸福な夫婦生活に終止符を打った。
妻子突如其来的去世，给持续了 50 多年的幸福婚姻生活打上了句号。

投げる 音 なげる 释 投，扔，摔
例 その問題には、さじを投げた。
对这个问题，我已经束手无策了。

押す 音 おす 释 按，推，压
例 押しても引いても開かない。
推也推不开，拉也拉不开。

拾う 音 ひろう 释 捡，拾
例 私はビーチに行くたび貝殻を拾ってくる。
我每次去海滩都会拾贝壳。

触る 音 さわる 释 触碰
例 触らぬ神にたたりなし。
多一事不如少一事。

握る 音 にぎる 释 握
例 実権は彼が握っている。
实权在他手中。

折る 音 おる 释 折
例 花や木を折らないでください。
请勿攀折花木。

掴む 音 つかむ 释 抓住，揪住
例 しっかりつかんで放すな。
紧紧抓住别松手。

つまむ 释 用指尖捏，撮
例 手でつまんで食べる。
用手抓着吃。

なでる 释 抚摸
例 子どもの頭をやさしくなでる。
轻轻地抚摸孩子的头。

しぼる 释 拧，挤
例 声を絞って救いを求める。
拼命呼救。

叩く 音 たたく 释 敲，拍，打
例 たたけばほこりがでる。
人无完人。

搔く 音 かく 释 搔，挠；拨；和
例 かゆいところを血がでるほど引っ搔くと細胞が壊れ、ウイルスが侵入してきた。
如果将发痒的地方挠出血，就会破坏该处细胞，导致细菌入侵。

殴る 音 なぐる 释 殴打
例 ぶん殴って気絶させる。
把对方打晕过去了。

抱く 音 だく；いだく 释 抱
例 自然と手を回し私の腰を抱いて歩きます。
很自然地把手环过来，搂着我的腰走。

振る 音 ふる 释 挥，甩，洒；牺牲
例 彼は女のことで一生を棒に振った。
他因为男女关系而断送了自己的一生。

押さえる 音 おさえる 释 压，摁，捂
例 ばんそうこうで傷口を押さえる。
用创口贴按压住伤口。

引っ張る 音 ひっぱる 释 拉，拽
例 耳を揉んだり、引っ張ったり、こすったりして血行を良くすると、身体が温まったり、頭がスッキリしたり、肌の艶がよくなるという素晴らしい効果があります。
揉、扯、摩挲耳朵，会加快血液循环，可以使身体变暖和，头脑更清晰，肌肤更有光泽。

指差す 音 ゆびさす 释 指；指责
例 指差されるようなまねはしていない。
我没做过什么可以让人指责的事情。

抱える 音 かかえる 释 抱；承担，负担
例 病気の身内を抱えて困窮する。
家里有病人，生活穷困潦倒。

引き出す 音 ひきだす 释 抽出；提出；引导出
例 いつのまにか貯金を全部引き出されてしまった。
不知什么时候存款全被取光了。

突く 音 つく 释 扎，戳，撞
例 手を突いて謝る。
下跪谢罪。

ひねる 释 拈，捻；扭转
例 首をひねる。
百思不得其解。

ねじる 释 扭，拧
例 蛇口をねじって水を出す。
拧开水龙头放水出来。

摘む 音 つむ 释 摘
例 道端の花は勝手に摘んでいいですか。
可以随便摘路边的花吗？

すくう 释 捧，掬，捞
例 小川の水を手ですくって飲んだ。
喝水时，用手捧起了小河的水。

つねる 释 掐
例 わが身をつねって人の痛さを知れ。
推己及人。

さする 释 摩，搓，摸
例 泣いている人や辛い思いをしている人などに対して自然と背中をさすってあげたことはありませんか。
面对哭泣的人或正在经历痛苦的人，你是否曾很自然地伸出手去轻抚他们的背？

揉む 音 もむ 释 搓，揉；推挤；磨练
例 どんなに強く肩を揉んでも、根本的な肩こり改善にはなっていない。
不管再怎么用劲按摩肩膀，都无法从根本上改善肩痛。

いじる 释 摆弄，捣鼓
例 いつも自分のデスクでパソコンをいじっている。
总是在自己座位上玩电脑。

めくる 释 翻
例 本をパラパラとめくる。
把书翻得哗哗作响。

引き摺る 音 ひきずる 释 拖，拽
例 足を引きずるのは、怪我をしてしっかりとケアをしてこなかった方が多いです。
之所以瘸腿，是因为受伤后没有得到很好的治疗。

擦る　音 こする；する　释 擦，蹭
例 濡れた時に背中とか爪で掻いたりすると垢が出てきます。
将身体打湿再搓背会搓出一些污垢来。

負う　音 おう　释 背，负
例 人の一生は重荷を負う遠き道を行くがごとし。
人的一生如负重行远路。

背負う　音 せおう　释 背，负
例 借金を背負って苦しむ。
背负欠款，苦不堪言。

おんぶする　释 背
例 恥ずかしいけど、彼氏におんぶとかお姫様抱っこをしてもらうのが夢です。
虽然有点不好意思，但我承认我的梦想就是希望男朋友能背我，或公主抱我。

担ぐ　音 かつぐ　释 扛，挑；推选；迷信
例 天秤棒を担いで、その両端に売りものをぶら下げて担いで運搬する。
在扁担两边挂上要卖的东西，挑着扁担来搬运。

担う　音 になう　释 担，挑；肩负重任
例 地球の未来を担う。
担负着地球的未来。

腰掛ける　音 こしかける　释 坐下来
例 椅子に浅く腰かけている。
坐在椅子边上。

立ち上がる　音 たちあがる　释 站起来；恢复过来
例 急に立ち上がったらめまいがする。
如果突然站起来，会感到头晕。

しゃがむ　释 蹲
例 ずっとしゃがんで作業しているので、腰を痛めてしまいました。
一直蹲着干活，腰痛。

かがむ　释 蹲；弯下腰
例 ゴミを拾いに屈んでくる。
弯腰捡垃圾。

運ぶ　音 はこぶ　释 搬运；移步；推动
例 よかったら、是非足を運んでください
您要方便的话，请一定来坐坐。

よろける　释 蹒跚，摇晃
例 急に押されてよろける。
被人猛一推，几乎跌倒。

つまずく　释 绊倒；栽跟头
例 つまずくたびにそれだけ物事がわかるようになる。
吃一堑，长一智。

ひざまずく　释 跪下
例 海外の映画を見ていると、婚約指輪を掲げながらひざまずくシーンを良く目にします。
看国外电影时，总是能看到剧中人物拿着戒指单膝下跪求婚的场面。

补充单词

引き上げる　ひきあげる	提起	**巻き上げる　まきあげる**	卷起
回す　まわす	转	**渡す　わたす**	递
合掌　がっしょう	合掌	**傾ける　かたむける**	倾斜
掘じる　ほじる	抠	**振るう　ふるう**	挥舞
震える　ふるえる	颤抖	**泳ぐ　およぐ**	游
締める　しめる	系	**絞り出す　しぼりだす**	挤出
振り返る　ふりかえる	回头看	**進行　しんこう**	前进
踏む　ふむ	踏	**蹴る　ける**	踢
飛ばす　とばす	放飞	**足踏み　あしぶみ**	踏步
走る　はしる	跑	**歩く　あるく**	走
ぶらぶらする	到处转	**伸ばす　のばす**	伸直
立つ　たつ	站		

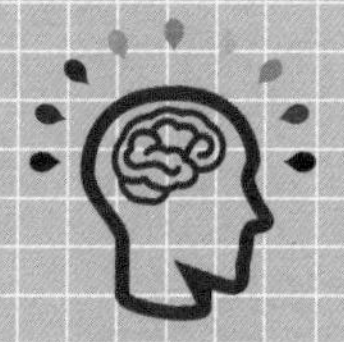

41. 医疗

41.1 病院

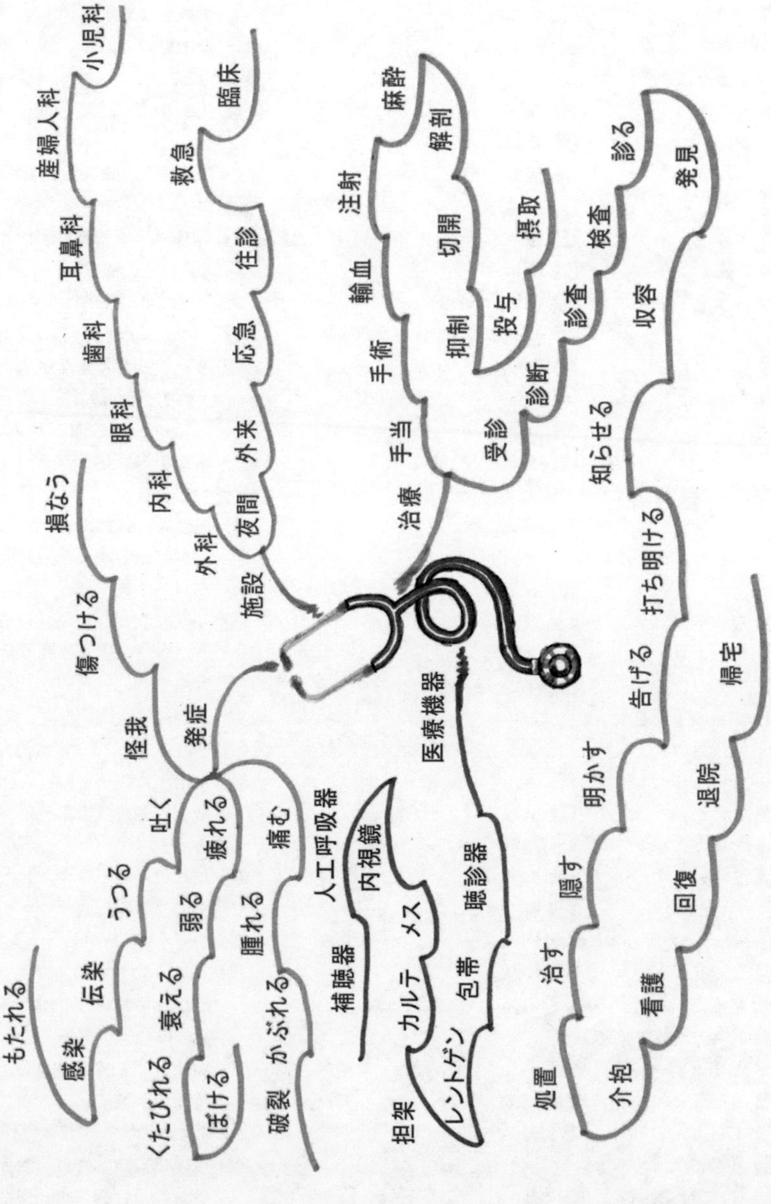

- 施設
  - 夜間、外来、応急、往診、救急、臨床
  - 外科、内科、眼科、歯科、耳鼻科、産婦人科、小児科
- 治療
  - 手当、手術、輸血、注射、麻酔
  - 解剖、切開、抑制、投与、摂取
  - 受診、診断、診査、検査、診る
  - 発見、収容
- 知らせる、打ち明ける、告げる、明かす、隠す、治す、処置
- 帰宅、退院、回復、看護、介抱
- 医療機器
  - 聴診器、包帯、レントゲン、担架
  - 人工呼吸器、内視鏡、メス、カルテ、補聴器
- 発症
  - 怪我、傷つける、損なう
  - 疲れる、吐く、うつる、伝染、感染、もたれる
  - 弱る、衰える、くたびれる、ぼける
  - 痛む、腫れる、かぶれる、破裂

单词

病院 音 びょういん 释 医院
施設 音 しせつ 释 设施
医療機器 音 いりょうきき 释 医疗器械
治療 音 ちりょう 释 治疗
発症 音 はっしょう 释 发病，发作
外科 音 げか 释 外科
内科 音 ないか 释 内科
眼科 音 がんか 释 眼科
歯科 音 しか 释 牙科
耳鼻科 音 じびか 释 耳鼻科
産婦人科 音 さんふじんか 释 妇产科
小児科 音 しょうにか 释 小儿科
夜間 音 やかん 释 夜间
外来 音 がいらい 释 外来；门诊
応急 音 おうきゅう 释 应急
往診 音 おうしん 释 出诊
救急 音 きゅうきゅう 释 急救
臨床 音 りんしょう 释 临床
聴診器 音 ちょうしんき 释 听诊器
レントゲン 释 X光线
包帯 音 ほうたい 释 绷带
担架 音 たんか 释 担架
カルテ 释 病历
メス 释 手术刀
例 政財界の癒着にメスを入れる。
大刀阔斧整顿官商勾结的现象。
人工呼吸器 音 じんこうこきゅうき 释 人工呼吸器
内視鏡 音 ないしきょう 释 内视镜
補聴器 音 ほちょうき 释 助听器
手当 音 てあて 释 津贴；治疗
例 応急の手当をする。
进行急救。
手術 音 しゅじゅつ 释 手术
輸血 音 ゆけつ 释 输血
注射 音 ちゅうしゃ 释 注射
麻酔 音 ますい 释 麻醉
解剖 音 かいぼう 释 解剖
切開 音 せっかい 释 切开
抑制 音 よくせい 释 抑制
投与 音 とうよ 释 给药
例 栄養剤を投与する。
给病人用一些营养剂。
摂取 音 せっしゅ 释 摄取
受診する 音 じゅしんする 释 就诊
例 初めて受信する方。
初次就诊的病人。

診断する 音 しんだんする 释 诊断
例 糖尿病と診断する。
诊断为糖尿病。
診査する 音 しんさする 释 检查
例 健康診査は、生活習慣病の予防や早期発見のためには欠かせません。
健康检查对生活习惯病的预防和早期发现上必不可少。
検査する 音 けんさする 释 检查
例 血液を検査する。
血液检查。
診る 音 みる 释 看病
例 私は医者に診てもらうために病院に行きました。
我去医院让医生给我看病。
発見する 音 はっけんする 释 发现
例 腫瘍は早期に発見すれば治療成績が飛躍的に向上します。
早期发现肿瘤的话会大幅度提升治疗效果。
収容する 音 しゅうようする 释 收容，容纳
例 疾病や疾患に対し医療を提供し、病人を収容する施設。
这个机构不仅收容病人，还对疾病、疾患提供医疗诊治。
知らせる 音 しらせる 释 通知
例 癌患者の状態について本人に知らせる。
向癌症患者本人告知其状态。
打ち明ける 音 うちあける 释 不隐瞒地说
例 早めに医師に打ち明けるようにしましょう、病気は絶対に軽く考えてはいけないものです。
早点跟医生说明白吧，病可不能小看。
告げる 音 つげる 释 告知
例 主治医に臨終を告げられる。
被主治医生宣告不行了。
明かす 音 あかす 释 说出；揭露
例 だれにも明かさずにおこう。
不要告诉任何人。
隠す 音 かくす 释 隐瞒
例 明らかに知的障害があり、あるいは明らかな身体障害などがある場合は病気を隠すのは無理である。
有明显认知障碍或身体障碍的人，是不可能隐瞒病情的。
治す 音 なおす 释 治疗
例 風邪早く治してね、お大事に！
感冒快点好起来哦，保重！

处置する 音 しょちする 释 处置
例 虫歯を処置する。
治疗虫牙。

介抱する 音 かいほうする 释 护理，服侍
例 寝たきり老人を介抱する。
照顾卧床不起的老人。

看護する 音 かんごする 释 护理，看护
例 看護師が祖母を手厚く看護する。
护士精心地照料祖母。

回復する 音 かいふくする 释 恢复
例 患者さまが一日でも早く回復していただくため、365日間のリハビリを行います。
为了让患者能尽早恢复健康，我们提供365天的康复理疗。

退院する 音 たいいんする 释 出院
例 産んだ翌日に退院する。
生产之后第二天就出院了。

帰宅する 音 きたくする 释 回家
例 退院時に車で帰宅する場合は、新生児もチャイルドシートが必要です。
如果出院时是开车回家的话，婴儿也需要儿童座椅。

怪我する 音 けがする 释 受伤
例 足を怪我して走れなくなった。
腿受伤了，没法走路。

傷つける 音 きずつける 释 弄伤
例 たとえ言った本人に悪気がなくても、相手を深く傷つけてしまうことがあるのです。
即使说话者本人是无心的，但有时候也会深深伤害到对方。

損なう 音 そこなう 释 损坏
例 社会の信頼を損なう事態で深くおわびする。
对社会信誉造成严重损害深感抱歉。

吐く 音 はく 释 吐
例 酔いつぶれて吐いて寝込んでいた。
喝得烂醉，吐了一地，然后就睡过去了。

うつる 释 传染
例 インフルエンザはどうやってうつるの？
流感是如何传播的呢？

伝染する 音 でんせんする 释 传染
例 感染したダニ咬傷により伝染される。
被已经感染了的蜱咬伤而被传染上了（病毒）。

感染する 音 かんせんする 释 感染
例 感染者が触れた器具などを介して感染する。
通过感染者接触过的器具而感染。

もたれる 释 靠；积食
例 胃がもたれて重く感じた。
胃胀胃沉。

疲れる 音 つかれる 释 累
例 更年期に疲れやすくなる。
更年期容易觉得疲劳。

弱る 音 よわる 释 衰弱
例 パソコンを長時間使うと、視力が弱って、画面の字がぼんやりしたり二重に見えたりしがちです。
长时间使用电脑容易减弱视力，看画面的字时，会感觉模糊或出现重影。

衰える 音 おとろえる 释 衰退
例 足腰が衰えた人が車を使うようになり歩かなくなると、どんどん弱っていく。
若腰腿不好的人经常使用汽车而不走路的话，其腰腿会变得越来越衰弱。

くたびれる 释 累，疲劳
例 歩き続けてくたびれてしまった。
走路走得筋疲力尽。

ぼける 释 昏聩，糊涂
例 実際、高齢になってもぼけない人の方が多いのです。
实际上很多人即使上了年纪也不会老年痴呆。

痛む 音 いたむ 释 痛
例 傷が痛んでたまらない。
伤口痛得不得了。

腫れる 音 はれる 释 肿
例 よく耳の後ろのリンパ節が腫れて痛くなります。
耳朵后面的淋巴结经常肿大疼痛。

かぶれる 释 长斑疹
例 私たちの身の回りには肌をかぶれさせる原因となる物質がたくさん潜んでい ます。
在我们周围潜伏着很多可能会让我们皮肤过敏起疹子的物质。

破裂する 音 はれつする 释 破裂
例 事故で腎臓が破裂し入院している。
事故造成肾脏破损而住院。

补充单词

リハビリ	康复治疗	**ガン**	癌症	**点滴　てんてき**	输液
医者　いしゃ	医生	**看病　かんびょう**	探望病人	**我慢　がまん**	忍耐
耐える　たえる	忍耐	**汗　あせ**	汗水	**看護婦　かんごふ**	护士
ナース	护士				

美容

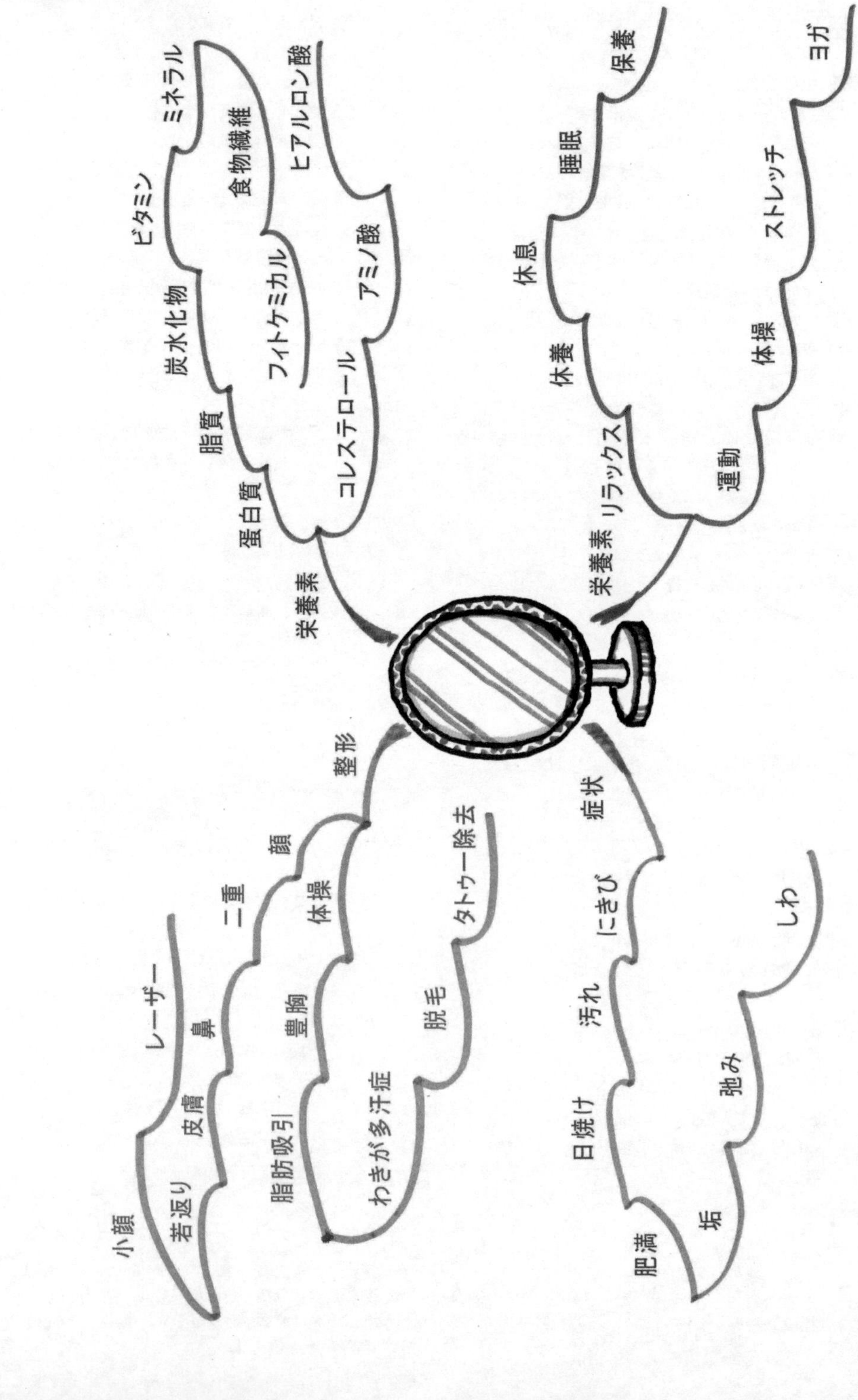

栄養素
蛋白質
脂質
炭水化物
ビタミン
ミネラル
食物繊維
フィトケミカル
ヒアルロン酸
コレステロール
アミノ酸

栄養素
リラックス
休養
休息
睡眠
保養
運動
体操
ストレッチ
ヨガ

整形
顔
二重
鼻
レーザー
皮膚
若返り
小顔
体操
豊胸
脂肪吸引
わきが多汗症
脱毛
タトゥー除去

症状
にきび
汚れ
日焼け
肥満
しわ
弛み
垢

单词

美容　音 びよう　释 美容

栄養素　音 えいようそ　释 营养素

心がけ　音 こころがけ　释 留心，注意

例 少しの心がけで、肌が変わる。
稍微注意一点，肌肤就可以改善。

症状　音 しょうじょう　释 症状

整形　音 せいけい　释 整形

蛋白質　音 たんぱくしつ　释 蛋白质

脂質　音 ししつ　释 类脂

炭水化物　音 たんすいかぶつ　释 碳水化合物

ビタミン　释 维生素

ミネラル　释 矿物质

食物繊維　音 しょくもつせんい　释 食物纤维

フィトケミカル　释 植物化学物

コレステロール　释 胆固醇

アミノ酸　音 〜さん　释 氨基酸

ヒアルロン酸　音 〜さん　释 透明质酸

リラックス　释 放松

休養　音 きゅうよう　释 修养

休息　音 きゅうそく　释 休息

睡眠　音 すいみん　释 睡眠

保養　音 ほよう　释 保养

運動　音 うんどう　释 运动

体操　音 たいそう　释 体操

ストレッチ　释 拉伸

ヨガ　释 瑜伽

にきび　释 痘痘

汚れ　音 よごれ　释 污渍

日焼け　音 ひやけ　释 晒伤

肥満　音 ひまん　释 肥胖

垢　音 あか　释 污垢

弛み　音 たるみ　释 松弛

例 紫外線、乾燥、加齢などにより真皮組織が影響を受け、肌の弾力やハリが失われ、しわ・たるみが目立ってきます。
由于紫外线、干燥和年龄增长，真皮细胞会受到损伤，肌肤会失去弹性和张力，皱纹和肌肤松弛会日渐显著。

しわ　释 皱纹

顔　音 かお　释 脸

二重　音 ふたえ　释 双眼皮

例 道具を使って二重まぶたを自力で作る。
自己用道具来做双眼皮。

鼻　音 はな　释 鼻子

皮膚　音 ひふ　释 皮肤

若返り　音 わかがえり　释 返老还童

例 若返りたいなら食べ物にも気を使おう。
想要返老还童，就得注意饮食。

小顔　音 こがお　释 小脸

レーザー　释 激光

体操　音 たいそう　释 体操

豊胸　音 ほうきょう　释 丰胸

脂肪吸引　音 しぼうきゅういん　释 吸脂

わきが多汗症　音 〜たかんしょう　释 腋下多汗

脱毛　音 だつもう　释 脱毛

タトゥー除去　音 〜じょきょ　释 去除纹身

41.3 ダイエット

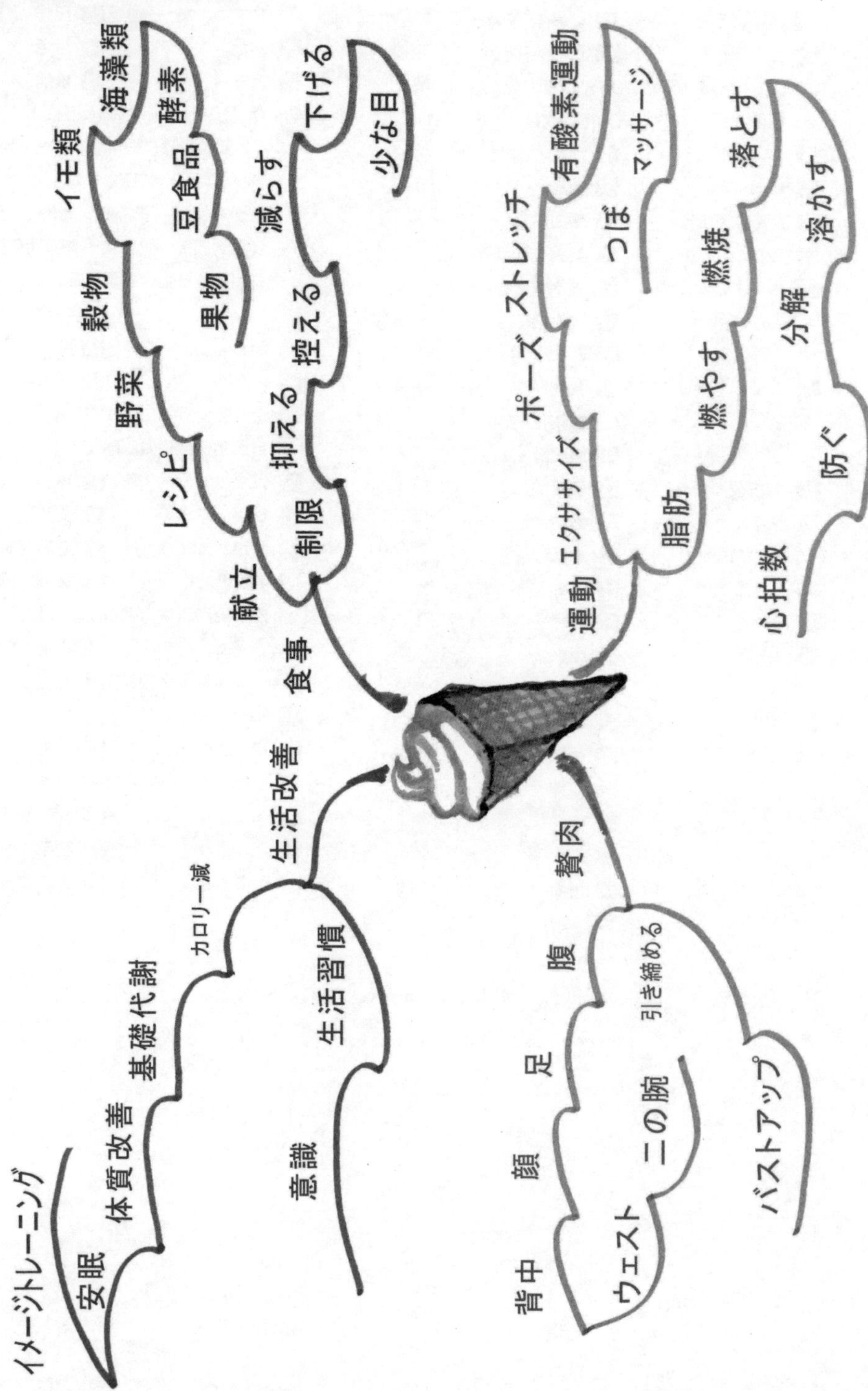
食事
献立
制限
抑える
控える
減らす
下げる
少な目
レシピ
野菜
穀物
果物
豆食品
イモ類
海藻類
酵素
運動
エクササイズ
ポーズ
ストレッチ
有酸素運動
つぼ
マッサージ
脂肪
燃やす
燃焼
落とす
心拍数
防ぐ
分解
溶かす
贅肉
腹
引き締める
足
二の腕
顔
ウェスト
背中
バストアップ
生活改善
生活習慣
意識
カロリー減
基礎代謝
体質改善
安眠
イメージトレーニング

单词

ダイエット 释 减肥
食事 音 しょくじ 释 饮食
運動 音 うんどう 释 运动
贅肉 音 ぜいにく 释 赘肉
生活改善 音 せいかつかいぜん 释 生活改善
献立 音 こんだて 释 菜单，食谱
レシピ 释 菜单，食谱
野菜 音 やさい 释 蔬菜
穀物 音 こくもつ 释 谷物
イモ類 音 るい 释 薯类
海藻類 音 かいそうるい 释 海藻类
酵素 音 こうそ 释 酵素
豆食品 音 まめしょくひん 释 豆制品
果物 音 くだもの 释 水果
制限 音 せいげん 释 限制
例 食事制限をしてもなぜかなかなか体重が落ちず、思うように痩せない。
即使控制了饮食，可体重还是减不下去，无法如愿瘦身。
抑える 音 おさえる 释 控制
例 ダイエット失敗理由の多くは「空腹感に耐えられない」「満腹感がないことでストレスが溜まる」といった、食欲を抑えることがうまくできないことが原因と言われています。
减肥失败的理由多是因为无法控制食欲，比如"受不了饿肚子""不吃饱容易有压力"等。
控える 音 ひかえる 释 控制，节制；等候
例 揚げ物は太りやすいので、ダイエット中は控えるべきです。
油炸食品容易发胖，减肥中应尽量少吃。
減らす 音 へらす 释 减少
例 糖質の量を抑えて、脂肪細胞に送り込む糖質を減らすのが、糖質制限ダイエットなのです。
通过控制糖分的量，减少向脂肪细胞输入糖分，就是控制糖分减肥法。
下げる 音 さげる 释 降低
例 次に挙げる食べ物を取り入れていくと、コレステロールを下げる効果が期待出来ます。
摄取以下食物，可以有效降低胆固醇。
少な目 音 すくなめ 释 少一些
例 夕食のご飯は昼食よりも少なめにし、できるだけ早い時間に食べる。
晚餐比午餐少吃一点，尽量早点吃。
エクササイズ 释 练习
ポーズ 释 动作
ストレッチ 释 拉伸
有酸素運動 音 ゆうさんそうんどう 释 有氧运动
マッサージ 释 按摩
つぼ 释 穴位
脂肪 音 しぼう 释 脂肪
燃やす 音 もやす 释 燃烧
例 脂肪を燃やすサプリメント。
燃烧脂肪的保健品。
燃焼する 音 ねんしょうする 释 燃烧
例 身体の脂肪はちょっと動けばすぐエネルギーとして燃焼してなくなるというものではありません。
身体的脂肪是不会因为稍微动一下就能作为能量燃烧掉的。
落とす 音 おとす 释 降低
例 1ヶ月半で体重を8kg落とす。
一个半月减了8公斤。
溶かす 音 とかす 释 溶解
例 酵素が炭水化物を溶かす。
酵素溶解碳水化合物。
分解する 音 ぶんかいする 释 分解
例 ビタミンB1が不足すると糖質を分解する働きが悪くなります。
维生素B1不足的时候，身体分解糖分的功能就会下降。
防ぐ 音 ふせぐ 释 防止
例 子供の肥満を防ぐレシピ。
防止孩子肥胖的菜谱。
心拍数 音 しんぱくすう 释 心率
腹 音 はら 释 肚子
足 音 あし 释 脚，腿
顔 音 かお 释 脸
背中 音 せなか 释 背
ウェスト 释 腰
二の腕 音 にのうで 释 上臂
引き締める 音 ひきしめる 释 拉近，紧致
例 筋肉があるところに贅肉は定着しにくいので引き締めることが重要になります。
有肌肉的地方很难长赘肉，所以紧致肌肉很重要。
バストアップ 释 丰胸
カロリー減 音 げん 释 减少卡路里
基礎代謝 音 きそたいしゃ 释 基础代谢
体質改善 音 たいしつかいぜん 释 改善体质
イメージトレーニング 释 念动法
安眠 音 あんみん 释 安眠
生活習慣 音 せいかつしゅうかん 释 生活习惯
意識する 音 いしきする 释 意识
例 健康に対する意識は近年高まっていると考えられる。
（人们的）健康意识在逐年提高。

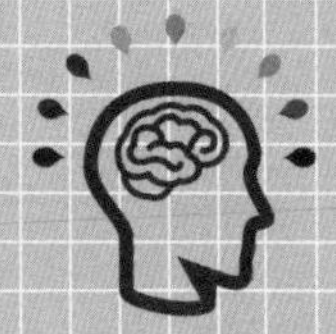

42. 植物

42.1 植物

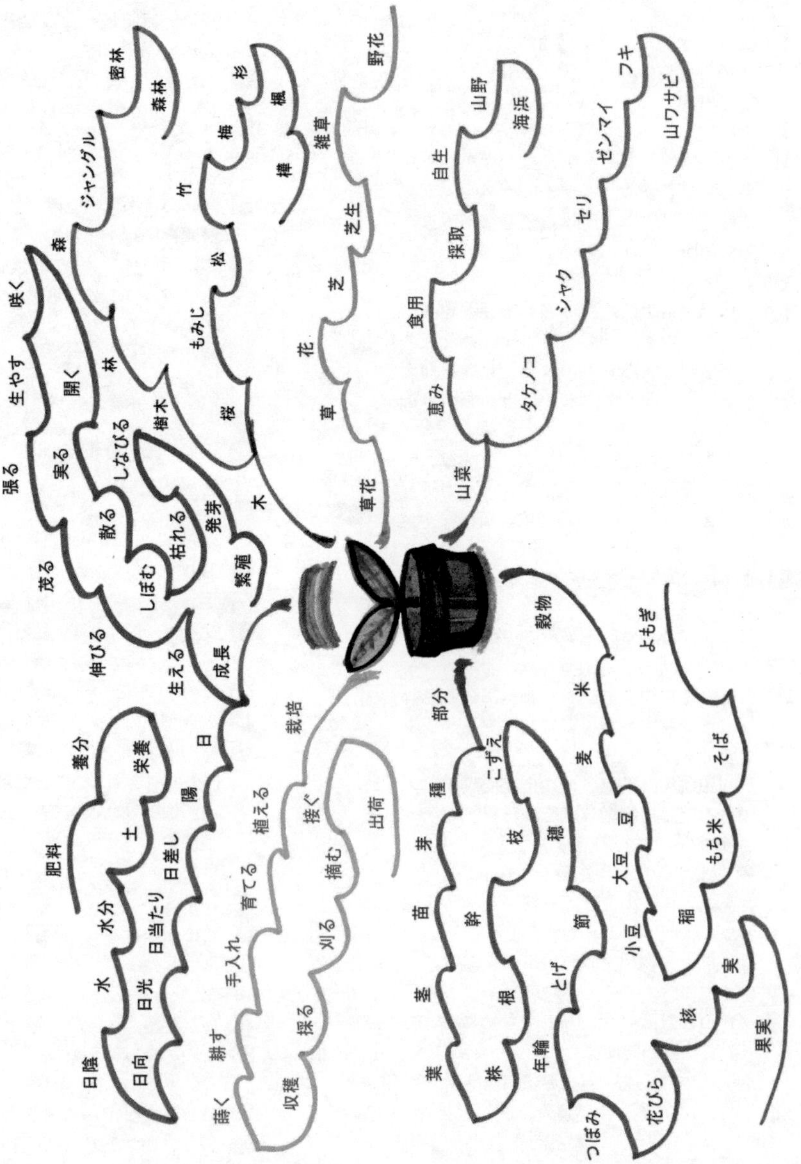

木
樹木 林 森 森林 密林 ジャングル
桜 もみじ 松 竹 樺 梅 楓 杉

草花
草 花 芝 芝生 雑草 野花

山菜
恵み 食用 採取 自生 山野 海浜
タケノコ シャク セリ ゼンマイ フキ 山ワサビ

穀物
米 麦 豆 大豆 小豆 稲 もち米 そば よもぎ

部分
こずえ 種 芽 苗 茎 葉 株 根 幹 枝 穂 節 とげ 年輪
つぼみ 花びら 核 実 果実

栽培
接ぐ 摘む 刈る 採る 収穫
植える 育てる 手入れ 耕す 蒔く 出荷

日
陽 栄養 養分 土 肥料
日差し 日当たり 水分 水 日光 日向 日陰

成長
生える 伸びる 茂る 張る 実る 生やす 咲く
開く しなびる 散る しぼむ 枯れる 発芽 繁殖

单词

植物 音 しょくぶつ 释 植物
木 音 き 释 树木
草花 音 くさばな 释 花草
山菜 音 さんさい 释 野菜
穀物 音 こくもつ 释 谷物
部分 音 ぶぶん 释 部分
栽培 音 さいばい 释 栽培
成長 音 せいちょう 释 成长
樹木 音 じゅもく 释 树木
林 音 はやし 释 树林
森 音 もり 释 森林
ジャングル 释 丛林
密林 音 みつりん 释 密林
森林 音 しんりん 释 森林
桜 音 さくら 释 樱
もみじ 释 红叶
松 音 まつ 释 松
竹 音 たけ 释 竹
例 竹を割ったような性格。
心直口快的性格。
梅 音 うめ 释 梅
杉 音 すぎ 释 杉
楓 音 かえで 释 枫树
樺 音 かば 释 桦树
草 音 くさ 释 草
花 音 はな 释 花草
芝 音 しば 释 草
芝生 音 しばふ 释 草地
雑草 音 ざっそう 释 杂草
野花 音 のばな 释 野花
恵み 音 めぐみ 释 恩惠，恩赐
例 日本で春の「森の恵み」といえば「山菜」をイメージされる方も多いのではないでしょうか。
在日本，一说到“森林的恩赐”，大概很多人都会想到“野菜”吧。
食用 音 しょくよう 释 食用
採取 音 さいしゅ 释 采摘
自生 音 じせい 释 野生
山野 音 さんや 释 山野
海浜 音 うみはま 释 海滨

タケノコ 释 竹笋
シャク 释 峨参
セリ 释 芹菜
ゼンマイ 释 紫萁
フキ 释 蜂斗叶
山ワサビ 音 やま 释 山葵
米 音 こめ 释 米
麦 音 むぎ 释 麦
豆 音 まめ 释 豆
大豆 音 だいず 释 大豆
小豆 音 あずき 释 小豆，红豆
稲 音 いね 释 稻
もち米 音 もちごめ 释 糯米
そば 释 荞麦
よもぎ 释 艾蒿
種 音 たね 释 种子
芽 音 め 释 芽
例 悪い芽は早い内に摘んでおく。
尽早将坏事扼杀在摇篮里。
苗 音 なえ 释 苗
茎 音 くき 释 茎
葉 音 は 释 叶
株 音 かぶ 释 树桩；棵，根
根 音 ね 释 根
例 根も葉もない。
毫无根据。
幹 音 みき 释 干，杆
枝 音 えだ 释 枝
こずえ 释 树梢
穂 音 ほ 释 穗
節 音 ふし；せつ 释 节
とげ 释 刺
年輪 音 ねんりん 释 年轮
つぼみ 释 花苞
花びら 音 はなびら 释 花瓣
核 音 かく 释 核，果核
実 音 み 释 果实
果実 音 かじつ 释 果实
植える 音 うえる 释 种
例 庭にバラを植える。
在院里种玫瑰。

育てる　音 そだてる　释 培育
例 霜降りで脂肪の多い肉を作ろうと思えば、牛にトウモロコシや麦などの穀物をたくさん食べさせて、運動させずに穏やかに育てるのです。
要想培育出霜降雪花牛肉，就要让牛多吃玉米、小麦等谷物，让它少运动，安稳地成长。

手入れする　音 ていれする　释 照料
例 繁茂した枝葉を整え、花後の手入れをする。
修整繁茂的枝叶，进行开花后的养护。

耕す　音 たがやす　释 耕
例 新しい土を耕して野菜作りによい土にするには、手入れを繰り返し、毎年徐々に改良していく努力が必要です。
要想耕耘新的土地并使之成为适宜种植蔬菜的地方，就要反复对其养护，每年进行一点点的完善。

蒔く　音 まく　释 播种
例 種を蒔く。
播种。

収穫する　音 しゅうかくする　释 收获
例 野菜を収穫して、洗って切って、調理して、バーベキューする。
收获蔬菜后将其洗净切好、调味，然后做成烧烤。

採る　音 とる　释 采集
例 究極の「健康と食、ダイエット」を求めるなら、まずは山菜採りに挑戦してみたらいかがだろうか。
要想追求极致的“健康、饮食和减肥”，那就从挑战摘野菜开始吧。

刈る　音 かる　释 割
例 エンジン駆動で草を刈る草刈機。
引擎驱动的割草机。

摘む　音 つむ　释 摘
例 果樹園で実を摘む。
在果园摘果实。

接ぐ　音 つぐ　释 接
例 木に竹を接ぐ。
驴唇不对马嘴。

出荷する　音 しゅっかする　释 上市；运送
例 山梨県から東京にぶどうを出荷する。
从山梨县运来的葡萄在东京上市。

生える　音 はえる　释 长
例 日当たりの悪い庭にコケがびっしり生えています。
采光条件不好的庭院里长满了青苔。

伸びる　音 のびる　释 伸长
例 太陽の方向に伸びれば太陽の光を一番受けるでしょう。
往太阳的方向伸展，所接受的阳光应该最多吧。

茂る　音 しげる　释 繁茂
例 笹が茂る林を好み、やぶに潜んで暮らす。
细竹喜欢茂密的林子，悄悄地在竹丛中生长。

張る　音 はる　释 伸展
例 庭に芝生を張ることは、見た目が美しくなるだけでなく土ぼこりを抑えたり地表の急激な温度変化を抑えたりするメリットがあります。
在院子里铺草坪，不仅美观，还有能抑制尘土、控制地表温度急剧变化等好处。

生やす　音 はやす　释 使……长
例 庭に雑草を生やさないようにしてください。
请不要让院子里长杂草。

咲く　音 さく　释 开
例 咲いて生きよ ともに それぞれの未来へ 涙なんか見せるな また会えるんだから。
努力绽放生命吧，让我们一起走向未来，不要流泪，我们还会再次相会。

開く　音 ひらく　释 开
例 菜の花が開いてしまった。
油菜花开了。

実る　音 みのる　释 结果
例 あなたの努力が実ってよかったです。
你的努力有了回报，真好。

散る　音 ちる　释 散落
例 花びらは散っても花は散らない。形は滅びても人は死なぬ。
花散花不落，形灭人永存。

しぼむ　释 枯萎
例 草は枯れ、花はしぼむが。
草必枯干，花必凋谢。

枯れる　音 かれる　释 凋零
例 やせても枯れてもおれは武士だ。
虽然衰老潦倒，我也是个武士啊！

しなびる 释 枯萎，蔫了
例 野菜がしなびる。
蔬菜蔫了。

発芽する 音 はつがする 释 发芽
例 土壌に播種すると速やかに発芽する。
播种到土壤后会迅速发芽。

繁殖する 音 はんしょくする 释 繁殖
例 生きて繁殖する機能を持ったものを、我々は「生き物」と呼んでいるのです。
我们将有生命并带有繁殖功能的事物称为“生物”。

日 音 ひ 释 太阳

陽 音 ひ 释 太阳

日差し 音 ひさし 释 阳光

日当たり 音 ひあたり 释 光照

日光 音 にっこう 释 阳光

日向 音 ひなた 释 向阳
例 日向にふとんを干す。
在向阳地晒被子。

日陰 音 ひかげ 释 背阴
例 もちろん植物は日光を好みますが、日陰でも育つ植物もたくさんある。
植物都喜欢阳光是理所当然之事，但也有很多植物生长在背阴处。

水 音 みず 释 水

水分 音 すいぶん 释 水分

土 音 つち 释 土

栄養 音 えいよう 释 营养

養分 音 ようぶん 释 养分

肥料 音 ひりょう 释 肥料

补充单词

茶畑　ちゃばたけ	茶园	**幹　みき**	树干
高山植物　こうざんしょくぶつ	高山植物	**標高　ひょうこう**	海拔
摘む　つむ	摘	**原料　げんりょう**	原料
肥料　ひりょう	肥料	**サボテン**	仙人掌
栄養分　えいようぶん	营养成分	**酸素　さんそ**	氧
二酸化炭素　にさんかたんそ	二氧化碳	**温暖化　おんだんか**	变暖
マイナス酸素イオン	负氧离子		

42.2 花言葉

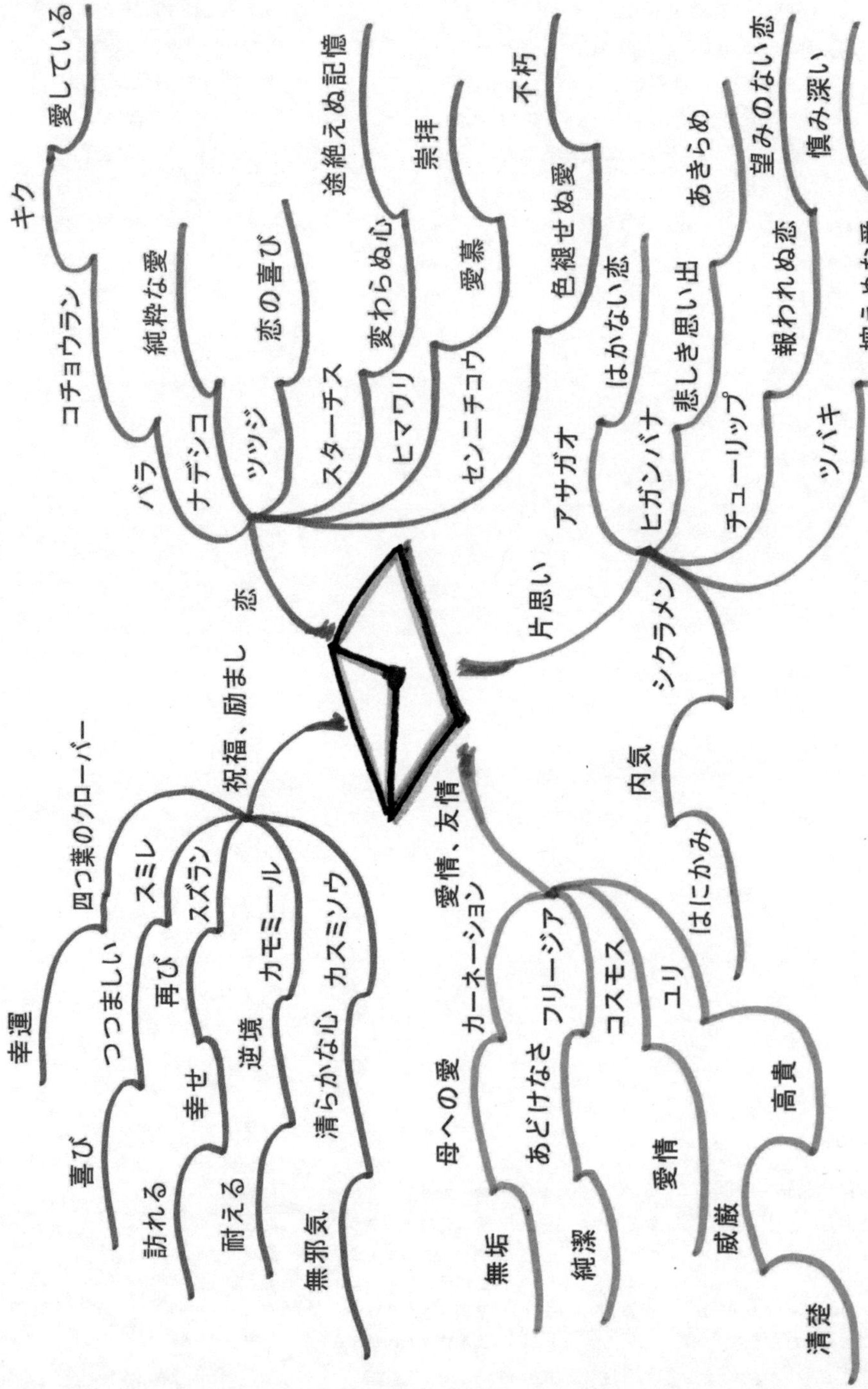

- 恋
  - バラ
    - コチョウラン
    - キク
    - 愛している
  - ナデシコ
    - 純粋な愛
  - ツツジ
    - 恋の喜び
  - スターチス
    - 途絶えぬ記憶
  - ヒマワリ
    - 変わらぬ心
    - 崇拝
  - センニチコウ
    - 愛慕
    - 色褪せぬ愛
    - 不朽
- 片思い
  - アサガオ
    - はかない恋
  - ヒガンバナ
    - 悲しき思い出
    - あきらめ
  - チューリップ
    - 報われぬ恋
    - 望みのない恋
  - ツバキ
    - 控えめな愛
    - 慎み深い
  - シクラメン
    - 内気
    - はにかみ
- 祝福、励まし
  - 四つ葉のクローバー
    - 幸運
  - スミレ
    - つつましい
    - 喜び
  - スズラン
    - 再び
    - 幸せ
    - 訪れる
  - カモミール
    - 逆境
    - 耐える
  - カスミソウ
    - 清らかな心
    - 無邪気
- 愛情、友情
  - カーネーション
    - 母への愛
    - 無垢
  - フリージア
    - あどけなさ
    - 純潔
  - コスモス
    - 愛情
  - ユリ
    - 高貴
    - 威厳
    - 清楚

单词

花言葉 音 はなことば 释 花语
恋 音 こい 释 恋爱
片思い 音 かたおもい 释 单相思
愛情 音 あいじょう 释 感情
友情 音 ゆうじょう 释 友情
祝福 音 しゅくふく 释 祝福
励まし 音 はげまし 释 鼓励
バラ 释 玫瑰，蔷薇
コチョウラン 释 蝴蝶兰
キク 释 菊花
愛している 音 あいしている 释 我爱你
ナデシコ 释 红瞿麦
純粋 音 じゅんすい 释 纯粹，纯净，纯真
愛 音 あい 释 爱
ツツジ 释 杜鹃
喜び 音 よろこび 释 喜悦
スターチス 释 补血草
変わらぬ 音 かわらぬ 释 不变的
例 今後とも変わらぬご指導ご鞭撻を賜りますようお願い申し上げます。
今后也请您一如既往地给予指导和鞭策。
心 音 こころ 释 心
途絶えぬ 音 とだえぬ 释 不绝的
例 客足の途絶えぬ人気店です。
这家店很热门，客人络绎不绝。
記憶 音 きおく 释 记忆
ヒマワリ 释 向日葵
愛慕 音 あいぼ 释 爱慕
崇拝 音 すうはい 释 崇拜
センニチコウ 释 千日红
色褪せぬ 音 いろあせぬ 释 不褪色的
不朽 音 ふきゅう 释 不朽的
アサガオ 释 牵牛花
はかない 释 短暂的，虚幻的
例 人の一生ははかないものだ。
人生如梦。
ヒガンバナ 释 彼岸花
悲しき 音 かなしき 释 悲伤
思い出 音 おもいで 释 回忆
あきらめ 释 断了念头，死心，豁达
例 短所は気が短く、諦めが早く、くよくよ考える所ですかね。
缺点大概就是急躁、没常性、容易懊恼吧。

チューリップ 释 郁金香
報われぬ 音 むくわれぬ 释 没有回报的
例 こんなに頑張っているのにどうして報われないの？
为什么这么努力却没有回报?
望み 音 のぞみ 释 愿望
例 ある日、あなたの前に神が現れ「望みをかなえてやる」と言いました。さて、あなたの望みはかなうのでしょうか。
有一天，当神出现在你的面前，对你说：我会实现你一个愿望。那你的愿望会是什么?
ツバキ 释 山茶
控えめ 音 ひかえめ 释 少，保守，客气，谨慎
例 控えめに言っても一千万円の利益が見込めます。
保守估计也有1千万的利润。
慎み深い 音 つつしみぶかい 释 谦虚谨慎，很有礼貌
例 職場では、慎み深い態度が立派ですね。
在职场，有谨慎的态度很了不起。
シクラメン 释 仙客来
内気 音 うちき 释 怯生，腼腆
例 内気で人にものも言えない。
怯生得连话都讲不出来。
はにかみ屋 释 爱害羞的人
カーネーション 释 康乃馨
母への 音 ははへの 释 给妈妈的
無垢 音 むく 释 纯洁；纯粹；素色的
フリージア 释 鸢尾草
あどけなさ 释 天真烂漫
例 そんな菜々緒さまも、女王として君臨する以前はあどけなさが残る表情を見せていました。
就连菜菜绪，在成为女王君临天下之前，也有着稚气未脱的表情。
純潔 音 じゅんけつ 释 纯洁的
コスモス 释 大波斯菊
ユリ 释 百合
高貴 音 こうき 释 高贵
威厳 音 いげん 释 威严

清楚 音 せいそ 释 整洁，清秀，秀丽

四つ葉のクローバー

音 よつば 释 四叶草

幸運 音 こううん 释 幸运

スミレ 释 紫罗兰

つつましい 释 谦虚；谨慎；彬彬有礼

例 彼らは東京の郊外につつましい生活をはじめた。

他们在东京郊外开始了拮据的生活。

スズラン 释 铃兰

再び 音 ふたたび 释 再次

例 再び同じ過ちを選択するつもりなのだろうか？

是打算再次选择犯同样的错误吗？

訪れる 音 おとずれる 释 造访，来临

例 幸運は掴むもの？訪れるもの？気づくもの？

幸运是主动去抓住的吗？还是等待来的？抑或是感受到的？

カモミール 释 洋甘菊

逆境 音 ぎゃっきょう 释 逆境

耐える 音 たえる 释 忍耐

例 目先を追うな！いい加減気がつけ！耐えることなくして勝利はないんだっ！

不要在乎眼前！清醒一点！没有忍耐就没有成功！

カスミソウ 释 满天星

清らか 音 きよらか 释 清澈；洁净；清爽

例 心がキレイな人って、一緒にいるとこっちまで清らかな気持ちになっちゃいます。

跟心灵纯净的人在一起，自己好像也变得纯真了起来。

無邪気 音 むじゃき 释 天真烂漫，思想单纯，幼稚

例 赤ん坊の無邪気な笑顔。

婴儿天真无邪的笑脸。

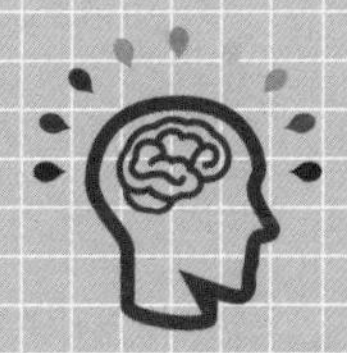

43. 动物

43.1 絶滅危惧種

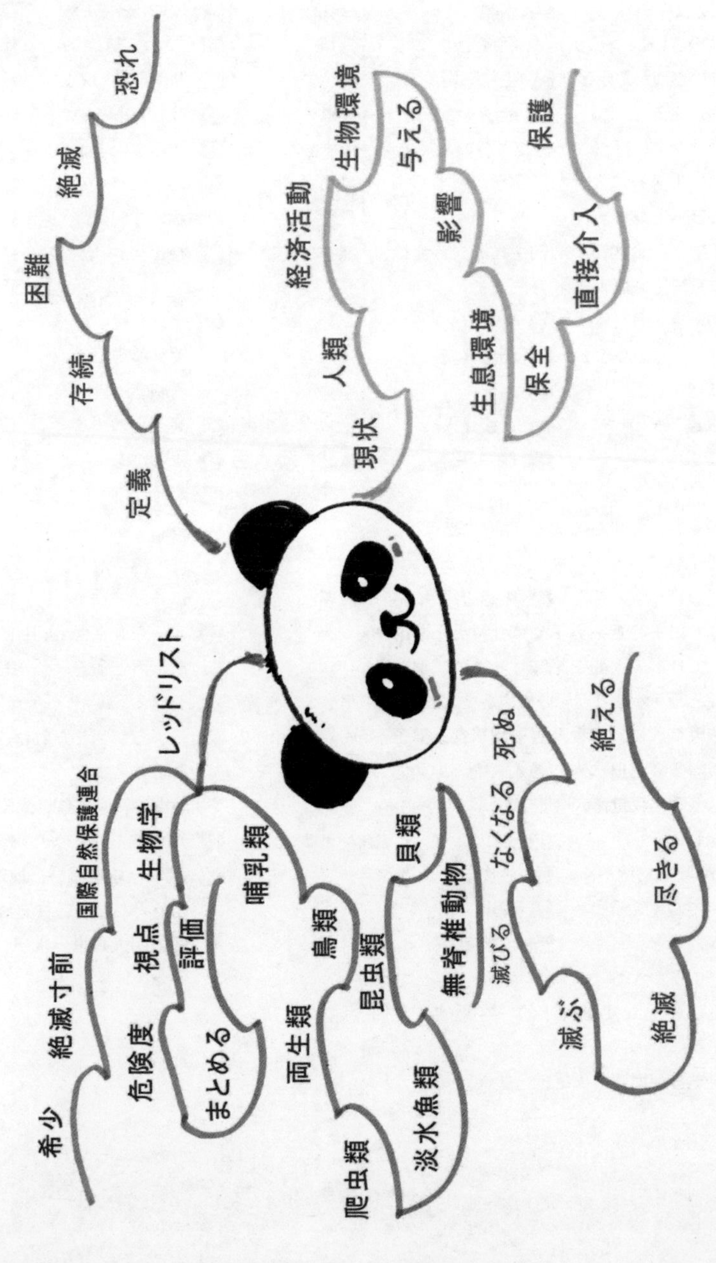

定義
存続
困難
絶滅
恐れ

現状
人類
経済活動
生物環境
与える
影響
生息環境
保全
直接介入
保護

レッドリスト
国際自然保護連合
生物学
視点
評価
危険度
絶滅寸前
希少
まとめる
哺乳類
鳥類
両生類
爬虫類
昆虫類
淡水魚類
貝類
無脊椎動物

死ぬ
なくなる
滅びる
滅ぶ
絶える
尽きる
絶滅

单词

绝滅危惧種 音 ぜつめつきぐしゅ 释 濒临灭绝物种
定義 音 ていぎ 释 定义
現状 音 げんじょう 释 现状
レッドリスト 释 红色名录
死ぬ 音 しぬ 释 死亡
存続 音 そんぞく 释 存活
困難 音 こんなん 释 困难
恐れ 音 おそれ 释 害怕，畏惧
人類 音 じんるい 释 人类
経済活動 音 けいざいかつどう 释 经济活动
生物環境 音 せいぶつかんきょう 释 生物环境
与える 音 あたえる 释 给予
例 食物網の上位にいる生物がいなくなると、生態系に大きな影響を与えてしまうこともあります。
如果位于食物链上层的生物消失，会给生态系统带来巨大的影响。
影響 音 えいきょう 释 影响
生息環境 音 せいそくかんきょう 释 栖息环境
保全 音 ほぜん 释 保全
直接介入 音 ちょくせつかいにゅう 释 直接介入
保護 音 ほご 释 保护
国際自然保護連合 音 こくさいしぜんほごれんごう 释 国际自然保护组织
絶滅寸前 音 ぜつめつすんぜん 释 灭绝边缘
例 このまま絶食系男子や草食系男子を増やして日本の人間を絶滅寸前までに追い込むというのはどう思いますか？大袈裟だ。
如果有人说，绝食系男子和草食系男子不断增多会将日本人口逼入灭绝境地，你会怎么看？我觉得太夸张了。
希少 音 きしょう 释 稀少
生物学 音 せいぶつがく 释 生物学
視点 音 してん 释 视点
危険度 音 きけんど 释 危险度
評価する 音 ひょうかする 释 评价
例 絶滅の危険度を科学的・客観的に評価する。
科学客观地评价灭绝的危险性。

まとめる 释 总结
例 IUCN（国際自然保護連合）がまとめた、「レッドリスト」には、絶滅のおそれの高い種として、2万種を超える動植物ががリストアップされています。
IUCN（国际自然保护组织）总结的“红色名录”上，列出了2万多种灭绝可能性较高的动植物。
哺乳類 音 ほにゅうるい 释 哺乳类
鳥類 音 ちょうるい 释 鸟类
両生類 音 りょうせいるい 释 两栖类
爬虫類 音 はちゅうるい 释 爬虫类
淡水魚類 音 たんすいぎょるい 释 淡水鱼类
昆虫類 音 こんちゅうるい 释 昆虫类
貝類 音 かいるい 释 贝类
無脊椎動物 音 むせきずいどうぶつ 释 无脊椎动物
なくなる 释 死亡
例 サンゴ礁が絶滅すると、海洋資源の過半数がなくなる。
珊瑚礁一旦灭绝，海洋资源会消失过半。
絶滅する 音 ぜつめつする 释 灭绝边缘
滅びる 音 ほろびる 释 灭亡
例 かつて地上に君臨しつつも滅びてしまった。
曾经称霸地面，之后又灭绝了。
滅ぶ 音 ほろぶ 释 灭亡
例 ホーキング博士：1000年後に人類は滅ぶ。
霍金博士预言：“一千年后人类将灭绝。”
尽きる 音 つきる 释 尽；到头
例 それらが無くなれば、太陽の寿命は尽きたと言えます。
可以说没有这些，太阳的寿命就到头了。
絶える 音 たえる 释 断绝，终了，消失
例 明日宇宙が滅び、地球上の生命が死に絶えるとしたら、貴方は何をしますか。
假如明天是世界末日，地球上的生命都死亡了，你会怎么做？

43.2 水産物

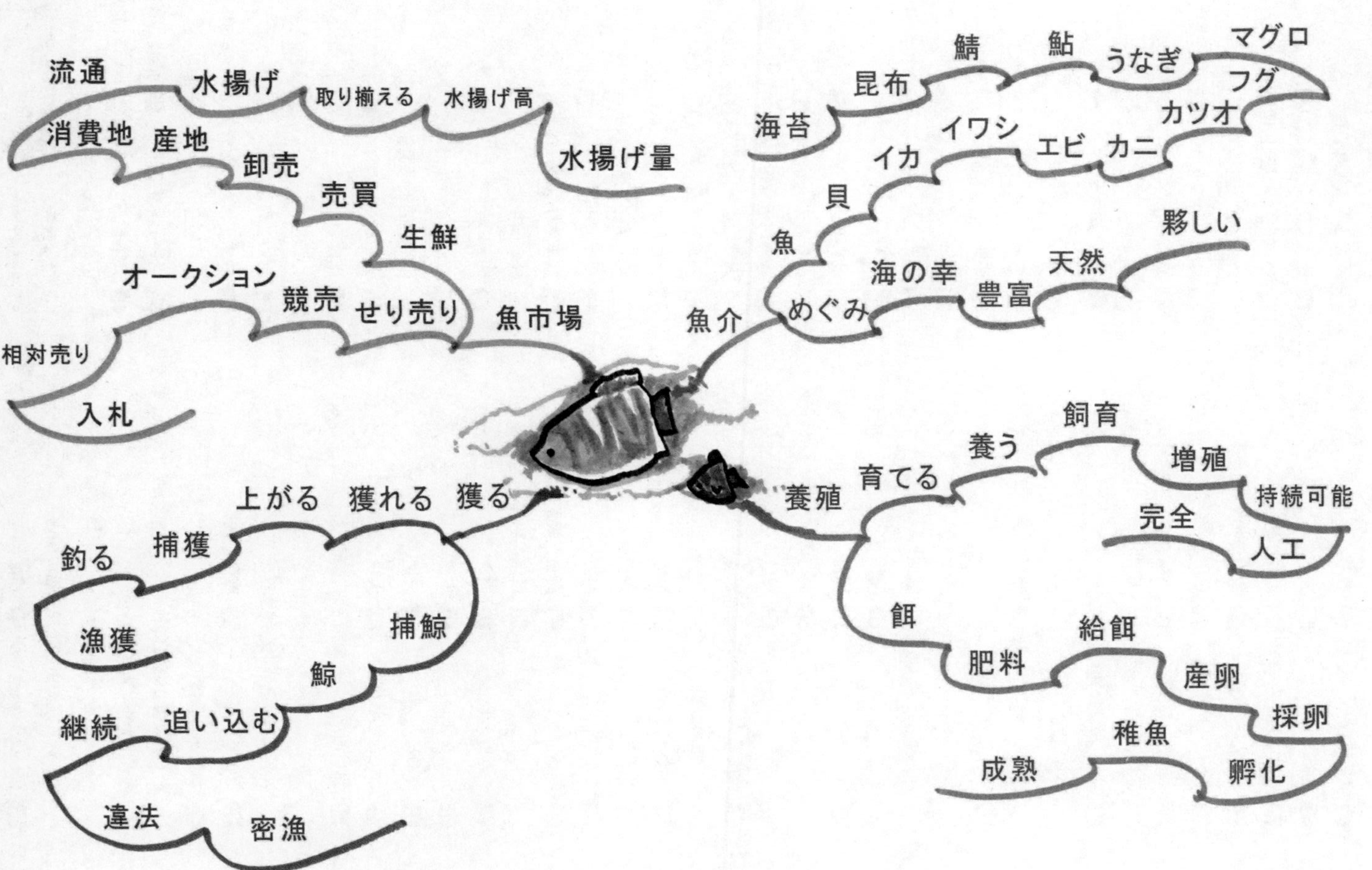

流通
水揚げ
取り揃える
水揚げ高
消費地
産地
水揚げ量
卸売
売買
生鮮
オークション
競売
せり売り
魚市場
相対売り
入札
海苔
昆布
鯖
鮎
うなぎ
マグロ
フグ
カツオ
イワシ
イカ
エビ
カニ
貝
魚
夥しい
海の幸
天然
豊富
めぐみ
魚介
飼育
養う
増殖
育てる
持続可能
養殖
完全
人工
餌
給餌
肥料
産卵
採卵
稚魚
成熟
孵化
上がる
獲れる
獲る
捕獲
釣る
漁獲
捕鯨
鯨
継続
追い込む
違法
密漁

单词

水産物 音 せいさんぶつ 释 水产
魚介 音 ぎょかい 释 鱼类贝类
養殖 音 ようしょく 释 养殖
獲る 音 える 释 捕获
魚市場 音 うおいちば 释 海鲜市场
魚 音 さかな 释 鱼类贝类
貝 音 かい 释 贝
イカ 释 乌贼
イワシ 释 沙丁鱼
例 イワシの頭も信心から。
心诚则灵。
エビ 释 虾
例 エビで鯛を釣る。
一本万利。
カニ 释 蟹
フグ 释 河豚
カツオ 释 鲣鱼
マグロ 释 金枪鱼
うなぎ 释 鳗鱼
例 物価がうなぎ登りに上がる。
物价直线上涨。
鮎 音 あゆ 释 香鱼
鯖 音 さば 释 青花鱼
昆布 音 こんぶ 释 海带
海苔 音 のり 释 海藻，紫菜
めぐみ 释 恩惠，恩泽
海の幸 音 うみのさち 释 海产
豊富 音 ほうふう 释 丰富
天然 音 てんねん 释 天然
夥しい 音 おびただしい 释 大量，无数
例 おびただしい数の稚魚が浅瀬で群れています。
数不清的小鱼聚集在浅水区。
育てる 音 そだてる 释 培育，抚养
例 魚をある程度の大きさになるまで人間の手で育ててから海に放流し、自然の海でさらに大きくなるのを待ってからとる。
把鱼人工饲养到一定程度大小后放归海里，让其在海里自然长大后再捕捞。
養う 音 やしなう 释 养育

飼育する 音 しいくする 释 饲养
例 熱帯魚などの観賞魚を飼育する。
饲养热带鱼等观赏鱼。
増殖する 音 ぞうしょくする 释 繁殖
例 外来生物が猛烈に増殖する。
外来生物大量繁殖。
持続可能 音 じぞくかのう 释 可持续性
人工 音 じんこう 释 人工
完全 音 かんぜん 释 完全
餌 音 えさ 释 饵
肥料 音 ひりょう 释 肥料
給餌 音 きゅうじ 释 喂食
産卵 音 さんらん 释 产卵
採卵 音 さいらん 释 取卵
孵化 音 ふか 释 孵化
稚魚 音 ちぎょ 释 幼鱼
成熟 音 せいじゅく 释 成熟
獲れる 音 とれる 释 能生产，能收获
例 大寒付近で獲れる美味しい魚達です。
大寒附近可以捕获到美味的鱼。
上がる 音 あがる 释 上岸
例 港にはカツオが大量に上がった。
港口到了一大批金枪鱼。
捕獲する 音 ほかくする 释 捕获
例 素手でサメを捕獲する。
徒手捕获鲨鱼。
釣る 音 つる 释 钓
例 釣れるのは魚だけではありません。
能钓到的不只是鱼。
漁獲 音 ぎょかく 释 捕鱼，渔获
捕鯨 音 ほげい 释 捕鲸
鯨 音 くじら 释 鲸鱼
追い込む 音 おいこむ 释 赶，追
例 船体をたたいた音でクジラを追い込む。
敲打船身发出声响追赶鲸鱼。
継続する 音 けいぞくする 释 持续
例 日本政府は南極海での調査捕鯨を継続する方針を表明した。
日本政府表明将继续在南极海域调查捕鲸的方针。

違法	音 いほう	释 违法
密漁	音 みつりょ	释 非法捕鱼
生鮮	音 せいせん	释 生鲜
売買する	音 ばいばい	释 买卖
卸売	音 おろしうり	释 批发
産地	音 さんち	释 产地
消費地	音 しょうひち	释 消费地
流通	音 りゅうつう	释 流通
水揚げ	音 みずあげ	释 卸货
取り揃える	音 とりそろえる	释 齐备
水揚げ高	音 みずあげだか	释 渔获量；营业额
水揚げ量	音 みずあげりょう	释 渔获量
せり売り	音 せりうり	释 拍卖
競売	音 きょうばい	释 拍卖
オークション		释 拍卖
相対売り	音 あいたいうり	释 面对面交易
入札	音 にゅうさつ	释 投标

补充单词

サメ	鲨鱼	**真珠　しんじゅ**	珍珠	**漁師　りょうし**	渔民
ロブスター	龙虾	**匂い　におい**	气味	**鱗　うろこ**	鱼鳞
深海　しんかい	深海	**ダイビング**	潜水	**漁網　ぎょもう**	渔网
自給自足　じきゅうじそく	自给自足				

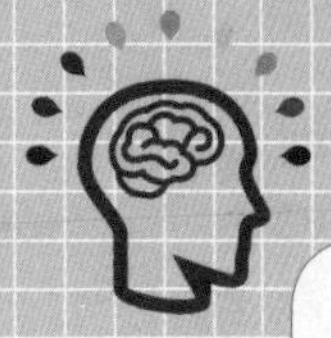

44. 地理

44 地理

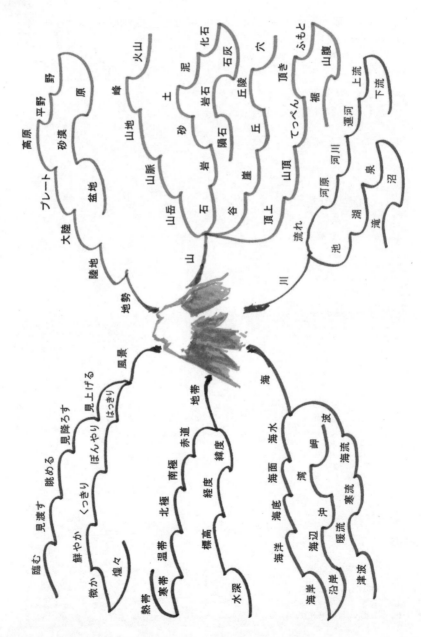

地勢
陸地
大陸
プレート
高原
平野
野
原
砂漠
盆地

山
山岳
山脈
山地
峰
火山
石
岩
砂
土
泥
化石
石灰
岩石
隕石
谷
崖
丘
丘陵
穴
頂上
山頂
てっぺん
頂き
ふもと
山腹
裾

川
流れ
河原
河川
運河
上流
下流
池
湖
泉
沼
滝

海
海水
海面
海底
海洋
海岸
沿岸
海辺
沖
湾
岬
波
海流
寒流
暖流
津波

地帯
赤道
南極
北極
温帯
寒帯
熱帯
緯度
経度
標高
水深

風景
見上げる
見降ろす
眺める
見渡す
臨む
はっきり
ぼんやり
くっきり
鮮やか
微か
煌々

单词

地理	音 ちり	释 地理
地勢	音 ちせい	释 地势
地帯	音 ちたい	释 地带
風景	音 ふうけい	释 风景
陸地	音 りくち	释 陆地
大陸	音 たいりく	释 大陆
プレート		释 板块
高原	音 こうげん	释 高原
平野	音 へいや	释 平原
野	音 の	释 原野
原	音 はら	释 平原
砂漠	音 さばく	释 沙漠
盆地	音 ぼんち	释 盆地
内陸	音 ないりく	释 内陆
山岳	音 さんがく	释 山岳
山脈	音 さんみゃく	释 山脉
山地	音 さんち	释 山地
峰	音 みね	释 山峰
火山	音 かざん	释 火山
石	音 いし	释 石
岩	音 いわ	释 岩石
砂	音 すな	释 砂
土	音 つち	释 土
泥	音 どろ	释 泥
化石	音 かせき	释 化石
石灰	音 せっかい	释 石灰
岩石	音 がんせき	释 岩石
隕石	音 いんせき	释 陨石
谷	音 たに	释 山谷；波谷
崖	音 がけ	释 崖，悬崖
丘	音 おか	释 山丘
丘陵	音 きゅうりょう	释 丘陵
穴	音 あな	释 洞，穴，孔
頂上	音 ちょうじょう	释 山顶
山頂	音 さんちょう	释 山顶
てっぺん		释 山顶
頂き	音 いただき	释 山顶
ふもと		释 山麓
山腹	音 さんぷく	释 山腰
裾	音 すそ	释 山脚；下摆，裤脚
流れ	音 ながれ	释 流，水流
河原	音 かわら	释 河滩
河川	音 かせん	释 河流
運河	音 うんが	释 运河
上流	音 じょうりゅう	释 上流
下流	音 かりゅう	释 下流
池	音 いけ	释 池
湖	音 みずうみ	释 湖
泉	音 いずみ	释 泉
沼	音 ぬま	释 沼泽
滝	音 たき	释 瀑布
海水	音 かいすい	释 海水
海面	音 かいめん	释 海面
海底	音 かいてい	释 海底
海洋	音 かいよう	释 海洋
海岸	音 かいがん	释 海岸
沿岸	音 えんがん	释 沿岸
海辺	音 うみべ	释 海边
沖	音 おき	释 洋面
湾	音 わん	释 海湾
岬	音 みさき	释 海角
波	音 なみ	释 波浪
海流	音 かいりゅう	释 海流
寒流	音 かんりゅう	释 寒流
暖流	音 だんりゅう	释 暖流
津波	音 つなみ	释 海啸
赤道	音 せきどう	释 赤道
南極	音 なんきょく	释 南极
北極	音 ほっきょく	释 北极
温帯	音 おんたい	释 温带
寒帯	音 かんたい	释 寒带
熱帯	音 ねったい	释 热带
緯度	音 いど	释 维度
経度	音 けいど	释 经度
標高	音 ひょうこう	释 海拔
水深	音 すいしん	释 水深
見上げる	音 みあげる	释 抬头看
	例 空を見上げる。 仰望天空。	
見降ろす	音 みおろす	释 俯视
	例 人を見降ろしたような態度をとる。 瞧不起人的态度。	
眺める	音 ながめる	释 眺望；凝视
	例 窓から壮大な景色を眺めながら昼食を食べた。 进餐时可以从窗口眺望壮观的景色。	

見渡す　音 みわたす　释 放眼望去
例 見渡す限りの荒野。
一望无垠的原野。

臨む　音 のぞむ　释 眺望；希望
例 海に臨む家。
临海的房子。

はっきり　释 清楚，明确
例 景色がはっきり見えている。
景色清晰可见。

ぼんやり　释 模糊；发呆，不注意
例 遠くの物はぼやけて見えます。
远处的东西看起来很模糊。

くっきり　释 鲜明，显眼，清楚
例 青い空にくっきり浮かぶ富士山。
蓝天下显得越发清晰的富士山。

鮮やか　音 あざやか　释 鲜艳
例 鮮やかな景色で目を癒やす。
看看美景，饱饱眼福。

微か　音 かすか　释 微弱
例 湖のかなたに山々が影のように微かにみえる。
湖水彼岸山影朦胧。

煌々　音 こうこう　释 亮堂堂
例 煌々とした光が輝いています。
光芒四射。

补充单词

絶景　ぜっけい	独一无二的美景	**広がる　ひろがる**	展开	**マグマ**	岩浆
火山　かざん	火山	**噴火　ふんか**	喷发	**壮大　そうだい**	壮观
ダイナミック	生机勃勃的	**段々畑　だんだんばたけ**	梯田	**丘陵　きゅうりょう**	丘陵
盆地　ぼんち	盆地	**山地　さんち**	山地	**氷河　ひょうが**	冰川
平原　へいげん	平原				

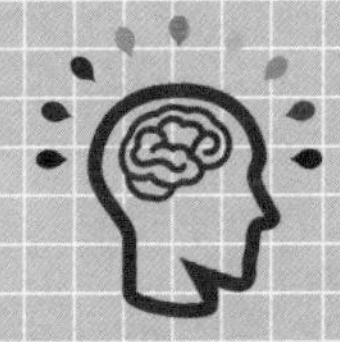

45. 气象

45 气象

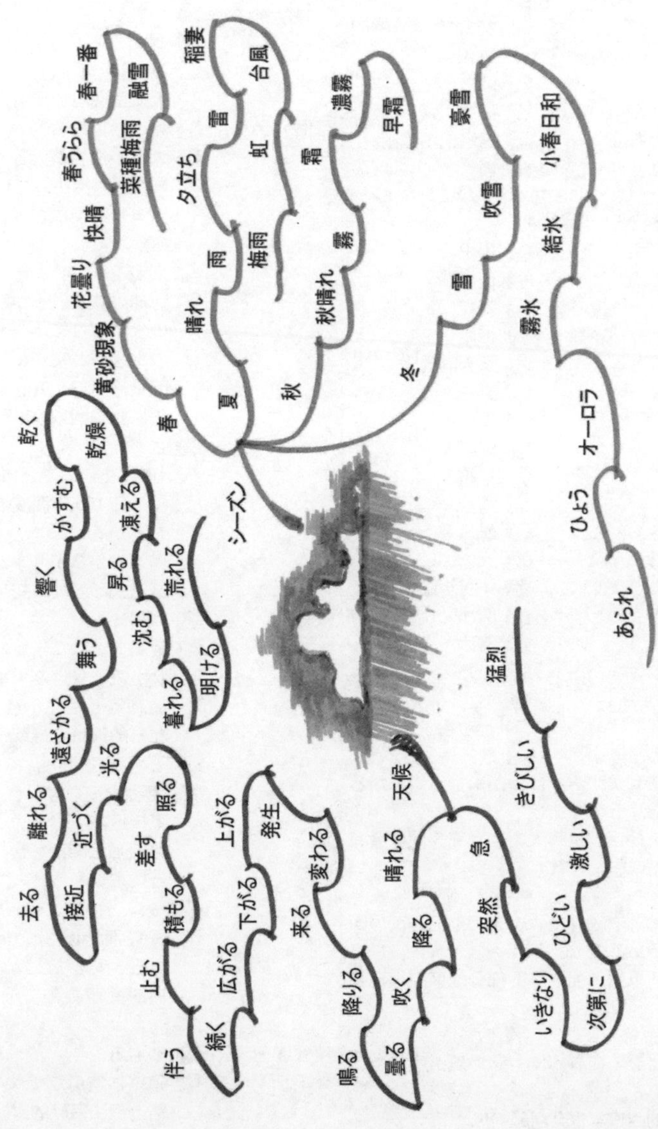
シーズン
春
黄砂現象
花曇り
快晴
春うらら
春一番
菜種梅雨
融雪
夏
晴れ
雨
夕立ち
雷
稲妻
梅雨
虹
台風
秋
秋晴れ
霧
霜
濃霧
早霜
冬
雪
吹雪
豪雪
霧氷
結氷
小春日和
オーロラ
ひょう
あられ
乾く
乾燥
かすむ
凍える
響く
昇る
荒れる
舞う
沈む
明ける
遠ざかる
暮れる
光る
離れる
近づく
照る
去る
接近
差す
積もる
上がる
発生
下がる
変わる
止む
広がる
来る
伴う
続く
降りる
鳴る
曇る
吹く
降る
晴れる
天候
急
突然
いきなり
次第に
ひどい
激しい
きびしい
猛烈

单词

气象 音 きしょう 释 气象
シーズン 释 季节
天候 音 てんこう 释 天气
例 天候が定まらない。
天气不稳定。
黄砂現象 音 こうさげんしょう 释 黄沙现象
花曇り 音 はなぐもり 释 樱花盛开季节淡云蔽空的和煦天气
春うらら 音 はる 释 春光明媚
快晴 音 かいせい 释 晴朗，万里无云
春一番 音 はるいちばん 释 春初第一次刮来的较强南风
融雪 音 ゆうせつ 释 融雪
菜種梅雨 音 なたねづゆ 释 3 月到 4 月油菜花开放季节的阴雨天气
晴れ 音 はれ 释 晴
雨 音 あめ 释 雨
夕立ち 音 ゆうだち 释 傍晚的雷阵雨
雷 音 かみなり 释 雷
例 とうとうおやじの雷が落ちた。
老爷子终于大发雷霆了。
稲妻 音 いなずま 释 闪电
台風 音 たいふう 释 台风
虹 音 にじ 释 彩虹
梅雨 音 つゆ 释 梅雨
秋晴れ 音 あきばれ 释 秋天的晴天
霧 音 きり 释 雾
霜 音 しも 释 霜
濃霧 音 のうむ 释 浓雾
早霜 音 はやじも 释 早霜
雪 音 ゆき 释 雪
吹雪 音 ふぶき 释 暴风雪
豪雪 音 ごうせつ 释 大雪
小春日和 音 こはるびより 释 十月小阳春
結氷 音 けっぴょう 释 结冰
霧氷 音 むひょう 释 雾冰
オーロラ 释 极光
ひょう 释 冰雹
あられ 释 小粒雹子
晴れる 音 はれる 释 晴
例 大体晴れますが、にわか雨や雷雨になる所がありそうです。
大部分地区都是晴天，也有部分地区会有雷阵雨或雷雨天气。
降る 音 ふる 释 下，降
例 未明は南部を中心に非常に激しい雨の降る所があるでしょう。
黎明，以南部为中心的部分地区会出现强降雨。
吹く 音 ふく 释 吹
例 晴れている西日本でも強い風が吹いています。
晴朗的西日本也会刮起强风。

曇る 音 くもる 释 阴
例 曇りのち雨
阴转雨
鳴る 音 なる 释 鸣，响
例 雷が鳴ったらテレビのコンセントは抜いた方がいいの？
打雷了是否应该把电视机的插头拔掉呢?
降りる 音 おりる 释 降，下
例 今朝、庭に霜が降りいてます。
今晨院里降霜了。
来る 音 くる 释 来
例 台風が来る前に準備しておく。
台风来之前做好准备。
変わる 音 かわる 释 变化
例 晴れから曇り、または曇りから雨に変わる天気の傾向です。
天气呈现出晴转阴，之后阴转雨的倾向。
発生する 音 はっせいする 释 发生
例 大雪の被害が大きく、いたるところで立ち往生が発生しています。
雪灾影响范围扩大，导致各地的交通运输瘫痪。
上がる 音 あがる 释 上
例 地球の気温が上がっているために、北極の氷が解けてホッキョクグマやアザラシの生息域が狭くなっている
因全球气温上升，北极冰雪融化，北极熊和海豹的栖息地不断缩小。
下がる 音 さがる 释 下
例 100m 上がるごとに気温は 0.6℃下がる。
每上升 100 米温度就下降 0.6 度。
広がる 音 ひろがる 释 扩展，蔓延
例 晴れ間が広がり暖かい一日となった。
这一天渐渐放晴变暖。
続く 音 つづく 释 持续
例 最高気温は平年並みか高く、15 度前後の日が続く見込みです。
最高气温跟往年持平或略高，预计 15 度左右的天气会持续一段时间。
伴う 音 ともなう 释 伴随
例 猛烈な雨を伴う台風 16 号 20 日深夜に関東接近。
伴随强烈降雨，台风 16 号于 20 日深夜接近关东。
止む 音 やむ 释 停止
例 短時間で止む雨ですが、折りたたみ傘があると安心です。
短时间雨会停，但是带上折叠伞会安心一点。
積もる 音 つもる 释 积，堆积
例 道路に雪がたくさん積もっている。
路上积了很厚的雪。

差す　音 さす　释 涨；照射
例 薄日が差す。
射出微弱的阳光。

照る　音 てる　释 照射
例 照る照る坊主。
晴天娃娃。

光る　音 ひかる　释 发光
例 親の目が光っている。
父母看得非常严。

近づく　音 ちかづくする　释 接近
例 低気圧が近づくとアドレナリンが出て、子どもたちが興奮する。
低气压接近会导致人体分泌肾上腺素，孩子们容易兴奋。

接近する　音 せっきんする　释 接近
例 台風が沖縄に接近する。
台风接近冲绳。

去る　音 さる　释 离开
例「3月はライオンのようにやってきて、子羊のように去る」はイギリスの諺です。
“三月像狮子一般来临，像羊羔一般离去”，这是英国的谚语。

離れる　音 はなれる　释 离开
例 地表から離れるほど、すなわち建築物が高くなるほど風速は速くなります。
越远离地表，也就是说建筑物楼层越高风速会越快。

遠ざかる　音 とおざかる　释 远离
例 低気圧が遠ざかっていったん天気が回復する所が多い。
低气压离开，许多地方天气得到暂时恢复。

舞う　音 まう　释 飞舞
例 ちらちら雪が舞う。
细雪霏霏。

響く　音 ひびく　释 回响；带来不好影响
例 台風の相次ぐ上陸など天候不順が響き、入園者数が落ち込んだ。
受台风不断登陆等糟糕天气的影响，入园人数也减少了。

かすむ　释 有霞光，有薄雾；朦胧
例 濃霧でかすむ。
浓雾天气能见度低。

乾く　音 かわく　释 干燥
例 天気の悪い日も早く乾いてほしい。
天气不好的时候也希望能快点干。

乾燥する　音 かんそうする　释 干躁
例 空気が乾燥する見込みです。火の元、火の取り扱いに注意してください。
预计天气会很干燥，一定要注意火源和防火。

凍える　音 こごえる　释 冻僵
例 今日は凍えるほど寒いよ。
今天冷得快要冻僵了。

昇る　音 のぼる　释 上升
例 太陽がのぼるにつれて、気温も少しずつ上がり始めました。
随着太阳升起，气温逐渐回升。

沈む　音 しずむ　释 下沉
例 天気が悪いと気分が沈む。
天气不好，心情也不好。

暮れる　音 くれる　释 日暮；末了
例 日が暮れてあたりが暗くなる。
太阳落山，周围变暗了。

明ける　音 あける　释 天亮；过年；结束
例 梅雨が明けると今年も猛暑に成りますか。
出梅之后今年也是个酷热的夏天吗?

荒れる　音 あれる　释 天气不好；荒芜；暴戾
例 西日本を中心に非常に強い風が吹き、荒れた天気になるでしょう。
以西日本为中心，有强风，天气会很糟糕。

急　音 きゅう　释 急，紧急；突然
例 天気が回復して気温が上がりますが、強まる北風と急な雨に 注意が必要です。
虽然天气变好，气温上升，但仍需警惕强烈的北风和急降雨天气。

突然　音 とつぜん　释 突然
例 きょうは広い範囲で春らしい陽気を実感できますが、午後は突然、雷雨になる所があるでしょう。
今天大部分地区都能感觉到春天的温暖，但部分地区午后会有雷雨。

いきなり　释 冷不防地
例 いきなり冬になったみたいに寒い1日でした。
今天好冷，感觉突然一下子就到了冬天。

次第に　音 しだいに　释 渐渐
例 日が経つにつれて、天気は次第に悪化しつつあった。
日子一天天地过，天气也越来越不好。

ひどい　释 过分，粗鲁，激烈
例 予想以上にひどい天気だ。
天气比预想的还要糟糕。

激しい　音 はげしい　释 激烈
例 局地的な激しい雨、融雪やなだれに注意してください。
局部地方有强降雨，请注意融雪和雪崩。

きびしい　释 严厉；严重
例 きびしい寒さは幾分緩みます。
酷寒天气有几分缓解。

猛烈　音 もうれつ　释 猛烈
例 全国各地で猛烈な暑さとなる見込みです。
全国各地预计都将迎来酷暑。

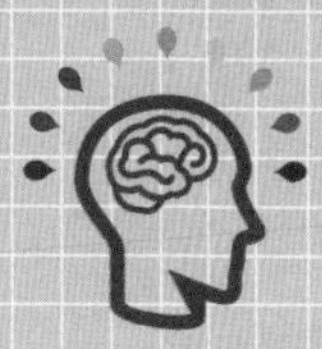

46. 宇宙

46 プラネタリウム

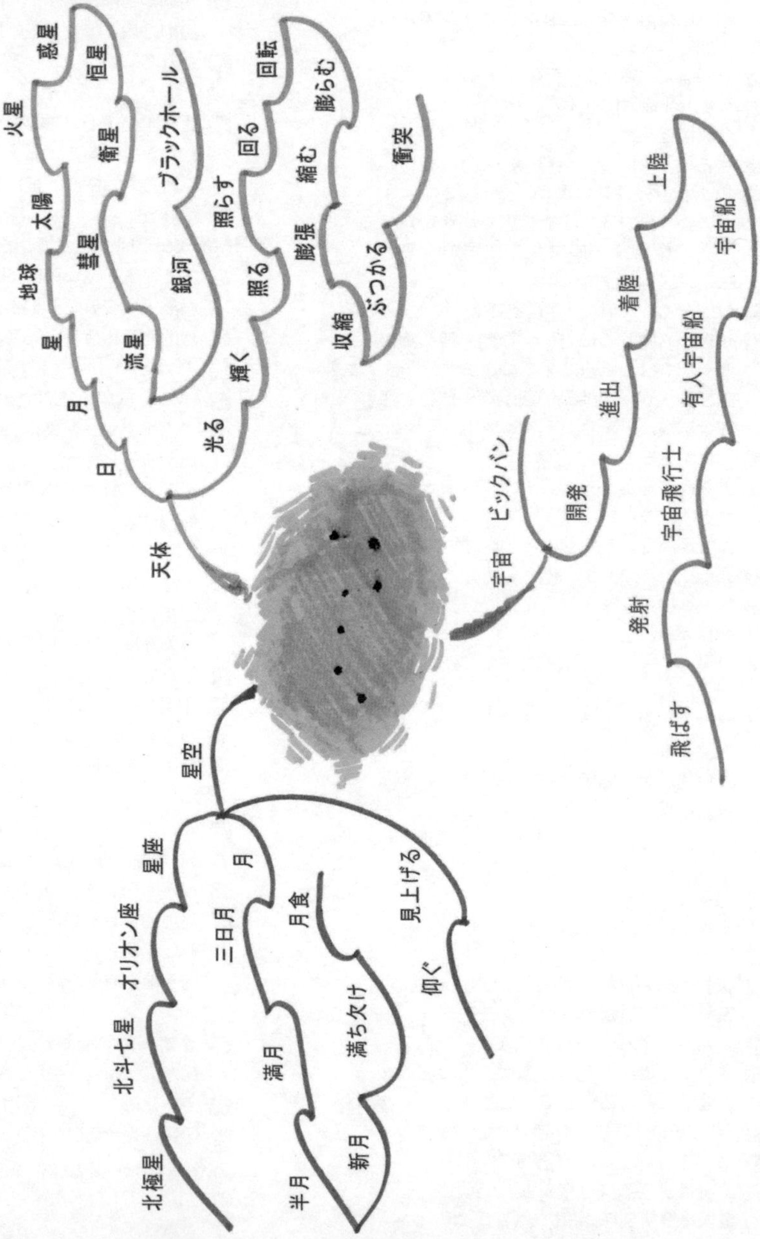

天体
日
月
星
地球
太陽
火星
惑星
恒星
衛星
彗星
流星
ブラックホール
銀河
光る
輝く
照る
照らす
回る
回転
膨張
縮む
膨らむ
収縮
ぶつかる
衝突

宇宙
ビックバン
開発
進出
着陸
上陸
宇宙船
有人宇宙船
宇宙飛行士
発射
飛ばす

星空
星座
オリオン座
北斗七星
北極星
月
三日月
満月
半月
月食
満ち欠け
新月
見上げる
仰ぐ

单词

プラネタリウム 释 天象仪
天体 音 てんたい 释 天体
星空 音 ほしぞら 释 星空
宇宙 音 うちゅう 释 宇宙
日 音 ひ 释 太阳
月 音 つき 释 月亮
星 音 ほし 释 星星
地球 音 ちきゅう 释 地球
太陽 音 たいよう 释 太阳
火星 音 かせい 释 火星
惑星 音 わくせい 释 行星
恒星 音 こうせい 释 恒星
衛星 音 えいせい 释 卫星
流星 音 りゅうせい 释 流星
彗星 音 すいせい 释 彗星
銀河 音 ぎんが 释 银河
ブラックホール 释 黑洞
光る 音 ひかる 释 发光
例 光るもの必ずしも金ならず。
闪闪发光的未必是金子。
輝く 音 かがやく 释 闪耀
例 星がきらきら輝いている。
星光闪烁。
照る 音 てる 释 照耀
例 照っても降っても散歩を欠かさない。
从没中断过散步，风雨无阻。
照らす 音 てらす 释 照耀
例 満月がくまなく町を照らしている。
圆月满照人间。
回る 音 まわる 释 转，回转
例 月は地球の周りを回っています。
月亮围绕地球转。
回転する 音 かいてんする 释 回转
例 スマホの向きによって画面を回転させる。
改变手机方向就可以转动画面。
膨らむ 音 ふくらむ 释 膨胀，鼓起
例 つぼみがふくらみかける。
含苞欲放。
縮む 音 ちぢむ 释 缩，收缩
例 十年ぶりの寒さに、身も縮む思いをしております。
十年一遇的寒潮，让人冷得缩成一团。
膨張する 音 ぼうちょうする 释 膨胀
例 宇宙は光速以上のスピードで膨張している。
宇宙以超光速的速度膨胀。
収縮する 音 しゅうしゅくする 释 收缩
例 筋肉が高速かつ高いエネルギー効率で収縮する。
肌肉高速且高效能地收缩。
ぶつかる 释 碰，撞
例 衛星同士がぶつかる確率は極めて低いです。
卫星之间相撞的概率非常小。
衝突する 音 しょうとつする 释 冲撞；冲突
例 正体不明の天体が地球に衝突する。
不明天体撞向地球。
星座 音 せいざ 释 星座
オリオン座 音 ざ 释 猎户座
北斗七星 音 ほくとしちせい 释 北斗七星
北極星 音 ほっきょくせい 释 北极星
三日月 音 みかづき 释 新月，月牙
満月 音 まんげつ 释 满月
半月 音 はんげつ 释 半月
新月 音 しんげつ 释 新月
満ち欠け 音 みちかけ 释 圆缺，盈亏
月食 音 げっしょく 释 月食
見上げる 音 みあげる 释 抬头看
例 夜空を見上げてみれば、ほら、同じ星輝いてる。
仰望星空，看，同一颗星星在闪耀。
仰ぐ 音 あおぐ 释 仰望；依仗
例 専門家の指導を仰ぐ。
仰仗专家的指导。
ビッグバン 释 大爆炸
開発 音 かいはつ 释 开发
進出 音 しんしゅつ 释 进入，打入
着陸する 音 ちゃくりくする 释 着陆
例 空港で巨大な飛行機が次々と着陸するのを見ました。
在机场看见大型飞机不断着陆。
上陸する 音 じょうりくする 释 登陆
例 アポロ 11 号の乗組員が月に上陸した。
阿波罗 11 号的机组成员登陆月球。
宇宙船 音 うちゅうせん 释 宇宙飞船
有人宇宙船 音 ゆうじんうちゅうせん 释 载人宇宙飞船
宇宙飛行士 音 うちゅうひこうし 释 宇航员
発射する 音 はっしゃする 释 发射
例 A の国がミサイルを発射する。
A 国发射导弹。
飛ばす 音 とばす 释 放，射
例 風船を飛ばす。
放飞气球。

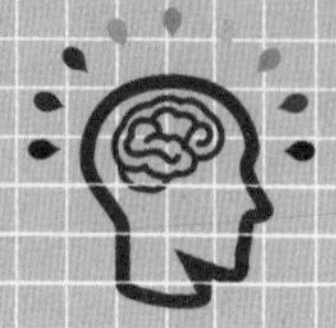

47. 数学

47 数学

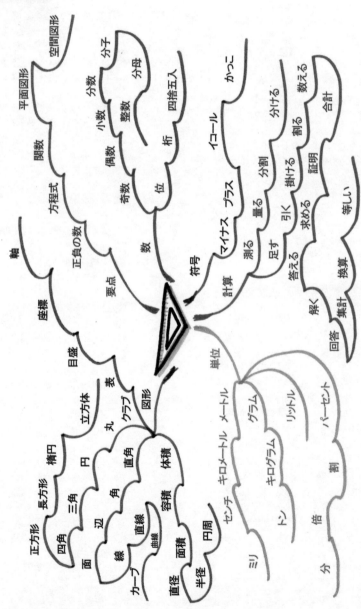

要点
正負の数
方程式
関数
平面図形
空間図形
数
奇数
偶数
小数
分数
分子
分母
整数
位
桁
四捨五入
符号
マイナス
プラス
イコール
かっこ
計算
測る
量る
分割
分ける
足す
引く
掛ける
割る
数える
答える
求める
証明
合計
解く
換算
等しい
回答
集計
単位
メートル
キロメートル
センチ
ミリ
グラム
キログラム
トン
リットル
パーセント
割
倍
分
図形
グラフ
表
目盛
座標
軸
丸
立方体
楕円
長方形
正方形
円
三角
四角
面
辺
角
直角
線
直線
曲線
カーブ
体積
容積
面積
円周
直径
半径

单词

数学 音 すうがく 释 数学
要点 音 ようてん 释 要点
符号 音 ふごう 释 符号
単位 音 たんい 释 单位
図形 音 ずけい 释 图形
計算 音 けいさん 释 计算
正負の数 音 せいふのすう 释 正负数
方程式 音 ほうていしき 释 方程式
関数 音 かんすう 释 函数
平面図形 音 へいめんずけい 释 平面图形
空間図形 音 くうかんずけい 释 空间图形
奇数 音 きすう 释 奇数
偶数 音 ぐうすう 释 偶数
小数 音 しょうすう 释 小数
分数 音 ぶんすう 释 分数
分子 音 ぶんし 释 分子
分母 音 ぶんぼ 释 分母
整数 音 せいすう 释 整数
位 音 い 释 位
桁 音 けた 释 位数
例 創業者と現社長とでは人物の桁が違う
创立者和现在的社长不能同日而语。
四捨五入 音 ししゃごにゅう 释 四舍五入
マイナス 释 负；减去
プラス 释 正；加上
イコール 释 等于
かっこ 释 括号
メートル 释 米
キロメートル 释 公里
センチ 释 厘米
ミリ 释 毫米
グラム 释 克
キログラム 释 公斤
トン 释 吨
リットル 释 公升
パーセント 释 百分比
割 音 わり 释 几成
例 定価1800円の品物を定価の2割引で買ったときの値段はいくらですか。
定价1800日元的东西，打八折买是多少钱？
倍 音 ばい 释 倍
分 音 ぶん 释 分
丸 音 まる 释 圆；满
円 音 えん 释 圆；圆周；日元
三角 音 さんかく 释 三角
四角 音 しかく 释 四角
正方形 音 せいほうけい 释 正方形
長方形 音 ちょうほうけい 释 长方形
楕円 音 だえん 释 椭圆
立方体 音 りっぽうたい 释 立方体
直角 音 ちょっかく 释 直角
角 音 かく（かど；つの） 释 角
辺 音 へん 释 边
面 音 めん 释 面
線 音 せん 释 线
直線 音 ちょくせん 释 直线
曲線 音 きょくせん 释 曲线
カーブ 释 曲线；弯曲
体積 音 たいせき 释 体积
容積 音 ようせき 释 容积
面積 音 めんせき 释 面积
直径 音 ちょっけい 释 直径
半径 音 はんけい 释 半径
円周 音 えんしゅう 释 圆周
グラフ 释 图表
表 音 ひょう 释 表
目盛 音 めもり 释 刻度
座標 音 ざひょう 释 坐标
軸 音 じく 释 轴
足す 音 たす 释 加
例 3に5を足すと8になる。
3加5等于8。
引く 音 ひく 释 减
例 9から2を引くと7になる。
9减2等于7。
掛ける 音 かける 释 乘
例 エクセルで掛け算をするには、一般的には乗算演算子「*」を使います。
用EXCEL做乘法运算时，通常使用乘号“*”。
割る 音 わる 释 除
例 48を4で割ると12になる。
48除以4等于12。
数える 音 かぞえる 释 数
例 出席者は数える程しかいない。
出席者屈指可数。
合計する 音 ごうけいする 释 合计
例 少しずつでも合計するとかなりの節約になる。
虽然只有一点点，但是积少成多，也能节约一大笔。
証明する 音 しょうめいする 释 证明
例 幾何の問題を証明す。
求证几何题。
求める 音 もとめる 释 求
例 平方根の近似値を求める。
求平方根的近似值。

答える
音 こたえる　释 回答
例 問題に正しく答える。
正确回答问题。

解く
音 とく（ほどく）　释 解开
例 宇宙の謎を解くカギ。
解开宇宙奥秘的关键。

回答する
音 かいとうする　释 回答
例 有料アンケートに回答する。
回答有偿问卷调查。

集計する
音 しゅうけいする　释 合计，总计
例 売り上げを集計する。
合计销售额。

換算する
音 かんさんする　释 换算
例 円をユーロに換算する。
把日元换算成欧元。

等しい
音 ひとしい　释 等于
例 ほとんどないに等しい。
几乎等于没有。

測る
音 はかる　释 测量
例 定規が無い時に長さを計る方法教えてください。
请教教我没有尺子也能测量长度的方法。

量る
音 はかる　释 测量
例 毎日、決まった時間に体重を量ってます。
每天都在规定时间量体重。

分割する
音 ぶんかつする　释 分割
例 線分を二つの部分に分割するとき、線分全体の長さと大きな部分の長さの比が、大きな部分と小さな部分の長さの比と等しくなるようにすること。
将线段一分为二，较大部分与整体部分的比值等于较小部分与较大部分的比值。

分ける
音 わける　释 分
例 コーチは選手を二つのチームに分けた。
教练把选手分成两个队伍。